数据资产入表：理论与实务

赵治纲◎编著

中国财经出版传媒集团
中国财政经济出版社
北京

图书在版编目（CIP）数据

数据资产入表：理论与实务／赵治纲编著．--北京：中国财政经济出版社，2024.3
ISBN 978-7-5223-2911-6

Ⅰ.①数…　Ⅱ.①赵…　Ⅲ.①企业管理-数据管理　Ⅳ.①F272.7

中国国家版本馆 CIP 数据核字（2024）第 052301 号

责任编辑：温彦君　　责任校对：张　凡
封面设计：智点创意　　责任印制：史大鹏

数据资产入表：理论与实务
SHUJU ZICHAN RUBIAO
LILUN YU SHIWU

中国财政经济出版社 出版
URL：http：//www.cfeph.cn
E-mail：cfeph@cfeph.cn

社址：北京市海淀区阜成路甲 28 号　邮政编码：100142
营销中心电话：010-88191522
天猫网店：中国财政经济出版社旗舰店
网址：https：//zgczjjcbs.tmall.com
北京中兴印刷有限公司印刷　各地新华书店经销
成品尺寸：185mm×260mm　16 开　17 印张　342 000 字
2024 年 3 月第 1 版　2024 年 3 月北京第 1 次印刷
定价：78.00 元
ISBN 978-7-5223-2911-6
（图书出现印装问题，本社负责调换，电话：010-88190548）
本社质量投诉电话：010-88190744
打击盗版举报热线：010-88191661　QQ：2242791300

前言

近年来，大数据、人工智能、区块链等数字技术的快速发展，引发经济形态的变化和数字化社会的深度变革，数据对提高生产效率的乘数作用日益凸显。对数据资源的合规获取、开发利用和开放共享，不仅关系经济高质量发展，更关系企业的创新、核心竞争力和价值创造。党中央高度重视数字经济发展和数据要素市场，围绕数据、数据资源、数据资产、数据要素、数据要素乘数效应出台了一系列重磅文件。党的二十大报告指出，要加快建设数字中国，加快发展数字经济。《中共中央 国务院关于构建更加完善的要素市场化配置体制机制的意见》要求加快培育数据要素市场。2022年《中共中央 国务院关于构建数据基础制度更好发挥数据要素作用的意见》更是指出：数据作为新型生产要素，是数字化、网络化、智能化的基础，已快速融入生产、分配、流通、消费和社会服务管理等各环节，深刻改变着生产方式、生活方式和社会治理方式。将数据作为生产要素，是我国首次提出的重大理论创新。数字时代，我们的理念也要更新，公司价值的“驱动逻辑”发生了颠覆，衡量一个公司价值的逻辑发生了根本性变化。在工业经济时代，衡量企业的价值更多的是看财务报表重资产端的有形资产有多少，比如设备、厂房的数量。而未来在企业估值、投融资、并购等活动中，更多要看企业的数据资产和无形资产情况。如果数据资源没有入表，报表上就无法体现数据资源的价值，对企业决策、投融资活动可能会带来一些阻碍。

为加强企业数据资源管理，规范企业数据资源相关会计处理，强化相关会计信息披露，发挥数据要素价值，财政部于2023年8月21日正式发布《企业数据资源相关会计处理暂行规定》（以下简称《暂行规定》），于2024年1月1日起生效。《暂行规定》具有里程碑式意义，开启了数据资产入表的第一步，是国际上首次允许数据资源入表。当前数据资产入表这一议题备受关注，然而，企业对数据资产入表如何启动？企业如何开展数据合规与治理？企业什么样的数据资源能够确认入表？数据资产入表会给企业带来哪些重大影响？数据资产入表尚存在哪些关键难点，等等，亟须一本理论性强、权威性高、具有指导性的书来进行系统和专业解读。

本书重点包括数字时代的数据要素、数据资产的核心概念、数据与数据资产的独特性、数字资产的国际研究进展、数据资产的合规与确权、数据资产的治理与管理、数据资产的确认标准、数据资产的计量与估值方法、数据资产的列报与披露、《暂行规定》解读等方面内容。本书力求做到全面体现推动我国数据要素市场化、资产化的最新政策、理论研究和实践要求。总之，本书体系完整、特色鲜明、可读性和可操作性强，不仅可以作为企业开展数据资产入表的培训用书，也可以作为企业财务高管能力提升的重要教程，还可作为高等院校会计专业教师研究和教学的参考用书。

本书的出版得到了中国财政经济出版社的大力支持。本书第四章和第五章由北京市盈科律师事务所合伙人张良律师撰写，曾家瑜和何祚奕两位会计学术硕士在资料整理和文字校对等方面付出了艰辛努力，在此一并表示感谢。在本书撰写过程中，虽然尽力做到内容全面、逻辑严谨、思考深入，但限于水平，书中难免会存在一些不足之处，恳请学界同仁不吝指正，以便今后进一步修改和完善。

赵治纲　研究员

2024 年 1 月 25 日于新知大厦

目 录

第一章

数字时代的数据要素及其战略价值

第一节　数据作为新型生产要素的背景与意义

数字时代，数据作为新型生产要素，能够对土地、资本、劳动力、技术等传统要素起到“倍增器”的关键作用，尤其同传统生产要素相比，具有供给充裕性、零成本复用性、使用共享性、价值多变性等很多新特征。数据正在深刻改变着经济发展规律，深度影响政府和企业的行为和决策方式以及居民的消费方式。数据资源已然成为最核心的战略资源之一，数据资产是企业未来的核心资产。数据作为新型生产要素，是数字化、网络化、智能化的基础，已快速融入生产、分配、流通、消费和社会服务管理等各个环节。因此，我们应从战略高度来全面认识数据要素对新质生产力发展、生产要素体系变革、数字时代生产关系形成的重要意义和战略价值，加快构建以数据为关键要素的数字经济，全面激活数据要素价值，使数据成为经济高质量发展的重要推动力。

一、数据作为新型生产要素的时代背景

（一）数据要素为经济发展提供新动力，成为传统生产要素倍增器

生产要素是经济活动中的基本要素，是创造社会财富的坚实基础，是促进经济增长的主要源泉。市场经济初期，市场供求受“看不见的手”的调节，人们对数据的利用仅限于价格预测、辅助决策等方面。随着市场经济的发展，尤其是工业革命爆发以来，生产链条延长、迂回生产方式深入，数据的作用日益显著，但数据仍然是一种辅助性手段，尚未达到生产要素的地位。经济社会进入数字时代后，数据的生产属性开始逐渐形成。从根本上来看，数据的生产属性来源于数字经济的发展，也是数字时代带来的必然结果（江小涓

等，2022）。数据的用途日益广泛，不再局限于营销和客户方面，而是扩展到投资、生产、仓储、技术革新等多个领域，数据已经从生产的辅助手段发展成为生产的重要资源。本质上，数据已经转化为生产要素。当数据从生产的辅助性手段演变为生产的重要资源后，数据将以数据资产的形态存在。从商品生产的角度来看，从无差别的人类劳动开始，到结合专利和管理技术，最后发展到和数据相结合的商品生产模式，数据最终告别了单纯的辅助性角色，紧密结合技术、市场、管理及决策，对生产、研发、管理和销售的作用越发重要。在此阶段，物理空间的数据和数字空间的数据必然摒弃传统的辅助角色，作为独立的生产要素而存在。

近年来，劳动力、土地等传统生产要素对经济增长的拉动力边际弱化，全球经济步入低速增长态势，我国经济也面临需求收缩、供给冲击、预期转弱的严峻形势。具体而言，传统制造业增速放缓，特别是资本密集型和劳动密集型产业成长乏力，服务业内部结构分化明显，这表明我们需要摆脱依赖低附加值产业的发展模式，转向更为创新和高附加值的产业方向。同时，居民消费对经济增长的促进作用也在消费信心下降、就业压力增加等因素影响下有所下滑。面对传统生产要素对经济增长拉动力进一步弱化的态势，亟须新的生产要素来接力，来为经济发展提供新动力。在此背景下，数字经济凭借其巨大的体量优势和快速增长态势，将在新一轮科技革命和产业变革中起到引领作用，带动传统产业数字化转型，开拓数据要素带来的增长空间，数据要素逐渐成为我国经济高质量发展的重要引擎。习近平总书记指出，要发挥数据的基础资源作用和创新引擎作用，加快形成以创新为主要引领和支撑的数字经济，在中央经济工作会议上，再次强调要发展数字经济，为我们进一步加快构建以数据为关键要素的数字经济指明了方向。

将数据作为生产要素，是我国首次提出的重大理论创新。党的十九届四中全会《决定》明确提出："健全劳动、资本、土地、知识、技术、管理、数据等生产要素由市场评价贡献、按贡献决定报酬的机制"，首次将数据增列为生产要素。2022 年《中共中央 国务院关于构建数据基础制度更好发挥数据要素作用的意见》（以下简称"数据二十条"）的发布，进一步推动了数据作为生产要素相关理论研究和实践探索的进展。当然，将数据作为生产要素看待，数据产权、数据市场、流通交易、数据收益等与经济学相关的概念和内涵等就成为理论研究的关键内容。同时，数据有许多独特性质，理论和实践都需要探索创新。

生产要素的形态总是在社会经济发展过程中不断演化。从农业时代的土地、劳动力作为关键生产要素，到工业化时代资本成为重要的生产要素，此后催生出技术、管理等更多生产要素，随着数字经济发展，以大数据为代表的数据资源向生产要素演进，数据已和其他要素一起融入经济价值创造过程，对生产力发展产生深远影响。实践中，我们对数据要素及数据的特性认识也经历了一个不断深化的过程，从单纯认为数据是"数据资源"，到逐步认识到“大数据”的重要价值，再到将数据作为一种新型生产要素。随着大数据、云计算、人工智能、区块链等数字技术的快速发展，数据的规模爆发式增长，不仅在数字经济发展中的地位和作用凸显，而且对传统生产方式变革具有重大影响，催生新产业、新业态、新模式，成为驱动经济社会发展的关键生产要素。

值得重视的是，数据要素最突出的特点是可低成本多场景复用，即数据要素使用具有非排他性，这无疑彻底颠覆了传统要素的使用局限。一组数据可以被不同主体以不同方式重复利用，并且能够通过解构重组、汇聚融合等方式被多层次多元化挖掘出更多价值，实现知识扩散、业务拉通、市场拓展和价值倍增，提升全要素生产率。因此，推动数据要素高水平应用，能带来产出和效益倍增效应（江小涓，2023）。

（二）数字技术催化海量数据资源，夯实数字经济发展基础

习近平总书记指出：“数字经济事关国家发展大局”“不断做强做优做大我国数字经济”。2023 年底召开的中央经济工作会议再次强调要“发展数字经济”。党的十八大以来，我国深入实施网络强国战略、国家大数据战略，先后印发数字经济发展战略、“十四五”数字经济发展规划，加快推进数字产业化和产业数字化，为数字经济的蓬勃发展奠定了坚实基础。

近年来，我国数字技术和数字经济快速发展，数据资源量和算力呈爆炸性增长，数据基础设施建设快速发展，数据要素日益成为驱动经济社会高质量发展的关键生产要素。从数据资源看，我国拥有海量的数据资源。《中国数字经济发展研究报告（2023 年）》指出，2022 年我国数据产量达 8.1ZB，同比增长 22.7%，全球占比 10.5%，位居世界第二。此外，中国互联网络信息中心（CNNIC）第 50 次《中国互联网络发展状况统计报告》显示，截至 2022 年 6 月，我国网民规模达 10.51 亿，互联网普及率达 74.4%。从消费类数据看，中国移动互联网月活跃用户数接近 12 亿人，人均上网时长达 6.9 小时，每天消费者在线总时长达 80 亿小时，源源不断产生与个人行为相关的海量数据。从生产类数据看，中国制造业增加值占全球比重在 2021 年已接近 30%，企业内部数字化转型和产业互联网连接水平居全球中上水平，持续生成与生产行为相关的海量数据。我国已成为世界数据资源大国和世界数据中心。从数据交易规模看，数据交易包括场外交易和场内交易，当前更多的是场外交易。根据上海数据交易所发布的《2023 年中国数据交易市场研究分析报告》，2022 年我国数据交易市场规模达到了约 876.8 亿元，相较于 2021 年的 617.6 亿元，同比增长约 42%。这一数据表明，我国数据交易市场正在迅速扩大，增长速度较快。随着数据确权、分级利用等机制的不断推进和完善，我国数据交易市场预计将持续保持高速增长。从数据基础设施看，2023 年上半年，我国新型基础设施建设投资同比增长 16.2%，其中 5G、数据中心等投资增长 13.1%，工业互联网、智慧交通等投资增长 34.1%。同时，超

过300个城市启动千兆光纤宽带网络建设，国家新一代人工智能创新发展试验区已经达到17个，这表明我国数据基础设施建设正在加速发展，为数字经济加快发展夯实了基础。

（三）数字经济发展势头强劲，推动经济高质量发展

中国信息通信研究院发布的《中国数字经济发展研究报告（2023年）》显示，2022年我国数字经济规模达到50.2万亿元，同比增加4.68万亿元，数字经济占GDP的比重达到41.5%，继续保持高位运行，数字经济与实体经济融合愈发紧密（见图1-1）。从结构看，数字产业化规模为9.2万亿元，占GDP比重为7.6%；产业数字化规模为41万亿元，占GDP比重为33.9%。数字经济增速达到10.3%，继续显著高于GDP增速，充分发挥了经济增长"稳定器""加速器"双重作用。服务业和工业数字化转型深入推进，三次产业数字化渗透率持续提升，有效促进了经济结构优化升级。

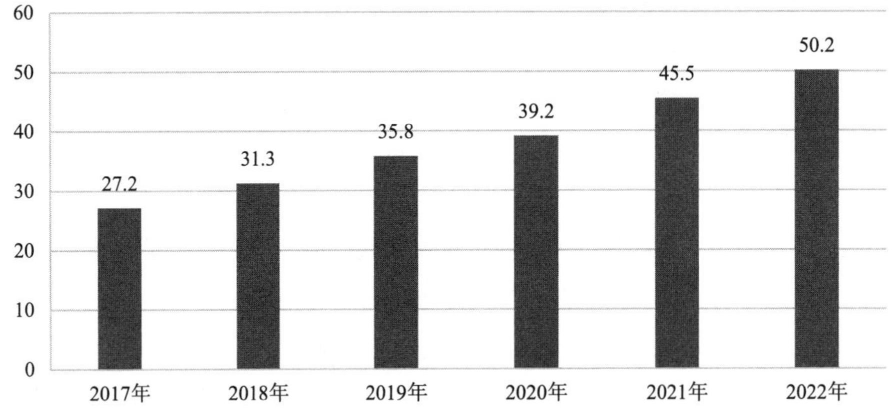

图1-1　我国数字经济规模（单位：万亿元）

资料来源：中国信息通信研究院。

数据要素市场建设持续深化，数据产权、流通交易、收益分配、安全治理等基础制度加快建设，破解数据价值释放过程中的系列难题。同时，数据要素市场建设进程加快，数据产业体系进一步健全，数据确权、定价、交易流通等市场化探索不断涌现，为数据要素价值化释放奠定坚实基础。展望未来，要全面加强数字经济的顶层制度设计，要持续提升数字产业竞争力并加快构建现代化产业体系，要坚持技术应用、市场流通、制度设计三路并举，持续挖掘数据价值，大力培育数据要素市场，并以强有力的数字产业深入推进数实融合发展，着力打造经济高质量发展的新引擎，为构建新发展格局提供强大动力。

需要引起重视的是，数据的重要性可能远不止生产要素。当所有产业、所有人类可感知的物理空间和行为动作全部数据化后，物理世界就完成了数据全纳：所有物体、行为和过程都可以用数据形态表达，这标志着智能时代全面来临。此时，一个生产过程会出现多重产出：实体产品、数字孪生产品和智能化经济社会形态。数据的应用场景更加广泛，而

且能够累积、利用、挖掘和涌现，数据要素对经济短期增长和长期结构、对人类衍生发展和社会结构都将产生重要影响。

二、数据作为新型生产要素的战略意义

（一）提升全要素生产率，凸显数据的战略价值

随着中国进入发展新阶段，数字技术带来的新动能强劲，能够全链全域提高经济效率，带来新的增长空间。数据逐渐成为推动经济发展的重要力量，不仅能直接参与生产，还能有效提升其他要素的生产力，实现全要素生产率的整体提高。首先，数据可以优化要素配比关系。通过大数据分析，企业和政府可以更加精准地预测未来的劳动力、土地等资源供给，进行更为高效的资源规划，降低投入力度。其次，数据可以提高其他要素的使用效率。例如，企业通过物联网和工业大数据，可以精确调度每台设备的运转，减少企业的机器设备成本。最后，由于数据共享的成本较低，具有较强的外部性，因此数据与技术共享使上下游企业得以建立更为紧密的联系，提升我国数字经济和实体经济的协同效应。同时，数据共享大大降低了中小企业的技术门槛，在一定程度上起到了“稳定器”的作用。

特别是当前数字技术的快速发展，为数据要素的深度挖掘和广泛流通提供了有力支撑。我国数字经济包括产业数字化和数字产业化，通过数字技术与传统产业的深度融合，充分激发企业在市场分析、个性定制、算法推荐、智能制造、精准营销、科学管理等方面的创新能力，推动传统产业在管理方法、生产模式、组织形态等领域进行深刻变革，不断优化供应链、产业链、价值链和生态链，进而提升效率、降低成本，加速产业结构的转型升级。需要指出的是，在世界各国争相发展数字经济之际，发展数据要素有利于我国做强做优做大数字经济，构筑起国家竞争的新优势。

从全要素生产率角度上看，我国数字经济在过去十年生产效率稳步提升，产出弹性较大。2012—2022 年，数字经济要素投入增速低于产出增速，全要素生产率年均增长 0.8%，对 GDP 增长贡献率超过 50%。这主要受益于数字技术进步带来的产出边际效应，也反映出数字化转型对经济发展的重大拉动作用。提升数字经济生产率，将有利于进一步挖掘数字化潜力，推动经济高质量发展。

随着数据价值的日益凸显，推动数据要素化，让数据要素进入社会化大生产，在千行百业中发挥数据要素的乘数效应，成为推动数字经济发展的新抓手。特别是能够通过从数据中挖掘有用信息，作用于其他要素，能够找到企业、行业、产业在要素资源约束下的“最优解”，解决过去解决不了的难题。如在金融领域，由于中小微企业通常具有规模较小、抗风险能力低、财务信息有限等特点，金融机构难以全面、准确评估企业的经营、信

用状况，也导致其获客、风控成本较高。对此，金融机构可结合内部数据和外部数据（如用电用水、税收、征信、司法等）对客户进行精准画像，建立科学、完善的信贷风险评估体系，提升金融机构基于大数据技术的合规风控能力，从而进一步提高对客户的金融服务能力。又如，在农业和工业等领域，数据协同需求较大，需强化协同效应，提升行业运行效率。比如，农业经营主体相对比较分散，生产各环节数据流通不畅，数据资源开发利用程度比较低，推动生产、销售、存储、加工等全链条数据融合利用，将会有效提高农业生产效率。在金融等领域，对其他行业数据需求大，要发挥其牵引作用，推动数据复用。再如纺织行业，下游中小企业存在获客难度大、采购成本高、融资渠道窄等困难，数据要素在生产全环节的融入为解决这些困难提供了新路径。借助上下游数据的贯通，中小企业能够获得有效和真实的商情信息、稳定和规模的订单，从而解决产品销售的问题。通过不同中小企业原材料需求数据的汇聚，能够以集中采购等方式降低采购成本。通过打通产供销数据，实现定制化生产，可将成品出厂时间从原来的 15 天缩减到 5 天，保证一周之内交到消费者手上。基于订购订单、设备开工等数据，中小企业还可以获取订单融资、仓单融资和应收账款融资等供应链金融服务，解决融资难、融资贵等问题。

（二）提高全社会数据意识，推动数据产业链大发展

将数据作为新型生产要素，可以大幅提升包括政府部门和企事业单位的数据意识，全面树立数据资源的新资源观、数据资产的新资产理念和新的财富观，激发全社会各领域开发利用数据资源的热情。研究和实践表明，数据资源在生产活动中具有效益放大和倍增的作用。通过确立数据的生产要素地位，促使更多的企业和相关部门加大数据要素的投入，使更多的企业更多地收获数据资源开发利用带来的红利。同时，将进一步促使政府主管部门出台相关政策，明确数据资源参与要素分配的原则和标准，推动和规范数据资源要素市场的有序和快速发展。促进数据资源产业或内容产业的快速发展，适应社会经济发展对数据资源要素投入不断增长的需要，这对推动国民经济增长方式和产业结构的转变，具有特别重要的意义。

数据作为新型生产要素，不仅对经济转型升级起到重要的促进作用，还将加快推动数据要素市场的培育和数据产业链的大发展，实现价值创造能力的倍增，从而发挥宏观经济的规模效应。激发数据要素潜能的关键是加快培育数据要素市场。近年来，伴随着数据经济新业态的蓬勃兴起，数据交易所逐渐成为市场宠儿，不少城市竞先抢滩数据交易新赛道，成为这条赛道上的领跑者。与此同时，数据要素价值化和数据资源资产化将进一步促进数据产业链大发展。数据要素产业链条较长，数据产品或服务最终的流通交易涉及数据供给方、数据交易所、数据需求方以及数据服务商等多方角色，因此，数据要素市场化将有效带动数据采集、清洗、标注等数据处理商以及数据资产评估和数据资产审计等数据服务业的发展。

（三）优化调整我国经济结构，推动完善数据治理体系

将数据作为新型生产要素，可以加快优化调整我国经济结构，实现经济高质量发展。第一，有利于加快数字技术在传统产业中的应用和渗透。明确数据要素地位后，将激励各类企业加大数字化转型的投入力度与步伐。通过工业互联网、产业大数据等技术手段深度融合，可以显著提升制造业的柔性生产和协同运营能力，推动制造业由大变强。同时，数字技术的运用也将使服务业实现由增量到存量两翼齐飞的发展格局。第二，有利于抓住新一代信息技术带来的增长机遇。5G、人工智能等正在重构经济发展的底层逻辑，这需要我们大力培育数据等新型生产要素，开辟数字化赋能下的新发展空间。通过科技赋能延伸数字经济的边界，继而形成新兴业态、新商业模式和新动能，有效补充我国经济增长点。第三，有利于进一步完善数据标准体系和法规制度。标准引领产业方向，制度激发市场活力。随着数据要素地位的进一步确立，信息标准化和数据安全相关法规也将不断健全完善，这将为数字技术和数字经济的快速发展创造良好环境。

当前，全球治理体系正面临诸多挑战，维护国家利益的单边主义思想抬头，技术和数据已成为影响国际制度和规则的重要力量。然而，数据的质量和可靠性对于其能够发挥的作用而言至关重要，这要求我们必须对数据进行严格的筛选和清洗并建立相关标准。因此，数据治理的重要性不容忽视，将数据作为新型生产要素，有助于推进数据相关标准的制定，对于推动构建和优化数字化的国家治理体系具有十分重要的意义。首先，有助于增强政府治理效能、实现政府治理目标。“无证明城市”让循环证明、奇葩证明成为历史，“一网通办”让“数据多跑腿”“群众少跑路”变成现实。“跨省通办”推动国内大循环、国内国际双循环通畅运行，全国统一大市场建设由此走上快车道。其次，有助于政府部门实现数据资源开放共享、协同运用，打破数据孤岛，释放数据增效潜能。例如，减少重复采集，实现数据间联通互通，不同部门和层级间可以共享复用数据分析成果，大幅提高决策效率。最后，有助于构建覆盖全过程、一体化的数字化国家治理体系。在数据支撑下，政府可以进行更为及时和准确的信息采集、判断和决策，做到防患于未然，提高治理响应速度和效果。

第二节 数据要素的关键特征及其作用

一、数据要素的关键特征

2019 年，党的十九届四中全会首次将数据增列为生产要素。随后，《中共中央 国务院

关于构建更加完善的数据要素市场化配置体制机制的意见》《“十四五”数字经济发展规划》《中共中央 国务院关于构建数据基础制度更好发挥数据要素作用的意见》等文件的出台，揭示了我国为激发数据要素活力所做的探索。中国信息通信研究院将数据要素定义为参与社会生产经营活动、为使用者或所有者带来经济效益的数据资源。可见，数据要素的概念是在数字经济时代下，为了凸显数据作为生产要素所发挥的基础性作用而提出的，这也使数据要素不仅具有数据的技术特征，还具有作为生产要素的经济特征。

（一）数据要素的技术特征

数据要素具有虚拟性、非消耗性、依赖性与即时性四大技术特征，这些特征深刻影响着数据产生、存储、利用的方方面面，是数据要素价值的重要影响因素。

虚拟性是指数据要素不同于传统的有形要素，数据要素不存在物理实体，而是以电子形式存储在计算机设备中。这种非实体性使数据要素可以轻松地进行复制、传输和共享，无需考虑物理限制。在数字经济时代，数据成为关键生产要素，这一要素是虚拟的，可无限次重复使用，由此彻底改变了工业经济生产函数中的投入产出关系，将成为财富价值的主要来源。实际上，数据就类似于数学中的虚数，看起来虚，而在价值创造上一点不虚。它跟其他生产要素性质是不一样的，正因为是虚拟的、非实体的，所以它能超越物理空间边界，通过数据构建的虚拟空间和场景是不受时空限制的。

非消耗性是指数据在使用过程中不会像传统要素那样自然衰减或损耗。一方面，数据在使用过程中不会发生自然损耗。不同于传统资源，例如石油、煤炭等在开采和利用后会逐渐耗竭，而数据可被复制使用且不会减少或衰减，一份数据可以供无数人同时或不同时段使用。另一方面，传统资源的分割使用会增加边际成本并降低效用，但原始数据允许无数次拷贝和分发利用，而不会使数据价值减少分散。例如，一份用户画像数据可以为多个业务系统提供支持。这种可重复使用而不损耗的特性意味着原始数据可以进行无数次复制利用，分发到海量终端，且数据价值保持不变，数据的应用空间也因此大幅扩展，几乎处于一个可以“无限挖掘”的状态，极大提高了数据要素的配置效率。

依赖性是指数据要素的价值创造需要依赖其他要素或资源。数据要素的价值实现需要与其他传统要素相结合，如土地、劳动力、资本等，以形成完整的生产过程。例如，互联网企业依赖实体基础设施和人力资源，通过收集和分析数据，提供个性化服务，创造经济价值。脱离了其他生产要素的数据，将无法实现其价值创造的过程。数据要素的价值发挥也必须依靠网络、算法等技术。数据的价值在于其处理、分析和应用，这依赖于强大的信息技术支持。网络技术为数据传输提供了通道，算法和分析技术则使数据处理更加高效和智能。只有通过这些技术手段，数据才能发挥其潜在价值，为社会经济发展贡献力量。

此外，数据的依赖性还体现在数据安全和隐私保护方面。在数据价值创造的过程中，保护数据的安全和隐私至关重要。这需要依赖法律、政策和技术等多种资源，以确保数据在收集、存储、传输和使用过程中的安全，防止数据泄露、篡改等风险。

即时性是指数据的价值会随着时间推移而衰减或变化。这种价值衰减类似信息折旧，速度主要取决于数据类型和用途。例如实时交通数据、金融市场数据等，其价值很大程度上依赖于及时性，稍有滞后就会大幅贬值。而像历史统计数据等相对稳定的数据，其即时性和时效性较弱。因此，在获取、处理和利用数据时，都需要充分考虑数据特征和使用环境对其即时价值的影响。

（二）数据要素的经济特征

数据要素作为经济高质量发展的重要驱动力，同传统生产要素相比，还蕴含着供给充裕性、非排他性、规模经济性、功能融合性和强外部性等独有经济特征，正是这些经济特征，释放了数据巨大的经济价值，推动着我国经济转型升级和高质量发展。

1. 供给充裕性

随着互联网、传感器以及数字化终端设备的迅速普及和快速升级，人机物互联的新时空正在成型，普适计算使人们能在任何时间、任何地点获得并处理数据，“万物皆互联、无处不计算”将成为常态，从而带动数据加速度、指数级增长。据国际数据集团（IDG）2024 年 1 月发布的预测报告，2024 年全球将产生 157ZB 数据，其中中国新增 39ZB，占全球总量的 24. 8%。中国数据增量的复合增长率达 26. 3%。数据量生成最多的分别为政府以及互联网、软件服务、零售和银行等行业，对数据的挖掘和产品打造是促进其产生价值二次和三次传递的关键。由此可见，数据要素不同于其他生产要素，不来自大自然，具有源源不断供给的极大充裕性，这在很大程度上缓解了数据要素的稀缺性。

2. 非排他性

传统生产要素多属竞争性资源，一次只能被一个主体使用，使用后其价值会转移或消失。然而，数据要素可以被不同主体同时使用，且使用后其价值并不减弱。此外，数据传播和使用不仅能跨越时空，而且边际成本接近于零，即数据具有“零成本复制性”，数据能以几乎约等于零的边际生产成本和边际传播成本进行复制，同一数据集可以无限制复制分享给多个主体，任何一方使用该数据都不会对其他方产生负面影响。这种可重复使用、多主体同步访问的数据，几乎没有边际成本。这与传统资源形成强烈对比，数据元素打破了零和博弈的局限，大大提升了价值和应用空间。因此，非竞争性决定了数据元素相对于其他生产要素的独特性。这也是数据元素能够成为数字时代极具发展潜力的新兴生产要素的重要原因。因此，数据要素的非竞争特性决定了它与其他生产要素的区别，数据可以被充分复用，为多个主体持续创造价值，是数字化时代潜力巨大的新型生产要素。可见，数据资源的开放共享、开发利用和有序流动，具有极高的经济价值和社会价值，也必将推动全社会经济福利和公共福利水平大幅提升。

3. 规模经济性

规模经济性是数据价值增长的重要来源之一。规模经济性体现在数据规模扩大和数据种类丰富时，其总体价值呈指数级增长。随着同质或异构数据的不断累积，可以支持的应用场景和分析维度越多，从中发现未知信息、洞察规律的可能性也越大。这一理论在现实中得到广泛验证。例如，海量用户数据支持对市场消费行为的更精确把握，多源医疗数据有助于新药研发，以往独立的气象、环境、交通等数据整合后，可以解析更多城市运行动态，提高决策效率。可以说，数据要素的规模性使其应用范围不断扩大，多源异构数据的组合也将产生更高的复利效应，这成就了数据要素的战略价值。

4. 功能融合性

数据能同其他生产要素不断组合迭代和交叉融合，数据流引领技术流、物质流、人才流、资金流的趋势日益明显。在生产、分配、交换、消费环节，数据要素往往同其他要素融合在一起发挥效应，从而加速产业数字化、网络化、智能化进程，提升全要素生产率。比如，数据要素同劳动力、资本、技术等传统要素深度融合，将不断催生智能机器人等“新劳动力”、金融科技等“新资本”、人工智能等“新技术”。受此影响，人类经济社会运行效率也将大幅提升，产业体系和经济体系迭代会进入快车道。

5. 强外部性

强外部性意味着一个主体的数据生产和使用会对其他主体产生外部影响，这种外部影响既包括正向影响也包括负向影响。正向外部性体现为，一个主体的数据应用可以推动相关数据的进一步积累，并催生新的数据资源，形成数据规模不断扩大的趋势。这源于数据的非排他性、可复用性等特点。数据生态呈现出网络效应和自我强化特点。而负向外部性主要指数据使用中信息外溢造成的问题。数据主体的投入与产出存在脱节，其他主体可以通过各种途径获取数据产生的知识或信息。这种“搭便车”现象会损害数据原创者的利益。这种双重外部性使得制定数据产权制度、确立数据交易机制等数据治理体系建设任务更为迫切。同时也需要注意引导数据开放共享，防止数据只被少数主体垄断，降低社会信息交换成本。

值得一提的是，数据具有无形资产的一般特征，但也具有不完全等同于无形资产的独有特征（见表1－1），因此不能将数据资产完全等同于企业的无形资产。如无形资产具有排他性，一旦销售，原开发方就失去了所有权；而数据具有非排他性，数据资源的开发者进行数据资源交易后，并不意味着失去对它的所有权或持有权。

表 1－1　　数据与一般无形资产的特征比较

数据	一般无形资产	异同
供给充裕性	稀缺性	数据具有供给充裕性，无形资产则具有稀缺性
非物质性	无实体性	相似，数据更容易辨认
非排他性	排他性	不同，数据不一定要依附特定的主体
效用性	收益性	相似，数据和无形资产都能带来经济收益
共享性	垄断性	数据具有共享性，但部分数据也具有垄断性
可传递性	不可传递性	不同，大部分无形资产不具有传递性
可再生性	不可再生性	不同，大部分无形资产是不可再生的

二、数据要素与其他生产要素的关键区别

数据要素作为新兴的战略生产要素，与传统生产要素有着显著的差异。数据是推动经济增长的新动能，是发展新质生产力的基础。然而，数据要素的上述特征，还不足以完整阐释其作为新型生产要素的独特性。因而，更加全面地理解数据要素这一全新生产要素的特质，不仅能进一步凸显数据要素的独特性，也能帮助我们认识到数字时代生产要素的结构及其变革特征。在这个意义上，深入探讨和研究数据要素与其他生产要素的差异性，具有重要的理论和实践价值。

（一）投入产出机制不同

数据要素与传统生产要素如土地、劳动力等之间，最核心的差异之一在于它们的投入产出机制。传统要素的投入和产出呈现出简单的线性关系，投入要素后会有相应的产出，该过程是一个单向的输入输出活动。例如，投入劳动力生产商品、投入资金获得回报等。这类要素投入和产出之间没有反馈，产出也基本不会再影响投入。

然而，数据要素的投入和产出则构成一个循环性的反馈过程，它们之间达成了一个自我强化、螺旋上升的关系。具体来说，最初投入一定的数据集和分析工具等数据要素，可以产出新的信息和知识。而这些数据产出同时又反过来拓展和丰富了原有的数据集，起到反哺数据投入的作用。随后，新一轮对更丰富数据集的分析挖掘又会产出更多信息，反过来进一步扩大数据集规模。如此不断循环，数据要素的投入和产出共同实现增值，呈现出增值特性。这种闭环相互促进的机制，有别于传统要素的单向线性输入产出模式，它是数据要素的一个重要特征。

（二）需求激励机制不同

数据要素和传统生产要素如土地、资本在需求激励机制上也存在一定差异。后者的市

场需求基本遵循典型的市场法则，即以价格信号为基础形成的供求关系，价格上涨会刺激更多资源投入生产要素市场。需要强调的是，这类要素需求机制是建立在它们所带来的边际产出变化之上的。比如，劳动力和资本的需求最终源于它们可以促进产品生产，提高产量。

相比之下，数据要素的需求机制则不太遵循这种边际产出分析。数据要素对直接增加产出的贡献并没有那么直观。其需求主要来源于两大方面：一是支持决策的需要，各类经济主体需要利用数据洞察环境、把握趋势；二是支持模型构建的需要，需要充足可靠的数据训练算法模型。因此，数据要素的需求是一个更为复杂的体系，它离不开需求方对自身业务发展、市场把握、模型构建等诸多内在动力的支撑。这种机制与其他生产要素市场化的供求关系有着本质的不同。

（三）数据要素的自我增值性

数据要素具有增值性，即产品或服务的价值会随着其用户或使用规模的扩大而呈指数级增长。这一重要特征使数据要素与其他生产要素形成鲜明对比。随着某一类数据的累积与丰富，用户基础的扩大，不断有新的模型和服务基于该数据产生，形成强大的支持数据产业链。这进一步吸引更多主体参与到该类数据的生产与应用，产生强劲的规模价值网络。反过来，更大的数据规模和应用网络又为每个用户创造更多价值。如此循环不断增强，最终使整个数据要素呈现爆发式增长。比如基于位置数据的数字地图、基于用户数据的货币化模式等。而土地、资本、劳动力等要素并不具备这样的特性。它们的获取成本和使用收益并不能随使用规模的扩大在社会层面出现大幅降低和增长。因此，数据要素的增值性是其核心区别之一，也使其成为数字化生产网络中的一大引擎。

三、数据要素推动经济高质量发展的关键路径

在数字化浪潮下，数据已然成为驱动经济社会发展的战略资源和新型生产要素，正深刻改变着全球经济发展方式和治理格局。我国正处于转变发展方式、构建新发展格局的攻关期，数字经济快速崛起为新旧动能转换提供了难得机遇。党的十九届六中全会明确提出要“推动数字化更深度更广泛地渗透到经济社会发展各领域”。在“双循环”新发展格局下，深化供给侧结构性改革，培育壮大新动能对于经济高质量发展至关重要。因此，深入研究数据要素的运作机制和作用路径，不仅有利于我们正确把握数据要素的经济属性，科学判断其规律，而且可以为我们充分利用和赋能数据要素，提高新兴产业和传统产业质量，实现经济高质量发展提供理论依据和实践指南。

（一）提高要素投入和优化资源配置

在数字经济时代，信息通信技术与实体经济的深度融合孕育出平台经济、共享经济、

物联网经济等新兴业态，这些数字化赋能的新业态一方面直接提升了经济体系中劳动力、资本、技术等要素的数量和质量；另一方面通过网络效应和规模效应推动相关产业链上下游的成长，实现要素规模的进一步扩张。

以平台经济为例，数字技术降低了交易摩擦和代理成本，精准的数据分析促进了供需的匹配，形成了规模巨大的数字平台，吸引了众多商户入驻，拓展了服务范围，创造了大量就业岗位。据中国信息通信研究院统计，2021 年数字产业化领域招聘岗位占总招聘数的 32.6%，占总招聘人数比重达 24.2%，就业岗位占比显著高于同期数。同时，平台经济巨头还不断进行科技研发投入，孵化新技术新模式，进一步带动了生产要素向数字经济的集聚。与此同时，数字技术使生产要素配置更加精准高效。基于用户数据，数字平台能实时感知市场动态，做出快速调整；工业互联网通过传感器连接生产全链条，实现制造业资源的动态优化；人工智能算法则模拟人类推理建立复杂决策模型。这种数字驱动的精准资源分配，有效缩短了供需匹配的时间成本，提高了资源配置效率，降低了企业运营成本。这些变化进一步激发了微观主体参与数字化进程的内生动力。

可见，数字经济的规模效应和新业态通过增加要素规模、提升要素质量、优化要素配置等多种机制，共同推动了经济要素投入和经济增长。

（二）改变资源配置方式和增长模式

数据要素的融入改变了传统经济增长模式，形成新的增长模型和反馈效应，推动了由资本和劳动力驱动向全要素生产率驱动的转变。

首先，数据要素改变了经济增长的驱动模式。传统经济增长主要依赖于资本和劳动力的规模型积累。而数据要素的介入，通过提升全要素生产率，使经济增长呈现出全要素生产率驱动的特征。具体而言，企业利用大数据、人工智能等技术手段提升管理水平、优化决策流程，工业互联网让生产制造更加精细化，新的商业模式减少了交易成本，这些变化直接带来生产率的提高。数字技术还使创新成本下降，激发了持续不断的技术革新，形成技术进步驱动的增长模式。

其次，数据要素催生了网络效应和反馈效应。以数字平台为例，用户和商家的增多会提高交叉协同效应，用户体验也随之改善，继而吸引更多用户加入，最终形成“幸存者效应”。这种正向网络外部性构成了数据要素增长的反馈机制，使增长呈现几何级数提速。此外，数据驱动让供给和需求实现实时高效匹配也产生了规模效应和范围效应。可以预见，这种运行于数字空间的新型反馈机制，会成为数据要素激发经济增长新动能的重要来源。

（三）对其他要素产生乘数效应

数据要素对其他生产要素的赋能作用，主要通过提升要素效率和促进要素协同两大路径实现，并由此对经济增长产生乘数效应，从而向经济增长传导出更大动力。

首先，数据要素提升了劳动力和人力资本的效率。企业利用大数据和 AI 分析工作流程和组织结构，实现劳动力的合理配置；辅助性技术如工业机器人也直接提高了劳动者的工作效率。这些变化均直接带动劳动生产率的提高。此外，基于数据的精准培训也加速了人力资本的积累。人力资本水平的提升反过来促进劳动者对新技术的吸收应用能力，在生产过程中发挥更大作用。其次，数据要素连接和优化了资本要素之间的衔接协作，减少了生产过程中的间隙和阻碍，提升了资本配置效率。以工业互联网为例，通过物联感知，各类制造设备、工艺工序之间实现灵活连接，生产全链条被数据化，企业可以更好地组织资源要素，优化生产流程，降低生产成本，提高产出。最后，数据要素与技术深度融合，推动了技术自身的变革和进步。海量数据训练是算法和模型迭代升级的基础，数据与 AI、云计算等技术形成互促共进。技术创新的活力直接促使全要素生产率的持续提高。与此同时，新技术也进一步充实和完善了数据要素自身，提升了数据的质量和应用价值。

（四）引发生产方式变革

数据要素渗透到产业生产环节的各个层面，可以通过影响研发、生产、供需匹配等环节的决策，引发生产方式的深刻变革，从而带动经济的快速增长。

在研发环节，数据分析技术帮助企业重塑技术创新模式。企业利用大数据建立虚拟仿真平台，在数字空间中设计、测试新产品和新工艺，大幅降低了研发成本和风险。同时，开放的数据共享促进了产学研深度协作和跨界融合的创新方式，组织边界更加开放，这些变化使企业能够迅速高效地进行技术迭代。在生产环节，智能制造技术提高了产品质量和生产效率。基于数据实现的柔性制造让生产设备和系统对市场变化做出快速反应。同时，产品全生命周期的数据也为质量控制体系提供了有力支撑。这些变化直接影响了产品的社会劳动价值，减少了企业成本并提高了产出。在供需匹配环节，数字化匹配平台缩短了供给侧和需求侧的距离。平台根据用户数据调整商品供给，实现精准推荐。同时通过用户反馈不断优化服务，提升用户黏性。用户体验和平台规模的良性循环，推动了经济的快速发展。

（五）激活传统产业增长动能

数据要素还能与第一产业、第二产业、第三产业融合创造价值，激活沉默价值，打开新的发展途径，支撑其实现由增量发展向存量发展、由存量发展向存变发展的转变，呈现新一轮的增长良性循环。

首先，数据赋能释放了这些行业存量资源的潜在价值，实现存量资源再利用。如在农业领域，IOT 传感器连接农田、仓储、物流等环节，形成完整的农业数据链，为精准化、规模化智慧农业提供可能。在此基础上，开展农业大数据分析，制定精准的种植策略，提高土地等要素效率。

其次，数据要素推动这些行业实现业务模式和组织形式的数字化重构。如在制造业，以工业互联网为基础打通信息孤岛，实现了设计、生产、管理、服务全流程的数字化协同，重构了传统制造业的生产组织模式。新模式提升了资源配置效率，降低了协调成本。

最后，数据要素还持续拓展这些行业的边界，拓宽其技术创新边界。大数据和 AI 赋能带来的新材料、新工艺、新设备，都为这些行业提供了持续的技术储备。以制造业为例，数字孪生技术作为其数字化转型的重要途径之一，通过虚实技术集成开启了产品持续升级的新空间。

第三节　数据要素的市场化进展

一、数据要素市场化的内涵

数据要素市场化，是指通过市场化手段，实现数据资源的有效配置和价值实现，促进数据要素在经济社会各领域的广泛应用和流通。具体来看，数据要素市场化的内涵主要包含以下几方面。

（一）明确的数据权属是数据要素市场化的前提

与土地等生产要素不同，由于数据具有无形、可衍生、可复制等属性，往往很难通过所有权来明确数据产权的归属。此外，我国现行法律对政府数据、企业数据、个人信息的数据产权主体没有明确规定。三者之间的责任划分存在大量灰色地带。一方面，公共数据的产权主体不明晰，难以判断其产权归政府部门所有还是属于全民；另一方面，企业用户数据中的个人信息成分，其产权归属也没有明确规定，这导致数据交易中买卖方难以判断对方是否具备合法的交易资格，增加了企业利用自有数据资产流通、交易的合法性成本。

因此，构建统一、明确的产权制度，厘清政府、企业、个人三类数据之间的责任界限，既尊重个人权益，也兼顾数据资源利用效率，是开展数据要素市场化的首要前提。一方面，明确的数据权属为各类主体合法获取、利用和处置数据资产提供了制度保障，有利于释放数据要素的生产潜力和经济价值。权属明晰有助于减少数据获取、应用、流通中的交易风险和合规成本。另一方面，明确的数据权属有助于建立数据资产使用权、决策权、收益权与义务相对等的约束机制。这为不同主体之间的数据交换、共享和合作提供了基本遵循，有利于形成数据资源合理流向的数据生态。

（二）统一的数据资产估值及定价标准是数据要素配置的重要手段

价值是资产的核心属性，数据资产估值体系的建立是探索数据要素定价机制及价值核算的重要参考，对厘清数据、制定统一数据要素定价标准、实现数据要素的有效配置具有重要意义。

对社会而言，统一的评估机制能够为交易市场的统一数据定价模式形成提供系统框架和标准参考，促进数据资产要素流通市场的构建，提升行业对于数据资产价格的公允认知，有助于提高市场参与主体之间的信息对称性，降低交易成本，有利于形成公开透明的市场价格。对企业自身管理而言，数据资产估值能够有效提升各方业务的开展水平与管理能力。一方面，管理层能够从统一的视角，直观了解企业的数据资产价值，并依据评估结果作出数据资产相关的战略决策。周期性的数据资产估值帮助企业将数据价值与业务价值相连接，发掘高价值密度的数据，对未来数据挖掘、分析工作提供方向性指导，做到工作有的放矢。另一方面，在上下级沟通或部门沟通中，具有准确量化价值的数据资产有助于沟通双方对数据产生共同理解，减少企业沟通成本，提高运营效率。

然而，目前数据资产评估体系和模型尚不完整统一，评估维度和影响因素的选择仍存在争议，这制约了数据要素定价标准的建立。因此，构建系统、可操作的数据资产评估框架，解决定价的基本问题，是发展规范的数据要素市场的重要基础。评估模型需要考虑数据的质量、独特性、完整性、时效性等因素对其经济贡献的影响，并在此基础上建立量化的定价机制，为数据要素定价提供依据。

（三）完善数据交易规则体系及相关支持政策

首先，完善数据交易规则是规范数据要素市场行为、保障交易安全的制度基础，需要建立完备的监管和伦理守则体系，并引入必要的激励和约束机制，维护数据交易市场的公平有序。其次，支持政策为数据要素市场化提供外在保障。一方面需要政府部门制定数据开发、应用等方面的财税支持政策，通过融资渠道拓展、税收优惠等手段，激发市场主体参与数据要素生产和流通的内生动力。另一方面需要加快数据安全、个人信息保护等相关法规的立改废，为数据合法流通划出“红线”。最后，建立统一的数据交易中心和体系，消除市场分割，是扩大数据要素规模化流通的必由之路。目前区域性数据交易机构并存，缺乏沟通协作。这是当前数据交易市场发展的主要制约。因此，建立全国统一的数据交易平台和机制，统一交易标准，对接区域性交易中心，是推动数据要素市场化的基础工程。

（四）构建多元化的数据应用场景

企业和公众对数据的广泛需求是市场化配置的有效促进器。一方面，多元化场景能够释放数据要素的应用价值，拓展数据赋能的边界。比如以工业互联网为代表的产业数字化，通过让数据要素渗透制造业全流程，实现生产方式和商业模式的重构，大幅提升了产业效率。这激发了企业对数据的刚性需求。另一方面，丰富的应用场景使数据要素与各行业深度融合。如交通、医疗、金融等领域数据与信息技术、AI 的有机结合，孕育出智慧交通、智慧医疗、智能投顾等新业态，推动了数据生态体系的快速成长，塑造了数据要素的增值路径。

因此，积极培育数据应用场景，推动更多垂直领域的数据化深度融合，是持续释放数据要素潜力、推动数据要素市场规模化的重要举措。这需要政府部门与企业从战略高度提升数据意识，大力布局数据应用，拓展数据要素的应用边界。

二、数据要素市场化的战略意义

数据要素市场化建设，是推动数据生产要素地位进一步确立、促进数据规模化应用、释放数据创新潜力的必然要求。它对推动数字经济高质量发展具有重要的战略意义。

（一）激发数据要素的生产力效应

当前，我国数据资源整体规模虽大，但市场体系不完善导致数据开发利用和价值转换不足，使大量潜在价值未能实现。构建规范有序的数据交易市场，可以促进数据要素在不同主体间的有序流动，推动数据的重复应用和深度挖掘，提高数据要素的综合产出效率。

一方面，数据要素市场化可以减少数据孤岛现象的产生，降低获取和整合数据的成本，实现数据资源的有效配置。市场机制的引入将促使数据持有主体基于市场需求开展数据生产，并主动开放数据接口与他方共享数据。这不仅丰富了数据类型和质量，还使各参与主体能够通过交易获得所需数据，缩短数据获取的时间成本。同时，数据用户也将根据自身需求，筛选并购买适用的数据集。这种市场匹配机制可以极大提高数据开发利用效率。另一方面，数据市场还将催生一系列数据增值服务。基于市场化的数据评估、质量检测、风险评级等服务，可以帮助用户选择高质量、可靠的数据集。而依托大数据、AI 等先进技术的深度数据挖掘与模型构建服务，也将赋能用户实现数据价值的创新性转化。数据要素的这些延伸应用都将在市场体系中激发强大的生产力效应。

因此，规范的数据市场体系有助于数据要素在经济主体之间高效流动，推进数据资源的重复和深入应用，使数据的经济价值和社会效用最大化。这种生产力效应的激发，是数据要素市场化建设的重要战略意义之一。构建开放、竞争、有序的数据交易市场，不仅能促进数据资源的优化配置，还将持续激发数据要素创新发展的内生动力，并依此带动数字经济高质量发展。

（二）破除数据垄断，维护市场公平竞争

在我国，数据资源主要由政府部门和大型互联网企业掌控，这无疑导致其他市场主体

在获取数据时面临高额的搜索成本和使用限制。这种局面不仅降低了企业的数据运用效率，还加剧了数据寡头垄断现象，进一步强化了头部企业的市场地位。而推进数据要素市场化，将有助于打破数据壁垒，实现资源的有效整合。政府可以基于市场机制开放更多公共数据，企业则有动力共享其网络平台数据，数据服务机构和科研院所也将通过市场获利，从而激发数据生产的积极性。这将进一步丰富数据类型，降低企业获取数据的成本，为中小企业提供更公平的数据要素获取机会。

此外，完善的数据交易规则和信用评价机制也是抑制数据垄断的重要制度保障。数据市场可以根据企业数据的质量、真实性、平台贡献度等进行评级，并将信用等级与交易机会和成本挂钩。这不仅能有效减少企业提供假冒、劣质数据的动机，还能通过差异化的交易政策，平衡各市场主体获取数据的机会成本。比如，优先支持中小企业获取关键公共数据，或向其提供流量、算力等基础设施赋能，帮助其在市场中获取与头部企业均衡的数据要素，防止出现整体垄断和"无氧数据"的局面，从而推动数据要素在市场上的公平利用。

总的来说，构建一个规范高效的数据市场体系，将会有效推动政企各方主体之间的数据共享开放，真正贯彻用户共建、共治、共享的理念，维护市场的数据公平竞争。这种破除数据垄断的制度效应，也将持续激发数据要素的活力与创新发展。因此，建立统一开放的数据交易市场，是实现数据资源优化配置与公平流动的战略举措，这也是数据要素市场化建设的重要意义所在。

（三）拓展数据要素的多场景应用

数据要素市场建设还能拓展数据要素的多场景应用。通过建立专门的交易平台和丰富应用场景，可以有效连接数据的供需双方，扩大数据要素在各领域的应用范围，进而形成数据链各环节的良性循环体系。这将促进新的数据和应用模式的不断涌现，推动数据要素市场的繁荣。首先，数据要素市场化能够降低数据获取门槛，丰富数据类型和质量，为用户提供可靠、专业、符合需求的数据产品。例如，企业可以利用详细的用户画像数据进行精准营销，金融机构可以依托详细的交易数据改进风险控制模型，车企获得海量出行数据后也可以优化决策系统，提升交通效率。随着数据要素市场体系的不断改善，其应用范围将涵盖医疗、教育、制造、农业等更多领域，丰富数据驱动场景，拓展数据要素的应用价值。其次，规范的数据评估系统和数据交易流程也将降低企业获取和应用数据的成本。这不仅拓宽了中小企业应用数据要素的可能性，也使更多创业机构有条件通过数据赋能实现模式创新。随着越来越多的参与主体利用丰富的数据资源构建业务，也将反向促进对新类型、高价值数据的市场需求。这将持续激励数据生产方开发更丰富、专业的数据集，形成良性循环。

（四）重塑国际竞争合作新优势

数据在科技创新中的作用将愈发重要，数据竞争已经成为国际竞争的新赛道和重要“胜负手”。目前，世界各国都将发展数字经济作为国家战略，在数据流通交易、隐私安全保护等方面做出前瞻性布局。美国凭借其强大的互联网经济实力一直宣扬“数据自由流动”，以帮助微软、谷歌等企业进入全球市场，提升美国数字企业的竞争力。

数据要素市场的建设有利于畅通国内数据大循环，增强经济韧性，培育参与国际竞争合作新优势。首先，安全可信、富有活力的数据要素市场有利于吸引全球的数据资源和人才，拉动我国数字核心技术的创新和大数据产业的发展。其次，兼具安全与灵活的数据要素市场更有利于我国“数据商”等互联网企业强化自身约束，提升其适应国际数字贸易规则的能力，助力其更好地“走出去”。最后，完善的国内数据要素市场还能提升中国在国际数据治理规则和数字贸易体系中的话语权和主导权，为全球“数字命运共同体”的建设贡献中国方案。

（五）推动数字经济高质量发展

我国虽然拥有海量的数据资源、丰富的数据应用场景和强大的算力、算法积累，但是依然存在高质量数据供给不足、数据流通壁垒突出、数据安全等问题，这都制约了数字经济的高质量发展。数据要素市场为数字技术提供了源源不断的应用场景和创新思路，数字技术的创新将助力数字经济提质增效。

数据要素市场化促进数字经济高质量发展可以从宏观、中观、微观三个层面得到体现。宏观层面，完备的数据要素市场有助于破解数据“安全和流通悖论”，让数据在安全可信的流通中实现价值。数据作为一种新的要素能有效地改变原有的经济增长方式，不仅可以直接投入生产，而且可以提高传统要素的生产效率。中观层面，数据要素市场化能有效助力数据资源与技术的流动，促进产业关联融合、产业创新和产业结构升级，有效地发挥数据对数字经济与实体经济深度融合的桥梁作用。微观层面，数据要素市场化有利于促进企业更好地“上云用数赋智”，提升其创新发展能力，助力其在数字化转型中实现规模经济、范围经济。

总的来说，数据要素市场体系构建了从数据生产、交易到利用的全链路闭环，推动更多元和创新的应用场景不断涌现。这种带动数据要素多样化利用的积极效应，将提升我国整体的数据应用水平与数据生产质量，推动数字经济高质量发展。因此，推进数据要素市场化建设，拓展数据在多场景中的应用，是实现数据资源价值最大化的重要举措，这也是数据要素市场化的重要战略意义。

三、国际数据要素市场化发展态势

在当今数字经济蓬勃发展的背景下，各国积极推进以数据要素为核心的产业数字化转型，并在构建数据要素市场方面进行了大量有益的探索与实践。鉴于数据要素流通的高度国际化特征，梳理分析国外数据要素市场化进程，对于我们深入理解数字经济发展趋势和规律，借鉴国际先进理念与成功经验，并在此基础上更好地制定国家数据发展战略，有着重要的现实意义。基于此，下面拟从数据要素交易市场建设、数据相关法规政策制定以及不同国家和地区发展情况比较等方面，总结当下全球范围内数据要素市场化的发展态势。

（一）数据要素交易市场蓬勃发展

从数据要素交易市场的构建角度看，各国的数据要素市场正日渐走向成熟和规范。一方面，各国已建设多个综合性数据交易中心，例如美国的 BDEX、Ifochimps、Mashape、RapidAPI 等。另一方面，在金融、商业、医疗等各细分领域，也涌现出了大量面向企业用户的专业化数据交易平台，如位置数据领域的 Factual，经济金融领域的 Quandl、QlikDatamarket，工业数据领域的 GEPredix、德国弗劳恩霍夫协会工业数据空间 IDS 项目，个人数据领域的 DataCoup、Personal 等。全方位、多层次的数据要素市场意味着国外数据要素市场已经初步形成了完备的市场主体和运作机制。

（二）相关规制机制不断完善

与市场建设同步的是相关规制机制的不断完善。美国以保护隐私权为原则构建了较为完备的个人数据治理规则体系；欧盟通过颁布《通用数据保护条例》统一行使保护个人数据的权力，并要求任何处理欧盟公民个人数据的非欧盟机构都必须遵守该规定。此外，美国和欧盟近期均制定通过了专门针对数字商品交易与数据市场监管的新法。这些举措为规范数据流通秩序，保障数据服务消费者权益发挥了重要作用。

发达国家和地区在深化数据要素市场化的同时，新兴国家也尝试从根本上建立数据安全与个人隐私方面的法治框架。印度《数字个人数据保护法案》、泰国《个人数据保护法》以及我国《数据安全法》都是此类重要立法的代表。这些法规明确了数据收集利用的合规原则，保障了主体权利，也为长远建立良好的数据生态奠定了基础。可见，国际上数据要素市场整体呈现蓬勃发展的态势。发达国家在不断细分市场的同时，完善数据共享与规制机制；新兴国家也着手构建数据安全与隐私保护的法治框架。这种发展现状的双轮驱动，必将推动全球范围内数据要素市场化水平不断提升。

（三）数据流通模式趋于多样化

发达国家的数据流通新业态和新模式不断涌现，其数据交易规模不断增加，数据交易活力和数据价值释放能力快速提升。在美国，以数据经纪商为代表的数据中介组织是数据价值的主要发现者、数据流通的主要联结者，目前已经形成 C2B、B2B、B2B2C 三种数据交易模式。欧盟基于数字主权和数字伦理等因素，创设了数据中介制度，由接受政府部门全过程监管的数据中介促进非公共数据共享。英国将数据纳入信托机制，日本则创新“数据银行”交易模式，最大化地释放个人数据价值。

依托上述各类新型数据流通模式，发达国家建立了数量庞大、定位各异的数据交易平台。国外目前已形成诸多综合性数据交易平台和专注细分领域的平台，此类交易平台不仅提供居间撮合，也为用户提供各类数据增值的解决方案。近年来，国外众多 IT 头部企业依托自身庞大的云服务和数据资源体系，构建了各自的数据交易平台，如谷歌云、Oracle-DataCloud。综合来看，发达国家的数据交易平台多以企业为主导，并采取市场化模式。

（四）产业数据空间方兴未艾

随着数字经济从消费和流通领域向生产领域漫溯，数据交易也从服务业向工业领域扩散。在数据交易平台方面，欧洲为了在与亚马逊等美国企业的竞争中抢占主动权，决定以“盖亚—X 产业数据空间计划”培育自身在制造业领域内的数据竞争力。

数据空间是一个虚拟的空间，以解决数据权属问题和确保数据安全交换共享，其目标是要构建一个完整的数据生态，使数据在可信、低成本的空间中发挥最大的价值。为促进欧盟成员国内部的数据汇集、共享和利用，欧盟于 2020 年将数据空间作为《欧洲数据战略》的核心，计划投资 40 亿—60 亿欧元以开发工业、能源和农业等 9 个领域的数据空间，后增加至 10 个领域。欧盟基于较为成熟的数据产业空间框架向外输出“欧盟标准”，逐渐鼓励欧盟以外的跨国公司参与其产业数据空间的协作。截至 2023 年，欧盟为推动数据空间计划的盖亚—X 协会已拥有 377 家组织成员，其中包括 NTT 通信等日本公司以及 4 家中国机构。从数据交易平台到产业数据空间，这不仅体现了世界各国数字竞争力的博弈，也揭示了数据交易平台从低级形态向高级形态发展的客观规律。

（五）标准设计优化数据市场生态

欧美政府已经意识到数字技术标准和规则在市场生态培育和全球竞争中的重要意义。数据标准作为数据流通的重要基础设施，是成熟的数据要素市场的重要体现和保障，对于提升数据质量、降低数据协作成本、提升流通效率和破解数据孤岛具有重要意义。为推动数据行业的健康发展和抢占国际数据标准建设的话语权，欧美等发达国家纷纷牵头企业及非政府组织参与国内和国际数据标准的制定。

一方面，欧美政府重视以政务数据标准的统一为非公共数据标准的制定提供参考。美国于 2019 年利用《开放政府数据法》对数据的标准化和可机器读取提出要求。英国于 2022 年出台《政府数据资产的管理标准》，对公共数据在不同组织之间的安全流通和访问操作提供了标准。另一方面，各种协会团体也在标准制定中发挥了作用。美国电气与电子工程协会（IEEE）与瑞士的国际电信联盟电信标准局都针对数据安全技术领域的技术标准提出了规范，而欧洲盖亚—X 协会和日本的数据流通促进会也对产业数据空间等领域的技术标准进行了规范。

（六）数据安全技术保障可信流通环境

发达国家很早便意识到数据安全是流通的前提，不仅制定了庞大的法律条文规定，还重视以数据安全技术保障数据流通。各国都敏锐地认识到通过多方安全计算、联邦学习、可信执行环境、同态加密和智能合约等新型数据安全技术的组合利用，可以有效地满足复杂多样的数据利用需求。

一方面，发达国家政府相继布局大数据、人工智能、6G、区块链等关键共性技术。美国通过《2022 财年国防授权法案》，批准 147 亿美元的科技研发费用，重点投资人工智能和 5G 等“先进能力赋能器”技术。另一方面，欧美等国政府也鼓励科技巨头、产业巨头开展数据安全技术研发与利用。Facebook、亚马逊等大型互联网公司利用区块链和开源差分隐私库等技术加强数据安全保障。英特尔公司和 ARM 公司则深耕可信执行环境技术的商业化落地。此外，IBM、OceanProtocol 等机构研发并推出了“区块链 + 人工智能 + 数据安全”等数据安全解决新方案。

四、国内数据要素市场化发展现状

我国正处于数字化转型的战略机遇期，数据作为新型生产要素，其配置效率关系着数字经济腾飞高度。因此，客观梳理当前国内数据要素市场化进程，总结数据要素市场在法治建设、政策供给、平台建设等方面的发展情况，有助于我们理清市场主体之间关系的优化程度、政府引导作用的充分性、技术支撑体系的完备性等情况，从而帮助我们判断数字化赋能的综合效果是否达到预期，是否存在系统性瓶颈。同时，通过对各地数据交易实践的梳理，我们也可以发现成功经验，借鉴升级复制，形成更好的区域布局与协同效应。

（一）法律基础制度初步建成

在数字化浪潮中，我国高度重视对数据要素进行法治化规制，已初步形成了以《中华人民共和国数据安全法》和《中华人民共和国个人信息保护法》为核心的保护与利用并重的法治框架体系。这为规范数据收集、存储、处理、交易、开放等各环节行为，保障数据安全，充分激发数据生产力提供了重要保障。

2021 年 9 月实施的《中华人民共和国数据安全法》是我国第一部系统规定数据安全的专门法律，它明确了数据分类分级保护制度，建立了数据出境安全评估制度，并对网络运营者处理个人信息进行了规定。这为构建系统的国家数据安全制度体系奠定了基础。同年 11 月实施的《中华人民共和国个人信息保护法》则重点保护了自然人的个人信息权利，明确个人信息处理规则，约束了算法推荐、广告投放等对个人信息的商业化利用行为。这两部法律的实施，使我国数据要素市场发展既有方向引领，也有底线约束，体现了立法过程中的利益平衡。

在更广泛层面，《中华人民共和国网络安全法》《中华人民共和国民法典》中的相关条款，也为确保数据安全、规范数据交易奠定了重要法治基础。从整体层面上看，我国数据立法还处于完善和健全阶段，但在保护公民数据权利与促进数据合理利用之间已形成良好平衡，这对于培育规范高效的数据要素市场具有重要意义。未来还需要进一步完善关键信息基础设施监管、数据跨境流通管理等制度，使法治体系更加成熟稳固。

（二）数据交易场所蓬勃发展

在推动构建数据要素市场过程中，各地积极布局数据交易场所，为数据要素配置提供了重要载体，市场主体和交易规则也在此基础上不断完善。目前，我国已成立 47 家数据交易场所，全国性的区域布局基本形成，政府推动力度较大，国有企业的参与度也较高。

从地理区位上看，数据交易场所在区域配置上主要集中分布于经济发达的京津冀、长三角、珠三角等地区，这与数据资源比较丰富、交易需求旺盛直接相关。同时，中西部地区也在探索适应自身情况的数据交易发展模式，形成了东中西部错位发展的局面。从交易场所属性上看，综合性交易所、分专业交易中心和网上交易平台三种类型并存，能够满足不同层面的交易需求。从市场化程度来说，政府和国企仍占主导地位，发挥着引领带动作用，但也在积极吸引和培育民营企业的参与，形成混合所有制的数据交易生态。

在推进交易场所建设的同时，各地交易所也在不断探索创新，形成了一定规模的数据交易量。例如，北京设立数据专区，探索“数据可用不可见”交易范式，在交易生态、交易技术、交易模式和交易规则方面都进行了有益创新，并提出数据跨境管理解决方案，创新推出数据托管服务平台，通过提供数据驻留、脱敏输出、融合计算、建档备案等服务，为国家推动跨境数据流动进行了有益探索。上海数据交易所运用在大数据产业发展特别是数据要素资产化探索方面较好的先天优势，对当前数据交易过程中存在的确权难、定价难、互信难、入场难、监管难等众多难题进行了有益探索。明确“不合规不挂牌，无场景不交易”的交易原则，该交易原则对于我国开展数据交易场所建设具有非常重要的借鉴意义。贵州得益于适度超前的政策先发优势，超前布局大数据发展战略，率先成立贵阳大数据交易所，探索数据要素的交易价值和交易模式，探索构建“政府引导、企业主体、多方参与”的数据交易生态等。

总体而言，我国数据交易场所建设经历了由点到面再向纵深发展的路径，已初步实现基础性全覆盖，为产业链上下游企业提供了高效的数据配置环境。这种布局与发展的态势，也为培育规范的数据要素市场奠定了平台基础。后续还需进一步丰富数据场景，完善数据定价、产权等配套机制，促进数据要素在更大范围内流通共享。

（三）相关政策有力支撑

在推动数据要素市场建设过程中，我国数据相关政策发挥了至关重要的引导和保障作用。中国信息通信研究院认为国内的数据要素政策大致经历了酝酿探索、落地推行、深化发展三个阶段，政策引导和支撑力度也不断由浅入深，渐次走向成熟。

2014—2016 年是数据政策的酝酿探索阶段。在这一阶段，大数据作为一个新兴领域，开始受到广泛关注。我国政府认识到大数据的重要性，并开始将其发展提升为国家战略。2014 年，大数据首次被写入政府工作报告，标志着大数据正式进入政策视野。同年，我国第一家大数据交易所——贵阳大数据交易所正式成立。2015 年，国务院印发《促进大数据发展行动纲要》，将大数据发展上升为国家战略。2016 年，《“十三五”规划纲要》进一步明确了实施国家大数据战略的重要性。

2016—2019 年是数据要素政策落地推行阶段。在这一阶段，国家出台了一系列大数据相关规划，明确了数据要素在数据价值体现中的枢纽作用。2016 年，工信部印发《大数据产业发展规划》（2016—2020 年），为大数据产业的发展提供了指导。2017 年，党的十九大报告明确提出要推动大数据与实体经济的深度融合，肯定了数据要素对生产力的促进作用。在这一阶段，大数据连续六年被写入政府工作报告，体现了政府对大数据发展的重视。

2019 年至今，为深化发展阶段。在这一阶段，数据被纳入生产要素范畴，与传统生产要素如土地、劳动、资本、技术并列。这一变革激活了数据要素潜能，构建数据基础制度，培育数据要素市场成为我国改革发展的重要方向。2019 年，党的十九届四中全会首次将数据列入新型生产要素。2020 年，中共中央、国务院发布《关于构建更加完善的要素市场化配置体制机制的意见》，强调加快培育数据要素市场。此后，《“十四五”规划和二〇三五年远景目标建议》《建设高标准市场体系行动方案》《“十四五”数字经济发展规划》等相关政策文件相继发布，对数据要素流通和交易相关工作进行了战略部署。2022 年，《中共中央 国务院关于构建数据基础制度更好发挥数据要素作用的意见》提出要促进数据高效流通使用、赋能实体经济，加快构建数据基础制度体系。

可以看出，我国数据要素市场政策呈现出逐步深化的态势。在面向 2035 年的远景目标下，未来政策会进一步健全数据定价机制，鼓励数据开发应用创新，完善数据产权制度和交易规则，继续推动数据要素配置效率提升。这种顶层设计与政策供给的协同效应，必将有效激发市场活力，加快推进我国数据要素市场的规范化、成熟化进程。

（四）数据要素生态体系发展良好

在数据要素市场化进程中，我国已初步形成了包括场外场内的多层次交易格局，数据商、需求方和中介机构等市场主体之间也实现了有效衔接，这为促进数据要素合理有序流动奠定了生态基础。

目前，我国场外的数据交易规模已经较为可观。在线下点对点基础之上，诸如大型商业银行、人工智能企业等数据需求旺盛的机构，其场外采集使用的数据资源总量每年达到数百亿元级。与此同时，各地相继成立的数据交易场所也在持续探索创新，已有近40%的场所开展了场内数据交易业务。场内外的协同互动，为形成高效的配置环境奠定了基础。

在市场主体间合作方面，已基本形成了数据商、数据需求方和数据中介服务机构的生态网络。其中，数据商主要负责数据的生产和提供，数据需求方则是购买使用数据的下游企业或科研机构。数据中介服务机构则通过提供数据整合、评估、公证、仲裁等服务，搭建起需求方和商方之间的桥梁。这种分工协作的格局，使得数据按照业务属性和价值规则进行合理匹配配置。

从区域布局来看，京津冀、长三角、成渝地区等在数据资源丰富度和中介服务能级方面较为突出，已经构建了创新驱动的交易中心。同时，欠发达地区也在探索差异化的数据交易模式。这种“多点并进”的分布趋势，将形成数据要素在全国范围内优化配置的动力机制。

五、完善我国数据要素市场的建议

数据作为一种新兴的生产要素，其市场化进程中的相关属性，对一个国家甚至一个特定行业的数字化成熟度产生直接影响。鉴于此，清晰地认识到各国和地区数据要素市场化的进展，不仅有助于我们客观理解数字经济的发展动向，也是制订数据战略、推动数字化转型进程的重要基础。同时，客观地审视当前我国数据要素市场化的现状，对于完善市场体系建设也具有积极意义。

（一）以有为政府引领多主体参与建设

从国外经验来看，数据经纪商等主体在数据要素市场中发挥了重要作用。我国要针对数据的场内外交易需要，以“有为政府”引领国企、数据运营商、第三方中介组织、行业协会及科研院所共同参与数据要素市场建设。

一方面，我国政府要提升数据要素的治理监管和服务能力。地方各级数据管理机构要以《数据安全法》等法律、规章保障数据产业各主体的正当权益。我国的各级政府掌握了能源、交通及金融等领域的优质数据资源，可以通过无偿开放或有偿委托符合资质的国企或者私企进行运营。另一方面，政府要引导多主体参与数据要素市场建设。首先，政府要充分发挥“数商”在数据价值发现中的主体作用，鼓励其参与数据应用场景、流通模式与定价模式的探索。其次，政府可以引导各地成立数据交易协会和数字技术产业联盟，推动数据流通自律性准则和数商互联互通平台的建立。最后，政府也应当重视金融和法务等第三方服务机构在数据生态建设中的作用，支持高校、科研机构参与数字技术的研发、专业人才的培养及全民数据素养的提升。

（二）强化数据要素标准体系建设

我国现行的数据要素领域标准原则性较强而应用性较弱，且多集中于金融和能源领域，仍不能满足我国海量交易场景的需求。一方面，我国应该根据数据市场的新业态、新模式和新主体制定分类齐全且层层递进的数据行业标准体系。首先，应当建立以国家标准为主体框架、地方标准为细分及团体协会标准为补充的数据标准体系，深化新能源汽车、装备制造和医药卫生等领域的标准建设。其次，要重视数据流通平台间的互联互通标准建设，控制区域性及行业性交易所之间的标准差异，建设通用性的数据标准体系，利用区块链等前沿技术建设“数据交易链”，打通各大数据交易平台之间的交易壁垒。另一方面，要积极参与国际数据交易标准的建设，输出“中国标准”。要鼓励互联网巨头和科研院所参与“可信执行环境”和“多方安全计算”等领域的国际标准建设，加强与海外信息通信领域行业协会的交流与合作，共建统一规范的国际数据交易标准体系。

（三）加快完善数据要素配置体制机制

加快完善数据要素配置体制机制不仅是激发数据产出潜力、推动数字化深入各行业的需要，也是整合碎片化数据资源、实现供给侧协同效应的要求。同时，建立规范的数据要素交易秩序，能够提高市场透明度，打造公平有序的竞争环境。

为了实现这一目标，我们可以从以下方面着手：首先，建立科学合理的数据定价评估体系，以便准确评估数据的经济价值；其次，构建统一的数据交易平台和开放接口，以便高效地实现数据资源的主体间对接；再次，出台包括数据所有权、使用权在内的产权制度相关规定，明确交易过程中的权利和义务；最后，制定行业数据标准和编码规范，以降低数据采集、存储和分析的成本。此外，对数据要素市场的监管也应给予足够重视。比如，建立完善的信息披露和评价体系，防止数据垄断和不正当竞争；建立公平高效的争议解决机制，减少交易过程中的管理成本。只有当配置体制机制和政策环境两方面“双引擎”并进时，我们才能确保数据要素市场的规范有序和深入发展。

（四）进一步加强数据安全治理能力

进一步加强数据安全治理能力是推进数据要素市场化的基石，也是新兴数字经济面临的主要短板。一方面，数据安全无法得到保障将严重影响用户的交易意愿；另一方面，数据泄露也将损害国家安全与公共利益。从长远来看，持续提升数据安全治理水平是我国建立数字信任、实现数字强国目标的内在要求。

为此，我们可以从以下几个方面加强数据安全治理能力建设：第一，制定全面的数据安全基准要求，设定网络数据安全等级保护制度；第二，建立数据分类和风险评估标准，实施分级分区的数据管理；第三，强化关键基础设施安全保障与审查制度，防止重要数据遭到攻击或窃取；第四，健全个人信息保护和跨境数据流动的监管机制，防止隐私数据泄露。此外，还应提升安全应急处置和数据修复能力，对各类数据安全事件做到快速响应和有效修复。

只有持续强化这些治理能力建设举措的系统性、协同性，持续提升安全技术与管理水平，才能为数据要素市场建立可靠的安全基石，促进数字治理体系和治理能力现代化。

（五）继续完善数据要素生态体系

当前我国数据要素生态链条中，不同主体之间的责任划分和衔接机制仍不尽完善，一定程度上制约了数据配置效率的提升。比如，数据采集环节标准不统一增加了交易成本，中介服务功能有限影响了供需匹配效率等。因此，继续完善数据要素生态体系是有必要的。

完善数据要素生态体系的主要举措包括：明确各类数据主体在分工中的角色定位，比如数据提供方负责资源输入，交易场所负责资源整合与匹配，中介机构提供增值服务等。建立统一的数据采集与评估接口标准，使上下游可以顺畅对接。构建精准供需匹配机制，利用新技术提高配置效率。健全第三方的数据验证、估值、仲裁机制，为交易过程提供支撑等。

通过多点并举、链条衔接等举措，我国数据要素生态体系必将日益成熟完备，也将大幅提升产业协同及资源优化配置的效率水平。这是推动数字经济高质量发展的重要基础。

第二章

资产定义、数字资产和数据资产的研究进展

在考量数据资产是否应纳入会计账簿的问题之前，需要先明确资产的本质内涵。作为一个会计学的基本概念，资产的定义、确认及计量准则，在长期的会计实践活动中，已逐步形成一套相对明确的规范体系。这一体系不仅为我们评价数据资产是否应被视作一类新的资产形态提供了重要的理论依据与参考标准，同时也为会计准则的不断发展与完善奠定了基础。在此基础上，通过对比分析数据资产与现行定义及标准之间的契合程度，我们可以探讨是否应将数据资产纳入传统资产的分类体系，并研究相应的确认与计量方法。例如，我们需要考量数据资产是否具备为企业带来经济利益的特点，是否受企业控制，以及是否是基于过去事件而形成的。只有在对传统资产界限有了清晰认识的基础上，研究数据资产的会计处理才具有明确的前提和合理的参考标准。

第一节　资产定义及其比较

资产概念在企业经营实践中具有至关重要的地位。它是企业经营过程中关键的可控制资源，为企业的持续经营提供了坚实的基础。正如马克思主义政治经济学中所强调的生产要素的作用，没有生产资料的支撑，劳动力也无法开展生产。同样，没有可控制的经济资源作为必要的原材料、设备设施等，企业的生产经营活动也就无从进行，其存续和发展都将根基不稳。此外，在会计要素的逻辑体系中，资产处于核心地位，其他要素如负债和所有者权益的计量都是以资产为基础来确定的。负债从本质上讲可以视为“负资产”，是对未来资产的承诺或保证，所有者权益则体现了扣除负债后的净资产，充分反映出资产对其他要素内涵的决定作用。FASB 在 2018 年发布的《概念性质疑与分析》（Concepts Statement No. 8）中也提出资产是最基本的会计要素并为其他要素提供定义基础。因此，准确定义资产，具有至关重要的意义。

一、传统理论中对资产的定义

自20世纪初现代会计体系奠基以来，资产作为核心要素之一，其内涵界定的演进历经多年论争，迄今仍未完全定论。成小云和任咏川（2010）将传统研究中对资产的定义归纳为成本观、未来经济利益观、权利观与经济资源观四种典型视角，如表2－1所示。

表2－1　　传统理论中对资产的定义

	定义来源	时间	定义
成本观	Peton与Littleton	1940年	获取交易的价格积数就是“资产”
	ARD	1953年	资产是代表借方余额的某一东西，这一余额是依据会计的规则或原则在结账时被恰当地结转，上述余额的基础是：或代表一项财产的权利或已获得的价值，或是一项支出但能产生财产权或恰当的未来收益
	APB	1970年	资产是按照GAAP加以确认和计量的企业的经济资源，但还包括不属于资源却按GAAP可以确认和计量的一定的递延借项
未来经济利益观	FASB	1980年	资产是特定主体由于过去交易和事项而取得或控制的可能的未来经济利益
	AASB	1995年	资产是主体由于过去的交易或其他过去事项所能控制的未来经济利益
权利观	ASB	1999年	资产是由于过去的交易或事件，使一个主体能够控制的未来经济利益的权利或其他权利
经济资源观	CICA	1991年	资产是由于过去的交易或事项发生的结果而被一个主体控制的经济资源，从这些经济资源，主体将可能获得未来的经济利益
	IASB	1989年	资产是企业由于过去事项所控制的资源，且预期这些资源会为企业带来未来经济利益

1940年，Peton与Littleton确立了会计资产具有成本属性这一重要理论基石。在《公司会计准则导论》中，他们提出，获取交易的价格积数就是“资产”，资产“是未消耗的收入借项”，即已发生的、但尚未赚取收入的成本，是“尚未转化为费用的成本的集合”。这种成本观在当时正值计量技术十分有限的情况下，为资产提供了一种易于识别和计量的统一依据，同时也契合了大萧条期后恢复市场信心的政策诉求。这一理论开启了20世纪上半叶资产成本属性的主流地位。其后美国注册会计师协会（American Institute of Certified Public Accountants，AICPA）和会计原则委员会（Accounting Principles Board，APB）等机构的会计公告延续沿用了这一观点。1953年，美国注册会计师协会下属会计研究分会（Accounting Research Divisior，ARD）在第1号名词公报《回顾与摘要》中将资产定义为：“代表借方余额的某一东西，这一余额是依据会计的规则或原则在结账时被恰当地结转，

上述余额的基础是：或代表一项财产的权利或已获得的价值，或是一项支出但能产生财产权或恰当的未来收益。”1970 年，会计原则委员会第 4 号公告中将资产定义为：“资产是按照 GAAP 加以确认和计量的企业的经济资源，但还包括不属于资源却按 GAAP 可以确认和计量的一定的递延借项。”

随着 20 世纪 50 年代行为科学的发展，人们逐渐认识到历史成本在反映企业当期状况中的局限性。且随着复杂经济交易的出现与评估技术的成熟，会计也面临适应性的考验。这些迹象标志着会计资产成本观进入衰退阶段。20 世纪 80 年代，美国财务会计准则委员会（Financial Accounting Standards Board，FASB）提出“资产是特定主体由于过去交易和事项而取得或控制的可能的未来经济利益”。这一前卫表述引发了广泛反响，许多国家纷纷效仿，澳大利亚会计准则理事会（Australian Accounting Standards Board，AASB）在其 1995 年发布的“会计概念公报”中，就认为“资产是主体由于过去的交易或其他过去事项所能控制的未来经济利益”。但也有反对声音指出其对过去事项的依赖性以及对未来不确定性的悬而未决等固有缺陷。

权利观作为会计准则的一个重要流派，其代表为英国会计准则理事会（Accounting Standards Board，ASB）。在英国这样一个高度重视私有财产权利的社会背景下，ASB 长期以来在会计准则和实践中一直强调会计信息的“真实公允”原则，这为以权利为本位的资产观念提供了坚实的基础。1999 年 12 月，ASB 正式发布了《财务报告原则公告》，在其中对资产的定义作出了明确阐述：资产是指“由于过去的交易或事件，使一个主体能够控制的未来经济利益的权利或其他权利”。这个定义揭示了资产在法律或合同上归属的本质，并且体现了会计与法律领域的密切联系。实际上，早在 1962 年，ARD 的第 3 号研究公报就提出“资产代表一个企业因现在和过去交易而获取的未来经济利益和权利”。从权利的角度审视资产内涵，确实有其独到的见解。然而，由于法律的社会属性和会计的自然属性之间存在一定的差异，权利观作为资产认定的绝对标准，其合理性仍需进一步探讨。通过考察权利观形成的制度环境，我们可以更深入地理解不同会计传统之间的异同。

自 20 世纪 80 年代起，经济资源观崭露头角，成为继未来经济利益观之后的重要会计资产理论。这一观点被加拿大特许会计师协会（Canadian Institute of Chartered Accountants，CICA）和国际会计准则理事会（International Accounting Standards Board，IASB）所采纳。它们都认为，资产本质上是指企业能够控制的经济资源，这些资源源自过去的交易或事项。不过，CICA 更侧重于资源产生经济效益的“可能性”，而 IASB 则使用“预期”，强调资产与带来未来经济利益之间的紧密关联。经济资源观融合了权利、历史成本和预期收益等多种属性，形成了一个更为均衡的视角。它不仅满足了反映资源控制权的需要，还为资产价值的计量提供了基础，这与会计的核心使命和信息决策的有用性是相符合的。

纵观演变历程，各理论存在自身优劣。成本观下资产属性单一，未来经济利益观下资产的本质被扭曲，权利观主要反映了资产的社会属性而忽略了自然属性，而经济资源观也存在涵义模糊的缺陷。因此，本节拟依次梳理 IASB、FASB 以及我国对资产界定的完善情况，为数据资产定义的确定提供更合理的参考。

二、国际会计准则理事会对资产的定义

国际会计准则理事会（IASB）对资产定义的修订是一个反复探索的过程。20 世纪 80 年代，随着国际会计准则委员会（IASC）逐步建立权威，IASC 在 1989 年发布的《财务报表编制和列报框架》（Framework for the Preparation and Presentation of Financial Statements）中，将资产定义为“资产是企业由于过去事项所控制的资源，且预期这些资源会为企业带来未来经济利益”（Assets are resources controlled by an enterprise as a result of past events and from which future economic benefits are expected to flow to the enterprise）。但随后，20 世纪 90 年代末爆发的一系列公司会计丑闻引发了全球范围内对会计信息质量的广泛质疑，促使各方对会计准则进行反思。2001 年，IASC 易名为 IASB 后不久，安然事件的发生更是加速了这一进程。这使 IASB 意识到有必要建立一个更新、统一和完整的概念框架，以指导会计准则制定。2002 年，IASB 启动与美国 FASB 的趋同项目，并在 2004 年正式开启“联合概念框架项目”。该项目的第一阶段，是制定阐述通用目的财务报告目标以及有用财务信息质量特征的章节。在制定这些章节过程中，双方理事会于 2006 年发布了一项讨论稿（2006 年讨论稿），于 2008 年发布了一项征求意见稿（2008 年征求意见稿）。在考虑了这些文件的反馈及研究信息后，2010 年，双方理事会发布了修订《财务报告概念框架》的两个章节，即《财务报告概念框架》（2010）。“通用财务报告的目标”和“有用财务信息的质量特征”两个章节在发布后立即生效。《财务报表编制和列报框架》（1989）的其余部分被《财务报告概念框架》（2010）承接，未发生变动。《财务报告概念框架》（2010）中关于资产的定义为：“由于过去事项而由主体控制的、预期会导致未来经济利益流入主体的资源。”随后，2018 年，《财务报告概念框架》（Conceptual Framework for Financial Reporting）正式发布，其中将资产重新定义为“因过去事项形成的，由主体控制的现时经济资源。经济资源，是指有潜力产生经济利益的权利。”

IASB 在其历史中对资产定义的多次调整，体现了对资产概念不断深化和优化的发展过程。三个阶段都强调了资源控制权的重要性。在 1989 年的初版框架中，资产被定义为基于过去事项的结果和预期经济利益，这表明了对历史成本和未来收益的双重重视。到了 2008 年的联合框架项目，对资源控制权的强调更为明确，即企业应具备排他性的当前访问权，这一定义从法律权利的角度对资产的内涵进行了阐释。而在 2018 年的最新框架中，在继承了控制权概念的基础上，进一步强调资产必须是当前存在的经济资源，这体现了对

过去事项结果和资源现时性的双重要求，如表2－2所示。

表2－2　　　　IASB资产定义一览表

年份	文件	定义
1989	《财务报表编制和列报框架》	资产是企业由于过去事项所控制的资源，且预期这些资源会为企业带来未来经济利益
2010	《财务报告概念框架》（2010）	由于过去事项而由主体控制的、预期会导致未来经济利益流入主体的资源
2018	《财务报告概念框架》（2018）	因过去事项形成的，由主体控制的现时经济资源。经济资源是指有潜力产生经济利益的权利

《财务报告概念框架》（2018）对资产定义进行了再次修订，即资产是因过去事项形成的，由主体控制的现时经济资源。其中，经济资源是指有潜力产生经济利益的权利。

1. 如何理解资产定义中的“控制”？

（1）如果主体具有现时能力，以主导经济资源的使用，并获得可能自其流入的经济利益，则主体控制了该经济资源。控制，包括阻止其他方主导该经济资源的使用，以及获得可能自其流入的经济利益的现时能力。据此，如果一方控制了一项经济资源，则不会有其他方控制该资源。

（2）对经济资源的控制，通常来源于可执行法定权利的能力。但是，控制也可以来源于其他方式，倘若主体具有其他方式确保其自身，而不是其他方，具有主导该经济资源使用，并获得可能自其产生的经济利益的现时能力。例如，主体可以控制一项不受专利权限制的专有技术，倘若主体可使用该专有技术，并具有保守该专有技术秘密的现时能力，即使该专有技术不受注册专利的保护。

（3）主体要控制一项经济资源，源于该资源的未来经济利益，必须直接或间接流入该主体，而不是其他方。

在《财务报告概念框架》（2018）的资产定义中继续保留了经济资源必须“由主体控制”的要求。主体有能力主导资产（或主体）的使用，且获得经济利益（或回报）。

值得一提的是，《财务报告概念框架》（2018）的资产定义，不仅适用于企业，还适用于公共部门和其他金融市场之外的组织，包括非营利组织。因此，资产的定义应当包括产生现金流量以外的利益的资源，例如，社会或环境服务对报告主体、对其他方或广泛社会公众的利益。

2. 如何理解经济资源定义中的“权利”？

（1）权利具有多种形式，包括：

①收取现金的权利；

②收取商品或服务的权利；

③在有利条款下与另一方交换经济资源的权利。例如，这些权利包括以当前有利的条款买入一项经济资源的远期合同或一项买入经济资源的期权；

④如果特定不确定未来事项发生，则从另一方交付一项经济资源的义务获益的权利；

⑤对物理实物的权利，比如不动产、厂场和设备或存货。此类权利的例子包括使用物理实物的权利或从租赁物理实物的剩余价值获益的权利；

⑥使用知识产权的权利。

（2）“权利”不仅包括从合同、法律和类似方式获得的权利，也包括其他方式获得的权利。当然，很多权利是通过合同、法律或类似方式建立的。

显然，IASB 要求经济交易和事项在确认、计量和报告时，需遵循具体准则和准则规范的要求，因此，当一项新的交易和事项出现时，需对该交易和事项进行判断和认定，根据交易和事项产生的经济实质和结果判断属于哪一项具体准则规范的范围，然后再根据某项具体准则，对该交易和事项进行会计确认、计量和报告。由此可见，作为新交易或事项产生的数据资产，依然要严格遵循《财务报告概念框架》（2018）中资产的定义和判断标准。

三、美国财务会计准则委员会对资产的定义

美国财务会计准则委员会在其对资产定义的修订过程中一直致力于提炼资产概念的核心内涵。最初在 20 世纪 70 年代的概念公告中，FASB 即指出资产为企业所控制的经济资源。1985 年的《财务会计概念公告第 6 号》（Concepts Statement No. 6）进一步明确将资产定义为“资产是企业因过去交易和事项而获得控制的、带来经济利益的可能性”（Assets are probable future economic benefits obtained or controlled by a particular entity as a result of past transactions or events），这体现了对未来经济效益的预期。2019 年，FASB 在《财务会计概念公告第 8 号》（Concepts Statement No. 8）中将资产定义修订为“资产是主体当下拥有的、能带来经济利益的权利”（An asset is a present right of an entity to an economic benefit）。

可见，2019 年对资产定义的修订主要涉及三个方面的变动。首先，修订后的资产定义去除了“控制”这一术语。原先，“控制”在许多会计准则中广泛使用，其移除可能导致与现行实践的不一致。尤其是在 IFRS 概念框架中，“控制”仍然被包含，这表明与 IASB 标准的趋同受到了影响。其次，修订前的资产定义依赖于过去的交易或事件来确定资产的存在，现在则取消了这一要求。这意味着内部产生的无形资产可能被认可，因为它们预计将产生未来的经济利益，甚至可能包括那些利益的专有权利。最后，修订后的定义引入了

“现在权利”的概念，但委员会没有明确这一权利的含义及其是否存在的前提条件。这导致受访者提出了一系列问题，包括合同是否创造了“现在权利”，资产确认前是否需要执行以及资产是否可以在执行之前存在。

以虚拟货币（比特币）为例，目前没有专门的会计准则对其进行规范，因此，在美国公认会计原则中，则先用排除法，认为它不是“金融资产”，不是“存货”和“固定资产”，因此，虚拟货币就被认为是一项具有无限使用寿命的无形资产，因此，它的确认和计量需严格遵循无形资产准则的要求，并以历史成本和减值测试结合方式进行后续确认和计量。

四、我国企业会计准则对资产的定义

我国企业会计准则对资产的定义经历了几次修订。最初，在 1992 年的企业会计准则中，资产被定义为“资产是企业拥有或者控制的能以货币计量的经济资源，包括各种财产、债权和其他权利”。与中华人民共和国成立之初的“资金占用”概念相比，1992 年企业会计准则关于资产的定义明确了资产的本质是企业的经济资源。作为企业的经济资源，资产必须具有使用价值和有用性。资产既可用于商品制造，如原材料；也可用于销售，如库存商品；还可以用于换回另一项资产，如货币资金，总之，资产能满足企业的特定需要，并为企业带来经济利益。“资金占用”的概念没有反映出资产的这一本质特征。此外，还明确了资产不仅包括企业所拥有的，而且包括企业能够控制的资源。企业不一定对某一资源拥有所有权，只要能够加以控制，便可以作为企业的资产。这也是“资金占用”概念没有反映的。最后，明确了资产的范围包括企业拥有或控制的财产、债权和其他权利。所有这些为企业带来经济利益的资源都是资产。还明确将无形资产划入企业资产的范畴。

此后，国务院 2000 年 6 月发布的《企业财务会计报告条例》和财政部 2000 年 12 月发布的《企业会计制度》，对资产给予重新定义。表述为：“资产是指过去的交易、事项形成并由企业拥有或者控制的资源，该资源预期会给企业带来未来经济利益”。这一定义对原有概念进行了四个方面的修正：首先，新定义强调了资产的内涵，即资产是预期能够为企业带来经济利益的事物。明确指出，如果企业拥有的某项财产预期不能为企业带来未来的经济利益，那么它就不能被确认为企业的资产。这一修正使资产的概念更加符合实际经济活动的需要，有助于更准确地评估企业的价值和风险。其次，新定义增加了“由过去的交易、事项形成”的限定语。这一修正旨在明确企业拥有或控制资产的来源渠道，并将资产的形成时间限定在过去。这是借鉴了国际会计准则的做法，对于明确资产的会计处理时期和资产来源具有重要意义。再次，新定义删去了“能以货币计量”的定语。这一修正的原因在于，货币计量是会计确认和计量的问题，而非资产的本质特征。因此，只需在资产的确认标准中规定货币计量问题，而不必在资产的定义中提及。最后，新定义将“经济资源”修正为“资源”。这一修正使资源的定义更加宽泛，不仅包括经济资源，还包括自然、环境、人力、物资设备等一切客观存在、可供人类运用的潜在资源。这一修正有助于更全面地反映企业的价值，包括那些尚未被会计确认和计量的项目，如知识产权、人力资源、商誉等，这些项目虽然尚未被纳入会计体系，但实际上能够为企业带来未来的经济利益。

2006 年发布的《企业会计准则——基本准则》对资产的定义进行了修订。修订后的定义为：“资产是指企业过去的交易或者事项形成的、由企业拥有或者控制的、预期会给企业带来经济利益的资源。”2006 年资产定义的更新使资产的确认、计量和记录更符合国际会计准则，促进了国际会计标准的统一。依据这一定义，会计处理能更真实地反映企业资产状况，满足会计信息使用者的需求，提供更为准确和有用的财务信息。这一定义的理论基础与国际会计准则相吻合，标志着财务会计准则与国际标准的趋同，这对于提升会计信息的可比性和透明度具有重要意义。

通过比较 IASB、FASB 和我国企业会计准则对资产定义的修订历程，为我们理解和处理数据资产提供了更加明确和系统的框架，同时也为数据资产的有效管理和利用提供了坚实的理论基础。

首先，数据资产的控制权和现时性成为判断其资产属性的关键。IASB 和 FASB 在最新的会计框架中均强调了企业对资产的控制权以及资产的现时性。这意味着，只有当企业能够控制并利用数据资产产生经济利益时，这些数据才能被认定为资产。这一理论依据为数据的资产属性提供了明确的判断标准。

其次，数据资产的预期经济利益是其资产属性的重要组成部分。我国企业会计准则一直强调资产的预期经济利益特征，这一特征同样适用于数据资产的判断。换言之，只有那些预期能够为企业带来经济利益的数据，才能被确认为数据资产。

最后，对数据资产的判断不应局限在当前的会计确认与计量系统内，而应具有前瞻性和开放性。随着会计准则的不断更新和完善，许多目前尚未纳入会计体系的新型资产未来可能被确认。因此，在判断数据资产时，也需要采取开放和发展的视角，以适应不断变化的会计环境和实践需求。

第二节　国际上关于资产和无形资产的研究进展

一、国际会计准则理事会对资产定义的修订

2018 年，国际会计准则理事会发布的《财务报告概念框架 2018》对资产的定义做出了较大修订。修订前资产的定义为：“由于过去事项而由主体控制的、预期会导致未来经济利益流入主体的资源。”这一定义存在以下几方面的问题：首先，过去事件形成的资源不一定会产生经济利益流入企业。有些资源实质上并不具备“资产”的属性，但仍被列报在资产负债表中。其次，随着商业模式的创新和复杂化，企业控制的资源日益多元化，原定义对资产的控制权问题表达不够明确。最后，以前的定义难以区分资产和费用，且描述经济利益流入企业也比较笼统。

鉴于上述原因，2018 年 IASB 对资产的定义做出重要修订，将资产重新定义为“因过去事项形成的，由主体控制的现时经济资源。经济资源，是指有潜力产生经济利益的权利。”2018 年 IASB 修订的新资产定义，与之前定义相比，关键变化主要体现在三个方面：

首先，新资产定义中单独提出“经济资源”概念，这一变化对资产本质的理解起到了极大的澄清作用。过去，资产的定义往往受到“经济利益”这一结果的影响，即认为能带来利益流入的事物本身就是资产，例如现金流。这种定义方式在一定程度上忽视了资产的本质属性。新定义明确指出，资产的内在属性在于其作为一种“经济资源”，这种资源是企业通过运用、转换、出售或以其他方式使用，能够产出商品、提供劳务，并最终获得经济利益的生产要素、素材或工具。比如土地、设备、专利技术等，它们都是用于各种经营活动以创造利润和获得回报的资源。新定义将这种属性明确写入，有助于理清资产与利益、存量与流量之间的关系。在判断一项事物时，我们应首先考虑它是否是一种“经济资源”，而非直接等同于“利益”，它是否能为企业提供生产经营支持或作用，能否使用、转换或为企业带来价值。只有确定它是一种企业运用的“工具”或“材料”，才能进一步判断它是否能产生经济效益，是否属于资产。这种流程有助于更准确地理解和认定资产的内在属性，从而为复杂多变的商业形态提供更好的会计支撑。

其次，新资产定义中去掉了“预期”二字，转变为简单地描述资产“能够为企业带来未来经济利益”。之前的定义中，“预期会导致”的表述容易让人误解为资产必须能够明确“预期”到或“确定”到未来必定会有经济利益流入。然而，实际上资产并不要求

其一定会产生经济利益。例如，仓库中尘封已久的设备，虽然现时并未使用而不会带来任何利益，但这并不影响其作为资产的属性。因为机器设备作为一种经济资源，具有产出能力，只要企业愿意使用，它就能够创造利润，这里的关键在于资源的潜在能力，而非实际结果。IASB 通过删除“预期”二字，明确告诉我们，只要判断该资源具备未来“能够”为企业带来利益的潜在能力，就可以将其视为资产，这种描述更加准确地反映了资产属性的本质，有利于财务报告真实反映经济业务。

最后，新资产定义中特别强调使用“当前控制”来描述企业与资产的关系，这一变化突出了控制权在资产认定中的重要性。过去，资产的描述更多地关注于其“未来”可能产生的经济利益，这导致人们往往忽视了企业在“现时”是否真正控制该资源这一认定资产的基础和前提。例如，尽管许多承诺未来可能为企业带来利益，如客户订单承诺或供应商提供原材料的承诺，但如果企业现时无法控制这些利益或资源的实现，它们就不能被认定为资产。只有当企业确实拥有对相关资源的支配权，即“当前控制”之后，这些资源才能被认定为资产。IASB 通过这一表述的变更，引导我们关注资产判断的第一步——确认企业的控制权，这有助于回归资产的本质属性，避免被“预期”的未来经济利益所误导。只有公司当前实际控制的经济资源才能被准确地称为资产，这是逻辑判断的大前提，也是真实反映企业财务状况的基石。

二、IASB 对无形资产的定义及研究进展

数字时代，无形资产已经成为经济高质量发展和企业价值增长的主要驱动力。现有会计准则在无形资产的确认、计量和披露方面，已经无法适应时代的要求。欧洲财务报告咨询组（EFRAG）2020 年发布的《无形资产报告的文献回顾》指出：“大量证据表明，无形资产投资的宏观经济现象已经相当突出，公司的市场价值往往越来越多地由其产生的无形资产而不是有形资产来驱动，但由于财务报表反映有关无形资产的信息严重不足，财务报表的价值相关性正在下降。”

无形资产的确认、计量和披露，无论是在学术界、实务界，还是在各国会计准则制定机构之间，无论是在监管机构，还是在财务报告的编制者、审计机构、使用者之间，均充满了极大的争议。许多声音都在质疑：为什么收购产生的无形资产能够确认，而内部产生的无形资产不能够确认？为什么有形资产得到确认，而无形资产不被确认？为什么企业合并产生的商誉可以确认，而自创商誉不可以确认？在新经济飞速发展的今天，无形资产已经成为企业、国家及人类社会发展的主要驱动力，我们必须直面这些声音，直面这些挑战（王鹏程，2022）。

（一）无形资产准则的修订历程

国际会计准则委员会（IASC）于 1973 年成立后，发布了一系列有关无形资产的会计规范。IASC 于 1978 年发布了《国际会计准则第 9 号——研究开发支出》，要求不论哪一阶段的研究开发支出都应当作为当期费用处理。IASC 于 1993 年提出了对研发支出更为明确的界定和划分，要求将研究费用与开发费用进行区分，分别采用不同的会计处理方式，同时也要求对开发费用进行更详细和规范的披露，但是对于是否资本化以及如何资本化的问题未做出明确规定。

国际会计准则理事会（IASB）1998 年发布了《国际会计准则第 38 号——无形资产》，2004 年对该准则进行了修改。修改后的准则将无形资产定义为："用于商品或劳务的生产或供应、出租给其他单位、或管理目的而持有的、没有实物形态的、可辨认非货币资产。"并且将无形资产划分为七类：（1）品牌；（2）特许使用权；（3）报刊及出版物标题；（4）计算机软件；（5）版权、专利权及其他行业财产权、服务和经营权；（6）配方、公式、模型、设计和原型；（7）开发中的无形资产。将内部产生的计算机软件列为无形资产，并详细规定了其成本的构成。此外，还规定了无形资产的经济寿命应超过 1 年，并列举了可辨认的无形资产是指专利、版权、品牌、客户名单、商标以及其他能够与相关的实物资产分别转移的权。2009 年 4 月，IASB 对商业并购无形资产会计处理问题进行修订，同年 7 月 IAS38 修订稿正式生效。2021 年 3 月 30 日，IASB 发布了《第三次议程咨询（意见征询稿）》，就是否应将无形资产纳入其 2022—2026 年工作计划征求利益相关方的意见。根据利益相关方的意见，IASB 将无形资产及其他六个主题列为可能的研究项目。2022 年 4 月，IASB 明确将无形资产列入未来五年的两个研究项目之一。

（二）无形资产的定义与确认条件

《国际会计准则第 38 号——无形资产》将无形资产定义为不具有实物形态的可辨认非货币性资产。无形资产通常包括计算机软件、专利、版权、电影、客户列表、抵押贷款服务权利、捕鱼许可证、进口配额、特许经营权、客户或供应商关系、客户忠诚度、市场份额和营销权等，但并非所有上述项目都满足无形资产的定义，准则要求无形资产具有三个关键属性：可辨认性、由企业控制、预期会产生经济利益。

首先是可辨认性。可辨认性是无形资产与商誉加以区别的本质属性，它要求无形资产能够从企业中分离或分割，并能够单独或与相关合同、可识别资产或负债一起出售、转让、许可、出租或交换。同时，无形资产应源自合同权利或其他合法权利，无论这些权利是否可转让或与企业或其他权利和义务分离。

其次是由企业控制。这种控制权来源于企业对未来经济利益的控制能力限制其他人获得这些利益，它通常来源于法律权利、市场和技术知识。随后准则对知识、技术人员以及客户关系是否满足无形资产要求进行了详细说明。知识和技术人员可能为企业带来未来的经济效益，但不一定满足无形资产的要求。例如，企业可能拥有一支熟练员工团队，并期望他们通过提供技能来获得未来的经济效益，但企业通常无法充分控制这些利益以满足无形资产的定义。关于客户关系和市场份额，企业可能期望由于其在建立客户关系和忠诚度方面的努力，客户将继续与该企业进行交易。然而，在缺乏法定权利保护或其他方式控制与客户的关系的情况下，企业通常无法充分控制来自客户关系和忠诚度的经济利益，从而无法满足无形资产的定义。但在缺乏法定权利保护客户关系的情况下，与同类或相似的非合同性客户关系的交换交易能为企业提供证据，证明其仍能控制来自这些客户关系的预期未来经济利益，同时这些交换交易也证明了相关的客户关系具有可分离性，因此满足无形资产的定义。

最后是预期会产生经济利益。这种预期经济利益可能源自多个方面，包括销售产品或服务的收入、成本的降低，以及主体使用无形资产产生的其他利益。例如，企业在生产过程中运用知识产权，可能并非直接增加未来收入，而是通过降低生产成本来提升整体经济效益。此外，无形资产如专利或商标能够提升产品或服务的市场竞争力，从而增加市场份额和客户忠诚度，进而带来更为广泛的经济利益。因此，无形资产的价值在于其能够为企业带来持续的、潜在的经济回报，而不仅仅是直接的财务收入。

在对无形资产进行确认时，除了满足无形资产的定义，还应满足以下两个确认条件时，无形资产才应予确认：归属于该资产的未来经济利益很可能流入企业；该资产的成本能够可靠计量。对于企业内部研究开发项目，研究阶段发生的支出应在发生时确认为费用；开发阶段发生的支出，同时满足下列六个条件的，才能确认为无形资产：

（1）完成该无形资产以使其能够使用或出售在技术上具有可行性；

（2）具有完成该无形资产并使用或出售的意图；

（3）有能力适用或出售该无形资产；

（4）无形资产产生经济利益的方式，包括能够证明运用该无形资产生产的产品存在市场或无形资产自身存在市场，无形资产将在内部使用的，应当证明其有用性；

（5）有足够的技术、财务资源和其他资源支持，以完成该无形资产的开发，并有能力使用或出售该无形资产；

（6）归属于该无形资产开发阶段的支出能够可靠地计量。

三、我国无形资产的定义与确认条件

2006 年，我国正式发布《企业会计准则第 6 号——无形资产》，该准则充分借鉴了 IASB《国际会计准则第 38 号——无形资产》。无形资产是指企业拥有或者控制的没有实物形态的可辨认非货币性资产。无形资产通常包括专利权、非专利技术、商标权、著作权、特许权、土地使用权等，而企业自创商誉以及内部产生的品牌、报刊名等不应确认为无形资产。企业内部研究开发项目研究阶段的支出，应当于发生时计入当期损益。

无形资产准则规定，除了符合无形资产的定义外，无形资产的确认还需要满足如下两个条件：一是归属于该资产的未来经济利益很可能流入主体；二是该资产的成本能够可靠地计量。将内部形成的无形资产支出区分研究阶段支出与开发阶段支出。所有研究支出均进行费用化，而开发支出仅当满足相应产品或服务在技术上及商业上具备可行性等条件后才能资本化。企业内部研究开发项目开发阶段的支出，同时满足下列五个条件的，才能确认为无形资产：

（1）完成该无形资产以使其能够使用或出售在技术上具有可行性；

（2）具有完成该无形资产并使用或出售的意图；

（3）无形资产产生经济利益的方式，包括能够证明运用该无形资产生产的产品存在市场或无形资产自身存在市场，无形资产将在内部使用的，应当证明其有用性；

（4）有足够的技术、财务资源和其他资源支持，以完成该无形资产的开发，并有能力使用或出售该无形资产；

（5）归属于该无形资产开发阶段的支出能够可靠地计量。

第三节　国际上关于数字资产和数据资产的探讨

数据资产作为新兴的资产形态，因其独特的技术特性和广阔的应用前景，受到全球范围内的广泛关注。数据资产与数字资产所涉及的技术，如人工智能、区块链、边缘计算等，正在颠覆众多传统产业。以金融行业为例，数字货币正在开创一种新的支付和结算方式；智能合约也正在改变传统的合约模板和签署流程。面对产业数字化转型的大潮，我国需紧跟数字资产技术的国际发展步伐，确保不错过这一历史机遇。此外，数据资产的健康快速发展亟需监管政策的指引。鉴于数据资产与数字资产所涉及的高风险性，全球各国都在积极探讨数字资产的监管之道。这不仅是推动数字资产行业发展的必要手段，也是保障数据权益和用户权益的重要举措。因此，积极关注国际前沿热点，有助于我国制定和完善数字资产监管政策。

一、国际上关于数字资产的研究进展

数字货币的推行创新了货币发行机制，对现代社会支付体系、金融市场体系以及会计

核算体系具有重大影响。截至目前，引发各界广泛关注的数字货币主要是加密数字货币和央行数字货币。区块链技术是数字资产的基石。它以去中心化、不可篡改的账本为核心，确保数字资产的透明性和安全性。

数字货币是只能通过数字或电子形式获取的货币，没有物质表现形式。实物货币，如银行票据和硬币是有形的，交易只能在拥有其实物所有权的所有者之间发生。数字货币的主要特征包括：（1）数字货币是只能通过计算机或移动手机获取的货币。（2）数字货币不需要任何中介，它们通常是交易货币成本最低的形式。（3）数字货币的价格是稳定的，并且是可以在市场上交易的。（4）数字货币可以用于购买商品、支付服务。（5）数字货币拥有与实物货币类似的所有内在特征，允许交易跨越国境而瞬间发生。

数字资产，也就是我们常说的数字货币，是以数字形式存在的交易媒介，主要可以分为加密资产、数字稳定币和中央银行数字货币（CBDC）。加密资产是以加密技术和分布式账本技术为特征的私人资产，具有数字支付手段的特征，但不受任何发行人或其他数字代币背书，例如比特币。数字稳定币则是相对某特定资产或一篮子资产保持价值稳定的加密资产，一般被纳入加密资产监管框架，但由于其特殊性和重要性，其针对性立法也受到重视。这两种数字货币均不是由公共货币当局发行，因此常被统称为私人数字货币。CBDC则是主权货币的数字表示，由一国货币当局发行并将其作为负债管理，分为批发和零售两个类别，分别服务于机构和公众。近年来，越来越多的国家开始关注零售 CBDC 的国内应用，而多国开展的 CBDC 跨境合作则主要在批发领域展开。

数字资产具有跨境流动性强、交易成本低、流通高效等优势，能够有效整合全球资源配置，推动实体经济变革与升级。与此同时，数字资产所潜在产生的系统性风险也引起各国政府和监管机构的高度重视。建立数字资产监管规则，保护投资者权益，防范洗钱、税收逃避、资金外流等风险，是当前全球范围内的热点议题和难点问题。特别是随着数字资产的迅猛发展，正以前所未有的深度和广度参与到经济和社会生活中，数字资产规模的不断扩大，其对金融安全带来的风险不容忽视。金融创新与金融监管是对立与统一的关系，在鼓励金融创新的同时也要实施金融监管以控制相关风险暴露，两者之间需要平衡。显然，世界各国对数字资产采取了不同的政策和法规。一些国家鼓励数字资产的创新，提供有利的监管环境，其他国家则采取更为谨慎的立场，对数字资产进行限制或禁止。需要指出的是，尽管目前各国对数字资产的监管存在分歧，但在监管理论逻辑上已形成一定共识，对数字资产的监管框架、监管原则和监管措施也日益清晰。如瑞士金融市场监管局将数字资产分为支付类、资产类和效用类三大种类，根据数字资产类别开展有区别的监管。资产类数字资产代表发行人的债券或股权，适用证券监管，支付类和效用类数字资产则适用其他监管框架。

数字资产已经引领了金融创新的浪潮，为金融生态系统带来了更大的透明性、可访问性和效率，数字资产不仅改变了传统交易方式，还对未来金融生态系统产生了深远影响。展望未来，数字资产市场有望继续增长，推动金融领域的进一步演变。然而，监管环境的不断变化和技术的创新将为数字资产市场带来挑战和机会。随着全球合作的增强，数字资产将更好地融入传统金融体系，为全球金融生态系统的发展作出贡献。

国际会计准则理事会（IASB）高度重视数字货币会计问题的研究。2015 年，数字货币专题被确定为国际会计准则理事会（IASB）的一个潜在新项目；2016 年 12 月，国际财务报告准则基金会咨询论坛讨论了数字货币问题，重点是从持有人的角度对加密资产进行分类；2018 年 7 月，国际会计准则理事会（IASB）达成协议，国际财务报告准则解释委员会（IFRIC）审议涉及数字货币的交易会计指南；2018 年 9 月，国际财务报告准则解释委员会讨论了国际会计准则理事会的两份会议文件，文件涉及持有加密资产和首次发行代币相关的会计处理问题。国际财务报告准则解释委员会于 2018 年和 2019 年曾专门对加密数字货币进行讨论，就加密数字货币分类为货币、金融工具、无形资产、存货的各种可能做了相关论证。此外，国际上其他会计准则制定机构也对数字货币会计问题开展了系列研究。2016 年 12 月，澳大利亚会计准则理事会发表了名为《数字货币：一个供准则制定的案例》的文章，在其中分别探讨了将数字货币作为现金或现金等价物、金融工具（非现金资产）、无形资产及存货进行会计处理的可能性。2018 年 3 月，日本会计准则理事会发布了名为《在支付服务法案下，公司使用数字货币时的实用会计处理》的指引，该指引承认数字货币在会计上应被确认为一项资产，但不属于现有会计项目（例如，外币、金融工具、存货、无形资产），建议建立新的独立的资产项目，但该指引适用范围有限。日本会计准则理事会可能会在日本相关法律明确数字货币交易、首次代币发行的合法性之后（目前尚未确立其法律地位），再开展该项目的第二阶段研究。美国数字商业商会则于 2017 年 6 月致信美国财务会计准则委员会，希望紧急问题工作组可以增加一项研究数字货币会计处理的议程，认为现行美国公认会计原则下，数字货币可以归类为无形资产或存货。其中，最能对数字货币如实反映的方式是在期末将公允价值计入当期损益。由此可见，我国亟须对数字货币的会计问题和应对策略开展深入研究，及时制定我国数字货币的会计标准，这对奠定我国在数字货币会计标准领域的国际话语权，具有极其重要的战略意义。

（一）美国关于数字资产的研究及其监管

美国数字商业商会于 2017 年 6 月致信美国财务会计准则委员会，希望紧急问题工作组可以增加一项研究数字货币会计处理的议程，认为现行美国公认会计原则下，数字货币可以归类为无形资产或存货。其中，最能对数字货币如实反映的方式是在期末将公允价值计入当期损益。

美国已经将数字资产的发展纳入国家战略，这一举措旨在应对加密资产快速增长的挑战，并推动其监管向整合协调方向发展。美国政府于 2022 年 9 月推出了首个数字资产发展的综合框架，表达了对加密资产在消费者保护、国家安全和环境保护等多方面问题的关注，并提出了加强监管合作和公私伙伴关系的建议。同时，美国财政部也发布了相关报告，建议加强监管和执法机构对加密资产行业非法活动的监控以及发布更严格的指南和规则，并增强机构间的合作。在中央银行数字货币（CBDC）方面，拜登总统的行政命令强调了 CBDC 研发的重要性，并指出美国应在国际论坛和多国对话中展现领导力。遵照这一命令，美国财政部于 2022 年 9 月发布了《未来的货币和支付系统》报告，探讨了美国 CBDC 的可能设计选项，并成立了一个跨机构的 CBDC 工作组，以协调相关事务。此外，白宫科技政策办公室（OSTP）也发布报告，概述了美国 CBDC 系统应达成的八大政策目标，并讨论了技术设计及其潜在影响。OSTP 将加入 CBDC 工作组，并与国家科学基金会（NSF）合作，制定国家数字资产研发计划，以支持美联储的相关工作。

美国最大的数字货币交易所 Coinbase 2023 年进行的一项调查显示，大约 20% 的美国人（即超过 5000 万人）拥有加密货币，市场价值数十亿美元。这使美国成为世界上最大、最有影响力的数字资产市场之一，随着基于区块链的新应用、数字资产和监管发展的快速出现，没有任何放缓的迹象。

美国数字资产的监管架构是联邦和州政府的双层监管。在联邦层面，数字资产的监管机构包括证券交易委员会（SEC）、金融犯罪执法网络（FinCEN）、商品期货交易委员会（CFTC）、货币监理署（OCC）和国家税务局（IRS）等。在美国，数字资产被分为证券和非证券两大类。SEC 一般通过豪威测试（Howey test）来判断一种资产是否纳入证券范围进行监管。若数字资产通过豪威测试，则被认定为证券类资产，受到美国证券交易委员会的监管。作为新型融资工具的首次代币发行也被纳入联邦证券监管范围。若数字资产未通过豪威测试，则属于非证券类资产，纳入其他监管框架。2022 年 3 月，美国总统拜登签署了《确保负责任地开发数字资产的行政命令》，被认为是美国在数字资产领域构建未来监管框架的方向，拉开了国家层面数字资产监管序幕。目前，美国没有统一体系化的数字资产监管框架。美国政府对数字资产的发展总体上采取了包容开放态度，鼓励私营部门数字资产创新，同时将数字资产纳入严格的监管范畴，以维护本国金融安全和美元国际地位。

（二）欧盟关于数字资产的研究及其监管

2022 年，欧盟立法者通过了具有划时代意义的《加密资产市场监管法案》（MiCA），并将其提交至欧洲议会进行最终的审议和表决。该法案最初于 2020 年 9 月由欧盟委员会提出，旨在欧盟层面建立一套统一的加密资产监管规则。其目标包括为加密资产提供一个法律框架、推动技术创新、确保消费者和投资者的保护以及增强金融系统的稳定性。经过数月的讨论和协商，欧盟委员会、立法者以及成员国于2022年6月就MiCA达成了共识。鉴于2022年5月发生的算法稳定币TerraUSD（UST）的崩盘事件，新规则要求稳定币发行方必须保持足够的储备，以应对大规模赎回的要求，并对那些发行量较大的稳定币实施了每日交易额不超过2亿欧元的限制。到了2022年10月，MiCA顺利通过了欧洲议会经济和货币事务委员会的审议，预计将在2024年正式生效。

在欧洲，欧洲中央银行（以下简称“欧央行”）也在稳步推进数字欧元的研发工作。欧央行在2021年7月宣布启动数字欧元项目，并开始了为期两年的调查研究。作为该项目的一部分，欧央行在2022年3月发布了一份研究报告，揭示了公民的支付习惯以及对数字支付的态度，指出人们倾向于一个泛欧洲的、广泛接受的支付方式，偏好于便捷、快速和易用的支付解决方案。在9月，欧央行发布了数字欧元项目调查阶段的进展报告，讨论了引入数字欧元的合理性和初步的设计选项。

（三）英国关于数字资产的研究及其监管

英国政府于2018年成立了“加密资产工作组”并打造“英澳金融桥”，这是英国政府金融科技战略的一部分，旨在使英国成为“发展金融科技业务的最佳地点”。“加密资产工作组”由英国财政部、英格兰银行和金融行为监管局（FCA）的人员组成，将审查政府和监管机构的现有研究，并寻求贸易机构、学术界和消费者及投资者团体的意见。

英国金融行为监管局（FCA）、英国财政部和英格兰银行组成了数字资产工作组，FCA是英国数字资产的主要监管机构。FCA将数字资产分为交易类代币、证券类代币、功能类代币三种，对于不同种类的代币进行分类监管。对于交易类代币，FCA不予监管；对于证券类代币，FCA参考传统证券予以监管；对于功能类代币，若符合电子货币的标准，也将受到FCA的监管。在英国，证券类代币是受到监管的主要数字资产，包括依据《2000年金融服务和市场法案》下的特定投资、《欧盟金融工具市场指导》下的金融工具、《电子货币条例》下的电子货币。2021年，英国禁止了以加密资产为标的资产的相关交易所票据及其他衍生品。FCA要求从事数字资产活动的公司必须先进行注册，数字资产活动其他参与者，包括交易平台、支付提供商、托管人和其他中介机构等，都必须获得FCA相应许可或相应的豁免。除了防范金融欺诈和保护消费者权益，英国对数字资产的监管还包括防范市场滥用行为（MAR）和反洗钱/反恐怖主义（AML/CFT）。FCA已经制定了与数字资产有关KYC、AML和CFT的法规。

2016年，金融行为监管局（FCA）提出了监管沙盒的概念。作为一种创新监管工具，监管沙盒为金融科技创新提供了真实市场环境。对于数字资产创新，监管沙盒提供了一个可控的小范围内测试的环境。数字资产创新业务可以在真实的消费者身上开展测试，FCA会控制风险确保安全，并对现有监管体系不断调整。通过监管沙盒，英国可以通过不断试错，快速积累数字资产的监管经验。

（四）日本关于数字资产的研究及其监管

2022年，日本在加密资产的立法方面加大了力度，特别是在稳定币的监管上走在了前列。作为全球最早建立加密资产监管框架的国家之一，日本2022年的监管重点集中在加强反洗钱/反恐怖主义融资（AML/CFT）的法规修订上，这些修订涉及《外汇法》《国际恐怖主义财产冻结法》《防止犯罪所得转移法》《打击有组织犯罪、毒品特别法》等多部法律，旨在更有效地实施金融制裁。此外，受到UST崩盘事件的启发，日本众议院在2022年6月迅速通过了修订的《资金决算法案》，对稳定币的发行和交易进行了规范。根据新法案，只有持牌银行、注册过户机构和信托公司等机构才能发行稳定币，并且必须以等值的法定货币作为支撑，确保稳定币持有者有权按面值进行赎回。

在中央银行数字货币（CBDC）方面，日本央行也在持续推动零售CBDC的概念验证（PoC）。日本的CBDC试验计划分为三个阶段，第一阶段的PoC已于2021年4月完成。接着，日本央行开始了第二阶段的PoC，主要审查CBDC的更细节性附加功能。到了2022年11月，日本央行理事内田真一宣布，将与三菱东京UFJ银行、三井住友银行和瑞穗银行三大主要商业银行，以及各地的地方性银行合作，共同进行数字日元的发行试点。这一合作标志着日本CBDC试验计划的第三阶段开始，预计将持续两年时间，最终将决定日本是否推出数字日元。

日本是最早为数字资产提供监管立法的国家。2016年，日本政府颁布《支付服务法案》，将数字资产视作合法的支付手段，而非商品或者证券。该法案对数字资产交易平台的最低净资产、内控制度和信息披露等做了详细规定。数字资产交易平台及其他服务商实行注册登记制度，涵盖数字资产交易、货币兑换、中介和代理服务等。数字资产交易平台须做好投资者财产管理、信息安全管理并制定了争议解决机制。日本政府还颁布了《防止违法所得转移法案》，对打击数字资产洗钱和恐怖融资、投资者识别、交易记录留存等作出了规定。日本金融服务厅、数字资产交易商协会和国税局等是数字资产主要的监管机构。2017年12月，日本国家税务局裁定，加密货币的收益应归类为“杂项收入”，并相应纳税。2018年，日本金融服务厅发布了最新的虚拟货币交易所注册登记相关审查信息，公布了近400项审核内容文件。2021年起，日本金融服务厅开始对加密数字资产中违规交易、违规主体发出警示函。同年，日本金融服务厅成立了针对去中心化金融的部门，为促进数字资产稳定发展提出了相关方案。

二、国际上对数据资产的全面探讨

在全球范围内，随着信息技术的飞速发展和大数据时代的到来，数据已经从一个简单的信息载体转变为关键的战略资源。各国政府也纷纷意识到，数据资产在决策制定、服务提供、组织管理和公共创新等方面具有不可替代的作用。因此，世界各国公共机构正日益将数据资产的管理上升到战略层面，积极探索和实施数据资产的管理与治理框架。

（一）对数据资产定义认识的深化

伴随着数据越来越深入地推动经济发展，各国逐渐认识到数据的经济属性，对数据的认识也发生了由资源到资产的转变。早期，各国对政府数据的认识局限于数据资源，仅将其视为政府内部共享和公众获取的对象，侧重供给共享，未充分认识到其价值属性。2009年，英国公共部门信息办公室将公共数据界定为“创新货币”和“知识经济的命脉”，这在一定程度上反映了数据的经济属性。随后，2015 年英国发布《2015 年公共部门信息再利用条例》，其中提到“信息是重要的战略资产也是宝贵的国家资源，公共部门机构要采取一种基于资产的方法来管理数据资源。”这一定义意味着数据在经济发展中发挥着越来越重要的作用，已经被视为一项经济资源。此后，美国、英国、澳大利亚、新西兰等许多国家纷纷提出“数据是资产”的观念，表明政府数据管理工作重心已从传统的供给共享转向数据利用后的效益产出与成本控制，促使各国政府认识到要采用基于“资产（assets）”而非“资源（resource）”的方式来管理数据，否则，不当的数据管理不仅不能创造新的价值还会增加机构负担并产生一系列负面影响。例如，2018 年，新西兰在《政府数据策略和路线图 2018》中提到，数据作为基础设施具备“资产”特征，可以创造经济和社会价值。2019 年，美国在《联邦数据战略与 2020 年行动计划》中指出，数据是国家重要的战略资产。

（二）数据资产价值目标的明晰

在当今信息社会，数据资产的重要性日益凸显，然而仅仅是收集、存储数据并不能激发数据的价值，因此各国也在逐步探索数据资产的价值目标，从而加强数据资产的管理，以实现其经济和社会价值。

首先，政府将数据资产的经济价值挖掘和产业效益实现视为焦点。早在 2010 年，欧盟就提出建立“欧盟数字单一市场”，到 2020 年，欧盟进一步提出要建设“欧盟数据单一市场”，强调数据要素在数字经济发展中的重要作用。这一转变旨在推动数据要素在数字经济发展中的广泛应用，提升数据在经济增长中的作用，从而在全球数据经济领域取得领先地位。同样，英国也在其数字战略中提出了建设数据驱动型经济体的目标，以数据为基础，为每个人提供经济和社会机会。而美国则更进一步，提出了数据经济价值和社会价值的共同实现，并将其作为数据战略的重点。美国将数据战略的重点聚焦在商业化、创新和公共用途等领域，强调不同群体如私营公司、研究人员或公民的政府数据利用，以促进经济发展、治理善政和社会价值的实现。其次，各国也专注于政府数据价值生态系统的建设，将数据权益、数据质量等数据治理活动与数据价值创造紧密结合。例如，英国在其数据战略中，重点关注数据在整个经济体中的可用性、可访问性和可提供性，同时强调保护人们的数据权利和私营企业的知识产权。欧盟则进一步指出，要改善数据治理结构，增加可再利用的高质量数据资源，培育连贯的欧洲数据生态系统，刺激数据研究和利用的创新。这样的做法，将有助于推动所有利益相关者在数字单一市场内无缝互动，更容易获得知识和资本，从而实现数据资产价值的最大化。

（三）数据资产管理的全面部署

近年来，美、英等国在数据战略和人工智能战略等纲领性文件中，进一步强化了政府数据资产管理的顶层设计，不断明确数据资产管理的重心与方法，并以生命周期管理、价值管理和安全管理为主轴，营造基于数据驱动和数据赋能的政府数据资产战略管理新格局。

数字技术的快速发展为各国对数据供给、质量保障、交易流通等数据资产关键环节进行通盘谋划提供了可能。一方面，各国将数据资产价值创造嵌入到政府数据生命周期的各个环节。2013 年，澳大利亚《公共服务大数据战略》规定政府持有的数据集是国有资产，并提出了在大数据管理、大数据与隐私保护、大数据整合分析以及大数据开放共享四个方面进行突破。另一方面，将数据资产管理的关键活动嵌入到政府数据生态体系。美国、新西兰和加拿大都在其行动路线中强调了组织结构、技术、能力的重要性。例如，2021 年 5 月，英国国防部发布《国防数据战略》既指明了国防数据资产管理的主要业务环节与责任机构，也提出工作方式上应与政府、企业和学术界建立合作伙伴关系，共同进行数据整合，形成人、工作流程、数据和技术四要素有机结合的生态系统。

在数据战略和人工智能战略等纲领性文件中，各国政府明确了数据资产管理的重心与方法。这些文件以生命周期管理、价值管理和安全管理为主轴，旨在营造基于数据驱动和数据赋能的政府数据资产战略管理新格局。例如，美国在《联邦数据战略与 2020 年行动计划》中明确了政府数据资产管理的重点领域，包括数据资产目录管理、数据资产整合以及人工智能、财务管理和地理空间三类数据资产的开发等。而英国在《国防数据战略》中，则重点突出了数据资产生命周期管理、数据资产质量管理、数据资产安全管理、数据资产高效利用、提供资金支持以及数据文化和行为的转变等。

此外，政府数据资产管理的方法和手段也不断丰富。各国在数据战略和人工智能战略等文件中，提出了一系列具体的实施措施和手段，如大数据管理、数据整合分析、数据质量监测、业务流程监控、商业模式开发等。这些措施和手段的提出，为政府数据资产管理的实施提供了具体的操作路径和实现手段。

（四）激发数据资产的增值活力

政府数据资产的增值活力激发主要从开放共享的数据产品/服务增值开发和基于数据

生态的企业数据赋能两个维度展开。一方面，各国政府注重政府数据与市场数据、社会数据的融合，通过流动和共享利用释放数据价值。例如，2018 年《加拿大大数据战略路线图》提出了一系列行动建议，旨在确保政府数据能够与其他来源数据相融合，从而充分释放数据价值。这些建议包括：制定数据开放政策、加强数据基础设施建设、推动跨部门数据共享、鼓励企业使用政府数据以及提升公民的数据素养等。另一方面，各国政府着力培育数据市场，营造激发企业数据价值创造的积极生态。2019 年，《加拿大数字宪章》提出了包括数据战略、数据专业人员、数据标准和数据基础设施在内的生态体系，以从根本上改变政府管理、利用和提供数据的方式。这一生态体系旨在打造公平的市场竞争环境，加强政府在数据创新方面的领先性，为企业和个人提供更多的数据资源和机会。此外，2020 年英国的《国家数据战略》也将数据基础设施、数据技能、数据可用性和负责任的数据利用作为激活数据机遇的核心能力。这一战略强调了政府与企业、学术界和社会团体等多元利益相关者的合作，共同推动数据价值的实现。

为实现政府数据资产的增值活力，各国政府采取了一系列具体措施。首先，鼓励政府内部跨部门数据共享。例如，美国提供了单一部门数据资源调配的“机构行动”、跨部门数据整合的“集体行动”和多部门数据集成的“共享行动”三种机构数据整合方案。这些方案旨在打破政府内部数据孤岛，实现数据资源的高效利用。其次，各国积极推动政府数据向企业和社会开放。各国政府纷纷制定了开放政府数据政策，鼓励企业、研究机构和社会团体利用政府数据开发新产品和服务，从而实现数据价值的最大化。此外，各国政府还注重提升公民的数据素养，使公民能够更好地利用政府数据，发挥数据的社会价值。

（五）强化数据资产的安全保障

强化政府数据资产开发的安全保障是各国政府数据资产管理的重要任务之一。为了在保障数据安全的前提下实现政府数据资产的价值，各国采取了多种措施。保障数据安全首要的任务是加大隐私和安全立法力度。一些国家甚至将关键数据保护上升到国家战略层面，以保障数据资产的安全。例如，欧盟的《通用数据保护条例》（GDPR）和美国的《加州消费者隐私法》（CCPA）都要求对个人数据进行严格保护，以确保数据资产的安全。

此外，各国政府采用管理手段、技术手段和物理手段来平衡数据安全与数据开放共享之间的矛盾。管理手段方面，各国政府通过数据授权和监管来保障数据资产被恰当利用。例如，加拿大《数字运作战略规划 2018—2022》主张通过制定访问授权、数据保护、获取控制、风险管理等体系化的安全措施，建立一个安全、灵活的数字安全生态系统。技术手段方面，各国政府利用隐私增强技术、区块链技术等现代科技手段，对数据进行安全保护，促进数据安全共享，从而建立信任。例如，英国利用隐私增强技术促进数据安全共享，从而建立信任。物理手段方面，各国政府强化数据基础设施的安全性和完整性，对政府信息系统保护、软件供应链安全等进行整体部署。例如，澳大利亚的关键基础设施提升计划、美国的“零信任架构”、英国的数据可持续发展章程等，均对硬件资产、软件资产、配置设置和漏洞等管理予以强调。

通过上述措施，各国政府既保证了数据资产的安全，又实现了数据资产的开发利用。在数据资产管理过程中，各国政府还加强了对数据资产关键环节的管理，构建了贯穿数据供给端与需求端的全生命周期资产化开发利用体系。这有助于促进数据资产由行政系统内部小循环向市场化大循环转变，实现了政府数据资产价值的最大化。

（六）数据资产的高质量供给

为了确保高质量的数据资产供给，各国政府从评级、建设统一的数据标准以及数据操作系统三个方面进行了探索。首先，各国对数据分级分类，以同步推进价值管理和风险管理。例如，美国根据政府机构数据能力的成熟度、机构业务关键问题、利益相关者需求和法律法规来综合判定数据资产价值，并标记其中的优先数据资产。英国则从信息安全的视角出发，根据数据的敏感性识别和评估数据价值，实行分级分类管理，并识别其中的高级资产。其次，各国政府加快数据标准建设，促进数据资产规范化管理。数据标准化是营造安全有序的数据要素市场环境的基础。美国总务管理局、管理与预算办公室以及国家标准与技术研究所合作开发数据标准库，以加快跨机构数据标准的创建和采用。英国成立数据标准局，并制定具有强制执行效力的政府数据标准清单。加拿大标准委员会在 2019 年设立了数据标准化协作组织，负责制定国家、区域和国际间可用的数据标准清单。最后，各国政府增进数据互操作性，推动数据资产跨机构交换共享。例如，澳大利亚要求政府机构之间建立具有标准化信息描述的互操作信息管理系统，评估交换和共享数据所需的互操作性成熟度。加拿大要求建立跨行业数据主题，包括制定特定行业的数据战略和创建允许跨部门共享数据的实施架构。欧盟则提出成立欧洲数据创新委员会，加强数据互操作性以及不同部门和领域之间的数据共享服务。

（七）加强数据共享，激发数据价值

政府数据资产价值实现的前提假设是政府部门、企业、研究机构、社会团体以及公众等多利益主体均可从数据的自由流动与共享利用中创造价值，参与主体类型越多、规模越大、需求越广、更新越快，则数据资产管理的复杂度越高，协调频率越密集，相应的效益价值也越加凸显。然而，在现实中，由于部门之间对数据共享的抵触以及共享技术的限制等，使数据的价值挖掘遇到阻碍。因此，有必要加强数据共享。

数据共享首先要实现数据在系统内部的无障碍流转与共享。例如，新西兰通过“整体性治理”弥合领导、运营人员和操作人员的分歧并协调利益。荷兰政府通过点对点学习和分享数据驱动价值创造的最佳实践来促进数据的再利用。其次要将数据对外开放和提供给企业、社会组织进行再利用。例如，美国、英国等国家都强调了政府与企业、学界和社会建立数据治理合作伙伴关系的重要性。德国政府与民间社会团体、企业经常举办多/双边会议，以了解各主体的数据需求。新西兰强调以“公众参与”构建数字信任，利用多个渠道征求公众意见、解答共性疑问，以便公众了解其个人数据如何被利用、如何创造效益，从而推动数据创新使用。最后应采取市场化合作方式，提升政府与企业之间的数据交换共享水平。欧盟指出，企业与政府共享数据是实现更广泛的数据共享的重要一步。为激活数据要素，提升企业数据再利用的经济效益，欧盟出台了相关政策和建议。在多元合作伙伴关系的协调上，英国以规范化合同管理保障多方利益，要求在政府外包服务过程中，维护和管理信息资产登记册（IAR），并将其包含在采购要求和后续合同中。

通过构建政企学研多方利益共同体，实施整体性数据治理，并采取市场化运作方式，可以有效打通政府数据价值转换网络，释放数据资产活力，实现政府数据资产的社会化共享和多边价值再生利用。

通过总结国际上在定义认识、价值目标、管理部署、活力激发、安全保障、供给质量等多个维度对数据资产进行的顶层设计和整体布局可以看出，各国对数据资产管理理念和实践正在从单一的开放共享，向价值驱动、效率导向和安全第一的战略转型。这体现了政府管理模式从注重供给投入，向关注成效产出的范式转变。通过这些举措的综合实施，各国政府在推动数据资产管理的战略转型上积累了宝贵经验，这为我国政府数据资产管理的制度创新提供了重要借鉴。下一步，我国可以进一步明确政府数据资产的战略地位，构建科学合理的管理框架，并采取切实有效的举措，充分激发数据要素活力，使之成为支撑经济社会高质量发展的关键动力。

三、国际上关于数据资产的研究进展

周德良和李睿（2024）在综合分析国内外研究成果的基础上发现，国内数据资产会计研究从数据资产理论研究逐渐转向数据资产计量和价值评估等实践层面的研究与探索。国外学术界这一趋势出现的更早且研究主题更加多元化，包括数据资产评估模型、评估风险以及数据交易等，研究重点已不再局限于数据资产的判定划分等底层逻辑问题，而是逐步扩展至提高数据交易的盈利能力等深层次问题的探索。

（一）数据资产的估值模型

随着数字经济的快速发展，数据资产的重要性日益凸显，如何准确评估数据资产的价值，已经成为当前研究的热点。Fleckenstein 和 Mike（2023）将现有评估方法划分为三大类：基于市场的模型（market - based models）、经济模型（economic models）和维度模型

(dimensional models)。

基于市场的模型主要依据数据获取和维护的成本以及数据应用带来的收入，计算数据的价值。典型的方法包括成本法、市场法和收益法。这类方法强调评估数据资产的商业价值。经济模型将数据资产视为一种具有经济价值和公共利益的经济资源，从更宏观的角度，考察数据资产对经济增长、效率提高、负外部性降低等方面的影响来判断其价值。例如，某些数据所衍生的就业机会、采纳某项政策建议后节约的社会成本等，都可以通过经济模型进行评估。但相较基于市场的估值方法，经济模型的估值结果更加主观，不同数据资产之间的可比性差。而维度模型则是根据数据资产的具体类别或关键特征建立评估维度，并进行定量评价或定性评价。维度模型评估框架和标准更加明确，可以直观地反映不同数据资产的差异，而且可以灵活选取指标、设定权重以应对不同需求。

此外，针对非结构化数据的评估也成为新兴的研究热点。文本、图片、视频等非结构化数据增长迅速，但评估难度也较大。基于内容的评估方法受到广泛探讨，除了直接分析数据本身，也有研究尝试结合区块链等新技术，通过分布式的数据交换和确认机制，设计数据资产的价值认定框架。

尽管现有的数据资产评估研究为我们提供了有益的方法指南，但仍存在很多问题有待进一步探索。随着数据资产日益丰富和应用不断深化，未来的数据资产价值评估仍面临数据定价不透明、评估模型不统一、操作性差等问题和挑战。

（二）数据资产估值面临的挑战

由于数据资产具有非竞争性和低成本复制性，因此数据资产可能面临被违规复制、交易或篡改以及隐私泄露的风险，这些风险都会对资产估值产生影响。Acquisti（2016）解释了隐私泄露对数据资产价值的影响。首先，由于数据资产的可复制性，一旦数据通过非正规渠道被复制和传播，内容就有可能被第三方篡改，从而降低数据的完整性和准确性，影响其价值。其次，隐私泄露引发的安全风险和不确定性也会对数据资产的评估产生影响。例如，个人隐私泄露可能导致公众对数据控制者的信任度下降，进而影响其声誉，减少数据资产的价值。同时，数据泄露可能引起社会对相关技术或商业模式的不信任，如医疗数据的泄露可能导致患者对电子病历系统的不信任，从而间接削弱相关数据资产的价值。

第三章

数据资产的定义与独特性

第一节　数据、数据资源、数据资产的定义

一、数据的定义

在数字经济时代，数据作为最活跃的核心生产要素可以与其他生产要素结合并赋能其他生产要素为企业创造价值，在推动各个行业数字化转型中发挥着不可替代的作用，被认为是新时代的石油资源和战略性资源。数据在推动我国产业转型升级过程中更是发挥着不可替代的作用，已然成为产业高质量发展和行业数字化转型的基础燃料。然而，海量杂乱的原始数据并不能直接产生经济效益，如何从数据中提取价值，实现数据由单纯的信息集向生产要素的转变，是摆在我们面前的关键性课题。在探索数据资产化的可能性与路径前，首先需要厘清与数据资产相关的基本概念，即数据、数据资源与数据资产的概念，以及这三者之间的关系。这三个概念关联紧密，但又有所区别。能够正确理解并把握住其中的差异，不仅有助于促进数据流通和共享，提升数据资产管理水平，也将为进一步挖掘数据价值和构建数据资产会计标准奠定理论基础，为进一步拓展数据资产化提供思路。

“数据（Data）”一词源自拉丁语“Datum”，意为“被赋予的事物”。它最初指代用于推理或计算的基础事实或前提。数据反映和记录了客观存在的事实、事件等，是进行进一步分析、加工和应用的基础材料。从狭义上看，数据特指储存在计算机设备中被编码为“0－1”的二进制字符串，是伴随现代信息通信技术（ICT）发展而出现的一种产物。而广义上，数据还包含非数字化形式对事件、概念等的描绘，是传递信息的基础要素。它既可以是结构化的，也可以是非结构化的。数据需要通过整理、组织等进一步处理，才能产生信息和知识。许多机构已经尝试对数据下定义。国际标准化组织（ISO）对数据的定义

为，对事实、概念或指令的一种特殊表达形式，通过人工或自动化装置进行通信、翻译和处理。美国质量协会（ASQ）将数据定义为可以收集到的一组事实。2021 年 6 月颁布的《中华人民共和国数据安全法》将“数据”定义为任何以电子或者非电子形式对信息的记录。

中国信息通信研究院认为，数据是对客观事物（如事实、事件、事物、过程或思想）的数字化记录或描述，是无序的、未经加工处理的原始素材，既可以是连续的值，如声音、图像，也可以是离散的，如符号、文字。德勤认为数据是对客观事物进行记录，未被加工的原始素材，是基础生产资料。

二、数据资源的定义

“数据资源”一词最早于 1968 年由 Voich 等提出，其认为“数据资源是有含义的数据集结到一定规模后形成的”。它与原始数据不同，具有一定的规模和价值，能为决策分析、产品优化等创造商业价值，是实现数据价值的潜在载体。Levitin 等（1998）则提出了“数据资源”的概念并阐述其资源的属性。朱扬勇（2018）认为数据资源代表组织可用的所有的数据，是信息资源的基础，数据资源来源于数据集。黄世忠等（2023）认为，数据资源是指企业拥有、控制或使用的有助于其价值创造但尚未通过会计程序确认、计量和报告的数字化资源。

数据资源来源于组织内部业务系统的数据、用户使用产品而产生的数据、第三方提供或公开的数据集等。它既可以是结构化的数据，也可以是非结构化的数据，比如文本、图像、音频、视频等。相对于原始数据，数据资源已经过一定的清洗和准备，具有可计算性、可扩展性等特征。但和数据资产不同，数据资源还未被深入开发和利用，其商业价值和经济效益还有待进一步挖掘。

三、数据资产的定义

“数据资产”一词于 1974 年首次由美国学者理查德·彼得斯（Richard Peterson）提出，他认为数据资产包括持有的政府债券、公司债券和实物债券等资产。可以看出，在信息化环境并不是很成熟的时期，数据资产主要是指可以证券化的金融产品。在数字经济时代，数据作为一种新型生产要素，其资本属性日益凸显。数据资产也因此成为企业实施数据驱动决策，实现产品和业务模式创新的关键战略资源。数据资产的形成需要在数据资源的基础上，通过主动管理、有效控制、标准化处理等一系列步骤，实现对数据的有效占有与利用。数据从资源向资产的转化，标志着数据价值实现程度的提升。也就是说，数据资源还未被开发利用，其商业价值和经济效益需要进一步挖掘，而数据资产则是可直接为企业创造利益的数据。

在国家标准层面，部分细分领域或行业已结合自身情况率先对数据资产进行了较为明确的定义。例如《电子商务数据资产评价指标体系》（GB/T 37550—2019）中明确提出“数据资产是以数据为载体和表现形式，能够持续发挥作用并且带来经济利益的数字化资源”，并明确指出“数据资产包括结构化、非结构化数据和半结构化数据”，“数据资产能够估值、交易，并以货币计量”，“数据资产能够为组织带来潜在或实际价值”等。该定义较为全面地从数据资产的展现形式、价值体现、分类、特质等方面阐述了数据资产可以为组织带来直接或间接价值的能力，并且可用货币进行计量的特点。

2023 年 9 月，中国资产评估协会发布的《数据资产评估指导意见》中首次明确了“数据资产”的定义，数据资产是指特定主体合法拥有或者控制的，能进行货币计量的，且能带来直接或者间接经济利益的数据资源。2023 年 12 月，财政部发布的《关于加强数据资产管理的指导意见》，虽然没有直接对数据资产进行定义，但指出“数据资产，作为经济社会数字化转型进程中的新兴资产类型，正日益成为推动数字中国建设和加快数字经济发展的重要战略资源。”

总的来说，数据、数据资源与数据资产之间既有联系也有区别。中国信息通信研究院发布的《数据资产管理实践白皮书》（5.0 版）中明确了数据、数据资源和数据资产的区别与联系，原始数据进行资源化形成具有经济价值的数据资源，对数据资源进行资产化确认形成“数据资产”，数据资产能为所有者或使用者带来经济效益。显然，数据是数字世界的基础构件与原材料，是实现高效决策和持续创新的基础资料，但是并不是所有原始数据都可以作为“数据资源”。数据资源则是在原始数据的基础上，通过标准化数据采集、数据标注、数据清洗和数据加工等步骤，形成具有一定规模与可计算性的数据集，能够为产生商业价值提供基础，发挥数据潜在应用价值的载体，即数据资源是具有使用价值和经济价值的数据。而数据资产，则是在数据资源的基础上，通过数据管理团队的主动控制与投入，使之能够直接或间接为企业创造收益的数据资源。此外，从价值级别来看，数据仅具有客观记录的基础性价值，数据资源的整合使更多场景化、决策支持等中间价值得以实现，而数据资产的形成则拓宽了数据价值体系，使得交易、共享等应用价值成为可能。从数据到数据资源，再到数据资产的变革，反映了数据要素逐步实现价值属性的演进和完善过程。需要指出的是，现有国内外学者对数据资产的权威研究尚不多见，多从传统资产定义视角对数据资产进行概念界定，未突破国际会计准则现行的资产定义及确认标准，将数据资产作为一种“新资产”“软资产”来深入研究，并给出数据资产的定义及确认标准。

第二节 数据和数据企业的分类

一、数据的分类

数据种类繁多，尤其是在数据资产拥有技术和经济双重特征的背景下，根据不同分类标准可以将数据分成不同的类别。例如，按记录方式，可分为结构化数据和非结构化数据。按来源，可分为自主采集的数据和第三方获取的数据。按用途，可分为直接创收的数据和间接提升业绩的数据。

（一）按记录方式划分

结构化数据也称作行数据，是由二维表结构来逻辑表达的数据，严格遵循数据格式与长度规范，主要通过关系型数据库进行存储和管理。首先，结构化数据具有固定格式和规则。它具有明确的数据类型和字段，通常以标准化格式存储，如 CSV、JSON 或 XML。这类标准化格式有助于数据的交换和共享。同时，也使数据的增加、删除、修改等操作更加直观和容易执行，易于管理和维护。其次，结构化数据易于查询和分析。它以容易查询和分析的方式组织数据。这使用户能够通过 SQL 查询等工具轻松提取和处理数据，大大提高了数据的可用性。在运用结构化数据时，与非结构化数据相比，结构化数据有以下特点：第一，结构化数据易于被分析工具处理，支持数据驱动决策。企业有很多工具可以分析结构化数据，在提供商业洞察和支持决策方面很专业。第二，结构化数据可搜索性强，便于提取信息。相比之下，非结构化数据缺乏顺序，难以获得洞察。搜索和分析非结构化数据需要更专业的技能和工具支持。第三，结构化数据存储密度高，节省存储成本。非结构化的数据存储起来更加耗费资源，而结构化数据的存储更加精简。这使结构化数据成为实现数据价值的重要基础。

非结构化数据是指数据结构不规则或不完整，没有预定义的数据模型，不方便用数据库二维逻辑表来表现的数据。包括所有格式的办公文档、文本、图片、XML、HTML、各类报表、图像和音频/视频信息等。相对于结构化数据，非结构化数据具有以下特点：数据存储占比高、数据格式多样、结构不标准且复杂、信息量丰富、处理门槛高。出于日常经营管理和业务管理的需要，企业建立了功能各异的应用系统或信息化管理平台，而这些管理系统和平台中生成了形式多样的非结构化文档数据，用以支撑企业的各类管理工作。

除此之外，还有大量与管理相关的非结构化文档数据散存在员工个人工作电脑中。这些数据种类繁杂，有的来源于外部，有的是经过内部整理编研形成的，有的则是完全产生于内部；涵盖了不同格式、不同存储载体、不同管理阶段的非结构化文档数据。一般来说，企业拥有形式多样的存储设备，包括个人工作电脑以及信息化管理平台中管理的设备，且归属于不同的专业领域，业务活动中产生的非结构化文档数据除了常见的与办公活动相关的非结构化文档数据外，还包括如照片、视频、设计图纸等多种形式。目前，这些不同种类的非结构化文档数据基本处于分散状态，很难进行有效的关联和整合。此外，非结构化数据信息孤岛造成数据割裂现象严重。由于信息系统建设具有阶段性特征，已有的信息系统建设之初仅以单个的业务需求为目标，彼此孤立，存在着比较严重的孤岛现象，系统之间缺少横向的数据接口，且数据标准不统一。即便是归档后进入档案系统之中的文档数据也难以实现有效的管理与集成。非结构化数据存在过多的“账外”非结构化文档数据，缺少统一管控。由于企业的归档制度不够完善，集团制订的归档范围未将一些应归档但无法通过系统流转的文档纳入其中，部门相当一部分非结构化文档数据仍保存在个人电脑之中，没有统一的管理和控制，难以进行检索和共享利用，导致企业文档数据资产存在着流失的风险。

非结构化文档数据管理功能不全。例如，不支持有版本的非结构化文档数据管理，使用口径不统一，相同文件分散在不同的业务系统中，无版本控制导致无法确定系统中版本是否为最新。再如，业务系统缺少归档功能和接口，导致部门无法及时提交应归档保存的非结构化文档数据，导致非结构化文档数据资产容易丢失。同时，许多非结构化文档数据往往以“附件”的形式存在于系统中，难以检索与利用。企业一些信息系统（如 OA 系统、ERP 系统等）中文档多以表单（如办文单）的形式进行流转，需要办理的文档通常作为表单的附件，其中既有 word 或 pdf 等格式的文本文档，也有多种格式的图片、音视频文件等。这些非结构化文档往往只能借助其所依附的表单信息或者简单的文件标题等元数据加以检索和利用，检全率低，开发利用不足，难以开展深度的数据挖掘与分析。失存、失真、失控和失用等诸多问题，直接影响了后端档案数据的质量，影响了文档数据资产价值的发挥。

（二）按来源划分

企业自主采集的数据资产，是指企业在日常经营和业务活动中，通过自身能力采集、存储和利用的各类数据资产。这部分数据资产的主要特点是来源于企业内部，由企业自行控制和处理。这类数据资产的来源主要包括两大类：一是企业业务系统数据，如 ERP 系统中的财务数据、销售数据；CRM 系统中的客户数据；生产管理系统的数据等。还有一些中间软件或数据中台，也会汇总多个业务系统的数据。这些系统数据反映了企业经营和运营的详细流程，通过分析可以提升效率，优化决策。二是产品/服务运行数据，即可以反映用户行为、交互轨迹以及使用情况的数据。这类数据资产大多来自企业自主研发的软硬件产品或线上服务的运营过程。例如，一款软件的用户点击流数据，可以用于产品优化；一款互联网企业的用户浏览、购买数据可以用于精准营销。

自主采集的数据资产信息丰富，真实可靠，企业可以加强管控并结合使用场景开发应用价值。这部分数据资产是企业实现数据驱动决策不可或缺的战略资源。通过对这些数据的挖掘，可以持续为企业创造商业利益。而第三方获取的数据资产，是指企业通过购买、共享或合作等方式，从外部机构取得的数据资产。与自主采集的数据资产相比，这部分数据资产具有来源多样、范畴广泛的特点，主要包括以下几类：第一类是专业数据服务机构提供的数据集，如金融市场数据、社会经济数据、气象数据、地理空间数据等。这些标准化的结构化数据可以直接用于企业数据分析与挖掘。例如，金融类企业可以购买金融市场数据库中的债券、汇率等信息。第二类是政府机构、公共事业单位等公开共享的数据资源，这些数据种类繁多，既有地理、人口、经济等统计数据，也有工商、法院、知识产权等信息数据。这些数据对企业风险控制、客户画像都很有帮助。第三类是其他企业的共享数据资产或通过数据交易获得的数据集。这部分数据可以较低成本获得，增加企业数据数量，但需要注意评估数据质量问题。

第三方获取的数据资源，可以弥补企业自身数据的不足，实现更丰富的数据资源整合。但这类数据缺乏标准性，需要企业进行二次加工和验证，无法直接用于核心业务支撑。综合运用不同渠道数据，可以发挥协同作用，更好地推动业务与创新。

（三）按用途划分

自用型数据（业务的数据化/数据增强型）：将组织生产运营过程中产生的数据进行整理分析，服务自身经营决策；如制造业企业、互联网企业搜集生产数据并运用于优化生产流程；搜集和分析用户行为数据、市场数据用于提高营销能力等。制造企业通过对生产过程各种设备、各个环节产生的数据进行分析，进行参数优化，提高产品的良品率，降低物料损耗。美国通用电气公司（GE）在《工业互联网：打破智慧与机器的边界》白皮书中提出“1%的威力”（the Power of 1 Percent）概念，即通过数据优化为企业带来的收益。

交易性数据（数据的业务化/数据使能型）：将数据搜集、整理、分析后形成对外服务的数据产品，如企业整合一系列的相关数据并以此提供付费数据库服务、数据信息服务，或者通过数据算法模型提供解决方案等。电商平台基于其所拥有的海量用户数据及数据挖掘技术，为用户消费行为画像并提供个性化内容推荐，促进流通交易；也可以基于用户购买、搜索、使用、评价等数据信息提供算法模型，商户能够更准确地把握市场形势、了解用户喜好、预测需求变化，精准研发生产和销售，将来自市场信息不对称的影响降到最低。

二、数据企业的分类

数据企业是指以数据为核心、通过数据驱动决策和运营的企业。这类企业将数据视为重要资产，通过采集、存储、分析和应用数据，以优化业务流程、提高效率、创新产品和服务，从而在市场竞争中保持竞争优势。数据企业注重数据的质量、可用性和安全性，将数据视为战略性资源，用以支持业务发展和创造价值。

为了更好地理解和满足不同类型数据企业的需求，以及有效应对各类挑战，对数据企业进行分类显得尤为重要。这样的分类有助于深入剖析企业在数据应用方面的特定情境和要求。另外，数字技术的不断发展衍生出许多新兴的商业模式和业务生态，而数据要素所能激发的价值与对应的业务场景密切相关，因此在对数据资产入表估值前划分企业的主要特征是尤为必要的。此外，不同行业的企业在面对市场、客户需求、法规等方面存在明显差异。通过将企业进行行业分类，我们能够更准确地了解其特定行业背景下所面临的数据挑战和机遇。例如，制造业可能更注重生产过程中的实时数据监测和优化，而零售业可能更关心市场趋势和客户行为的数据分析。因此，为不同行业的数据企业提供有针对性的数据管理策略和解决方案变得至关重要。

目前关于数据企业，国家数据局统称为“数据商”，而对于数据企业的分类，尚没有权威的文献和政策文件支持。我们根据数据在企业价值创造中的关键地位和发挥作用的不同，将数据企业分为数据驱动型企业、数据要素型企业和数据赋能型企业三类。同时，数据企业的科学分类，有助于后续深入探讨数据资产的会计确认标准和计量方法，尤其是为分类制定更为科学合理的数据资产会计标准奠定基础。

（一）数据驱动型企业

数据驱动型企业的经营业务主要由数据来驱动或业务严重依赖数据支撑，且数据来源大多是授权采集的公共数据、公开采集的个人数据或者收集自身业务运营生成的数据。数据驱动型企业的数据资源是企业最为关键的核心资产，通过持续的数据采集、管理、分析和应用，让数据深度融入企业的决策、运营和业务之中，实现数据对企业的持续驱动和价值创造。这类企业高度依赖数据来驱动业务，并且有能力从海量复杂数据中提取价值，业务活动和决策制定都是在数据支撑和验证之下进行。典型的数字科技巨头如阿里巴巴、腾讯等都是数据驱动型企业。通过构建实时、开放、灵活的数据架构，它们实现了商业决策的科学化，持续进行产品和业务模式的创新。这也使其在数字化浪潮中获得持久的竞争优势。

案例：阿里巴巴的数据驱动实践

阿里巴巴从2008年就确立了以大数据和云计算为双轮驱动的技术发展战略。在此战略指引下，阿里云构建了庞大的IT基础设施，通过大规模分布式服务器搭建海量数据中心，提供存储、计算等服务。这些硬件设施奠定了技术基石。在此基础上，阿里云自主研发超大规模云操作系统“飞天”，通过云上数据调度和AI的支持，构建起“计算是心脏，AI是大脑”的云端协同整体技术体系。此外，阿里云构建了以MaxCompute为核心的大数据平台，承载了99%的数据存储和99%的数据计算任务。大数据平台实现了数据的统一采集、建模、编码、服务等全流程治理，产生了元数据中心和“全域数据”体系，成为公司内部数据和技术融合的中台，也被称为数字经济体的“标准货币”。可以看出，正是在数据驱动下，阿里巴巴构建起了技术基础设施到商业化数据平台的全面技术体系，才能持续为业务提供强大支撑。

在商业模式上，阿里巴巴于2016年提出了“新零售”的模式，定义为“以消费者体验为中心的数据驱动的泛零售形态”。新零售的核心在于利用互联网和大数据，重构零售业的传统业务要素，主要包括三个方面：首先是重构生产流程，实现准备与销售的高度契合；其次是重构商家与消费者关系，提供精准营销；最后是重构消费体验，提供沉浸式购物服务。在具体落地上，阿里巴巴通过天猫等电商平台取得用户数据，再由阿里云分析这些数据，从而持续优化新零售模式，在各环节形成闭环。可以看出，新零售商业模式是在数据驱动下获得新生，也将借助数据驱动实现商业价值的最大化。

在公司治理上，阿里巴巴实施了以“数据中台+业务中台”的中台战略。数据中台负责对数据进行整合分析，业务中台则根据这些数据调配资源。这样便形成了一个内部的数据流通闭环，不同系统通过数据实现了链接与协同，数据也在此过程中持续更新，推动业务向更优状态演进（见图3-1）。

阿里巴巴的文化理念核心也在强调数据驱动，强调数据才是企业的“灵魂”，并提出“一切业务数据化”和“一切数据业务化”的理念。这意味着要运用信息技术收集更多数据，同时也让数据更好地推动业务、创造价值。在这样的文化熏陶下，阿里巴巴的员工都会主动考虑如何用数据改善工作。

从具体业务上看，阿里巴巴各项业务都在大数据技术的支持下实现了运营效率和质量的大幅提升。例如，菜鸟网络在物流领域构建起“天网”“地网”“人网”三张网络，以数据预测用户需求、规划最优路线。“双11”期间，菜鸟大数据平台可精确分析和调度包裹流转情况，带动整个物流系统运转效率比传统模式提高超过20%。再如，天猫精灵在语音交互领域，通过大数据和AI算法的赋能，已经实现了90%以上的语义识别率。可见，正是大数据强大的技术支撑，才使阿里巴巴各项业务应用的智能化水平不断提升。

从战略发展路线到商业模式再到治理结构，阿里巴巴始终贯彻数据思维，构建完整的信息闭环，实现数据深度融入每一个业务环节，数据驱动成为阿里巴巴发展的核心支撑。

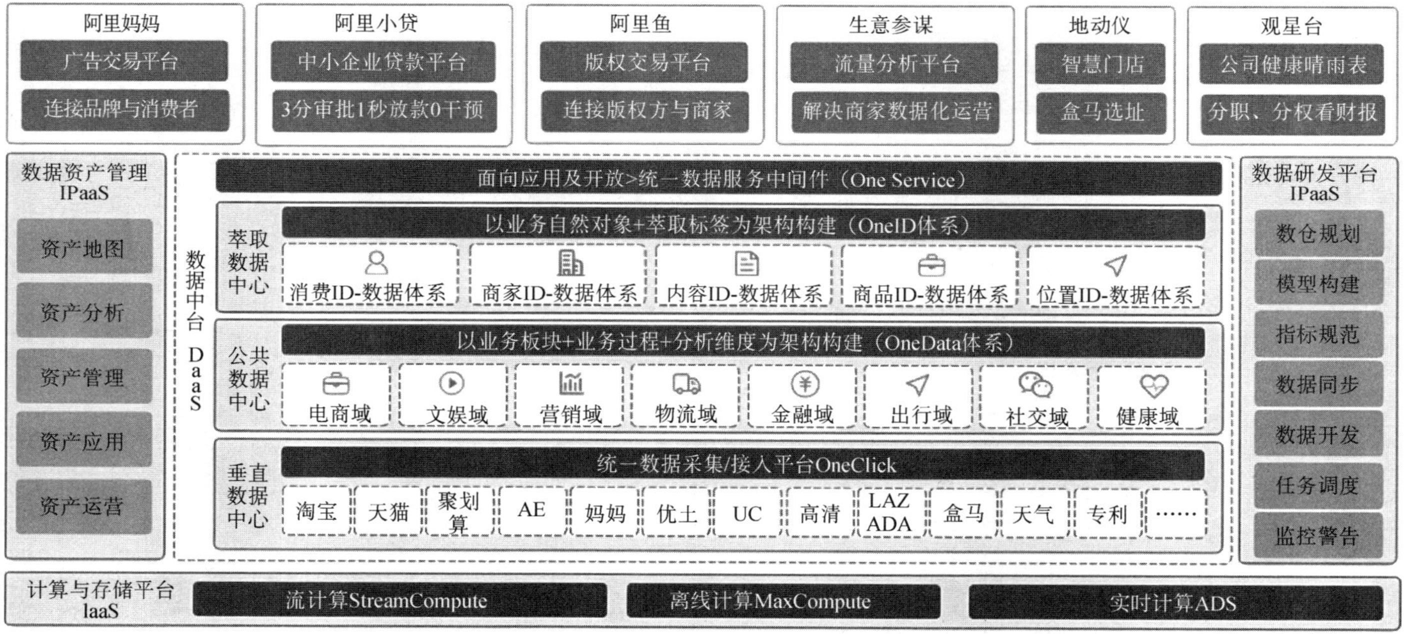

图3-1　阿里巴巴数据中台全景

资料来源：刘晓（2021），阿里巴巴：数据技术驱动媒体深度融合转型。

（二）数据要素型企业

数据要素型企业是指为数据资源要素化提供专业服务或直接从事数据资源交易的这样一类企业。数据要素型企业的典型特征是，直接从事数据要素经营或为推动数据资源要素化提供服务。比如中国知网、同花顺、零点有数，以及数据交易所（中心）等企业。在当下数字经济形势下，企业对利用数据实现业务创新的需求日益迫切。而并非所有的数据资源都能够直接创造价值，如何通过要素化过程，使“原油式”的数据转变为高质量的产品和服务，是数据要素型企业的内在属性。因此，着力提升数据要素型企业创新数据产品或服务的技术能力以及经营数据的服务能力，是激活数据要素高质量供给的着力点。

具体来说，数据要素型企业通过采集、购置、存储、加工、分析、应用等一系列环节，实现数据从原始状态向标准化和产品化的飞跃。这类企业还需要参与数据资产的评估入账、确权授权、交易等活动。在推动原始数据实现商业价值路径上发挥着关键性作用。

典型的数据要素型企业有国内知名的同花顺、中国知网等。这些企业本身并不直接参与特定领域业务，而是通过提供高质量的信息服务和数据产品，赋能于各个垂直领域的客户企业，帮助它们实现数据驱动决策。可以看出，数据要素型企业是连接数据供给方和业务需求方的重要纽带，在培育数据生态、推动数据要素高效流通等方面发挥着不可替代的作用。

（三）数据赋能型企业

数据赋能型企业通过数字化转型，充分利用数据和数字技术赋能业务，全面提升业务经营效率和经营效益，实现转型升级，多属于传统工业制造企业。这些企业本身业务模式并不依赖数字科技，但它们也在实施数字化转型，在数字化转型的浪潮中，这些企业努力加强自身数据的收集、管理和应用，以此来提升研发、生产、销售、服务等业务环节的质量和效率。

通过数据分析辅助决策，优化业务流程，建立精准的客户画像，开发数字化产品等方式，这些传统企业也在获得数字化红利。数据正通过提供商业洞察、支撑智能决策、优化运营流程等途径，赋能传统企业完成数字化变革，向智能化未来迈进。这也是数据赋能型企业通过数据化实现业务模式升级的现实困境与契机。

第三节　数据和数据资产的独特性

在现代经济体系中，数据要素正逐渐扮演起推动增长的关键角色。来自国家工业信息安全发展研究中心与北京大学光华管理学院的研究数据显示，从2015年至2021年，数据要素对国内生产总值（GDP）增长的贡献率已从12%增长至14.5%，在2021年更实现了对GDP大约0.83个百分点的积极拉动效应，表明该要素在未来仍具有显著的上升潜力。此外，数据要素对资本和劳动份额的影响也呈现出约13%的相对变化，这与第一次工业革命时期新兴生产要素所带来的相对变化（约17%）相媲美，表明数据要素具有潜在的边际递增效应。数据要素在经济增长进程中表现出相较于其他要素更为显著的促进作用，此现象与数据及其资产所具有的独特性质紧密相关。鉴于此，本节拟聚焦于探究数据和数据资产的特性。通过深入分析这些独有属性，我们能够对现行的资源与资产理论体系进行充实与完善，并从中提炼出创新的视角，以促进产权的优化配置和提高生产效率。

一、数据的独特性

分析独特性，不仅是深刻理解数据这一新型战略生产要素的内在属性和重要性的关键，更是推动数据资产有效管理和利用的基础。此外，理解数据的独特性对于企业和政府更好地管理、评估和利用数据资产具有重要意义。在面对数据确权、定价、开放共享等数据管理难题时，只有正确把握数据的可复制性、网络外部性等属性，才能制订出切实可行的数据政策和企业数据战略，推动数据资产的规范化、标准化入表，充分发挥数据资产的价值。

在前面的章节中，我们深入分析了数据要素所固有的技术属性和经济属性。数据要素，作为技术特性的承载媒介，其特性在本质上是由数据的独有性质所决定的。然而，与数据要素有所区别的是，数据本身的范畴不仅涵盖了那些经过处理、对经济发展具有推动作用的数据要素，还包含了大量未经处理、格式各异的原始数据。鉴于此，下面将专门对数据自身的特性进行探讨，以揭示其独有的属性。

首先，数据具有多样性主要体现在数据来源的丰富性和数据格式的多元性两个层面。从数据来源看，当前数据主要来自三大类渠道：一是互联网上用户的搜索、浏览、购买等行为，通过数据挖掘技术可以采集不同维度的用户数据；二是物联网和传感器采集来的海量设备数据；三是企业和组织内部系统中的结构化业务数据。这三大类渠道产生了类型繁多、体量巨大的多源异构数据。从数据格式上看，也呈现多样化特点。既包括比较结构化的关系型数据库数据、表格数据等，也涵盖了半结构化的XML、JSON等数据，更有图像、语音、视频等非结构化数据。

其次，数据量的迅猛增长已成为显著的趋势。随着移动互联网、社交媒体和物联网的飞速进步，人类行为与设备操作的每一个环节均导致数据的大量生成与积累。据国际数据公司（International Data Corporation，IDC）预测，到2025年，全球数据圈将扩展至163ZB

（1ZB 等于 1 万亿 GB），相当于 2016 年所产生 16.1ZB 数据的十倍。这些数据将带来独特的用户体验和众多全新的商业机会。在此背景下，数据的大规模呈现（Velocity、Variety 和 Value）成为大数据时代的核心特征。其中，Velocity 强调了数据流动的快速与多变，Variety 则反映了数据类型的多元与复杂性，而 Value 则指出了数据的价值密度较低的问题。正是这些所谓的“三高”挑战，推动了数据存储和处理技术向分布式云架构的演进，并需要更为复杂的数据分析算法以发掘数据的价值。然而，大数据的兴起也带来了新的挑战，如数据安全和数据鸿沟问题。总的来说，数据量的大幅提升不仅催生了新技术的发展，而且对数据管理和开发提出了全新的要求。数据应用与数据技术的深度融合已成为必然趋势，正确理解和有效利用数据的大量特征，是实现数据价值的关键一环。

最后，数据的动态性是数据的重要属性之一，这种属性不仅表现在数据量和类型的变化上，也导致数据所蕴含的经济价值易于变动。随着数据的持续积累，数据量呈爆炸式增长，新型数据也在不断涌现，这要求存储、管理和分析数据的技术必须实现实时更新，以适应这种变化。此外，随着用户持续在互联网上留下数据记录，现有数据也在频繁地进行更新，这同样对基于数据的应用和模型提出了更高的实时性需求。这种动态性也导致数据资产价值波动较大，例如，用户偏好模型需要根据用户的新行为不断进行优化，否则其应用价值将随时间衰减。由于技术和市场的变化可能会挖掘数据的新价值，这也导致在搜集处理数据过程中很难预测哪些看似无用的数据将来会变得富有价值，因此，在对数据进行管理和应用时都必须考虑其时间维度上的变动性。同时，如何应对价值变动的不确定性，是开发和利用数据的重要研究课题。在数据量爆炸式增长的背景下，我们需要不断更新存储、管理和分析数据的技术，以适应数据的动态性。

二、数据资产的独特性

技术革命所带来的数据爆炸，不仅仅是数据量的暴增，也使数据逐渐由单纯的信息转变为经济社会发展的新型基础要素以及能够为企业带来经济利益的资产。从数据到数据资产的飞跃，一定程度上借助于数据自身内生的独特性，将其从被动资源转变为推动经济增长的战略资源，数据的多样性、大规模呈现、动态性使数据的规模化应用不仅持续放大其自身的经济效益，还将引发资本的大规模投入来挖掘数据价值和形成正反馈效应。数据资产也正是在数据技术属性的基础上演化而来，这种由技术生产要素向经济生产要素的演进，使数据资产除了满足由过去的交易或事项形成、由企业拥有或控制、预期会为企业带来经济利益这三个资产的一般特征之外，还具有一些复杂的独特属性。

第一，数据资产具有价值易变性。相较于传统无形资产，数据资产的价值更容易受到使用环境、时效性等因素的影响，这种易变性主要是由其多层性、环境敏感性和技术依赖性这三个方面的相互作用所导致的。首先，就数据资产的多层性而言，数据资产能够支持多个业务场景，并且根据不同的用户需求，可以产生多样的价值。这表明数据资产的潜力需要从多个角度进行挖掘，例如，用户行为数据既可用于商品推荐，也可用于信用评级。这种多层性带来了价值变动的不确定性。其次，数据资产的价值也受到业务环境和时效性的影响，即环境敏感性。数据所反映的事物变化速度越快，其时效性越弱，进而降低数据的价值。例如，实时预订数据相较于用户基本信息，其变化速度更快，时效周期更短。最后，数据价值的挖掘依赖于算法和模型的支持，这表明了数据的技术依赖性。新技术的出现可能会激发数据的新用途，从而改变其价值。这种依赖性也增加了价值判断的不确定性。因此，数据资产的价值受到数据的内在特性、外部环境以及技术发展的动态影响。在对数据资产进行管理和利用时，必须考虑到这些因素，以适应数据价值的变动，并最大化其潜在的经济效益。

第二，数据资产具有低成本复制性。在数据资产的生命周期中，主要成本集中在前期原始数据的收集和数据产品的开发阶段，这包括数据存储、整合、算法设计以及团队协作等多环节的投入。然而，一旦数据产品完成开发，其复制和使用的边际成本几乎降至零。这种成本结构导致同类数据资产之间可能存在巨大的形成成本差异。数据资产的低复制成本特性使其能够被众多企业和组织重复利用，从而激发巨大的网络效应和规模化的协同效应。这不仅显著降低了社会总体成本，还创造了更多的经济利益。也正因此，基于共享使用的数据资产交易市场得以形成和发展。

第三，数据资产具有非竞争性。由于同一份数据可供不同主体同时使用，且任一主体使用该数据的过程中都不会减少其他主体使用该数据的能力，因此数据资产具有非竞争性。这种非竞争性并不意味着企业对数据资产没有所有权或控制权，而是指数据的使用不受限于单一用户或特定用途，可以同时服务多个用户、应用程序或业务需求。企业仍然可以拥有和控制这份数据，但与传统的有限竞争性资产不同，数据资产的价值不会因为多方使用而减损。企业可以通过制定合适的访问控制、共享政策和合作框架来管理数据资产的使用，确保数据的非竞争性特性同时不失去对数据的拥有和控制权。这种灵活性使企业能够更好地适应多方需求，同时确保数据资产的价值和安全性。

第四，数据资产具有多次衍生性。同一数据主体可以被多层次、多维度加工，从而衍生出不同程度的数据价值。数据资产多次衍生性的有效利用，可以帮助企业进行多层次、多维度数据资产潜在价值挖掘，丰富企业数据资产整个生态链，推动企业实现数据驱动的目标。数据资产的使用者可以根据不同的需求和数据算法，从而生产出不同维度的衍生数据。例如，对于直接采集的原始客户数据，可通过轻度汇总加工，以形成数据平台中可供各类应用系统复用的数据。进一步地，业务部门可在此基础上加工衍生出对客户偏好的分析与画像，风险管理部门也可进一步衍生对客户风险等级的判断数据。

第五，数据资产具有增值性。数据资产的增值特性主要源于数据所固有的非消耗性和规模效应所带来的持续积累优势。与有形资产，如设备、机器等在生产过程中难以避免的损耗相比，数据资产在运用过程中不存在物质磨损和价值折旧的问题，能够无限复制和重复利用，且每一次使用均不会对其本身造成影响，也就不会出现传统意义上的价值减损。进一步地，随着数据的持续累积，数据量呈现指数级的增长，这种大规模数据的集聚为数据资产所蕴含的知识价值和关联价值的深入挖掘和扩展提供了可能。换言之，数据资产的使用和积累呈现出一种正反馈循环，使用得越多，积累得越多，其潜在的价值也就越大，这与传统资产及能源等有形资产的消耗性特征形成鲜明对比。因此，数据资产展现出一种独特的增值规律，即所谓的“反经济学”特性，其价值并非随使用而减少，相反，随着规模的扩大，增值速度可能会进一步加快。正是这种无消耗损耗和持续增值的特性，构成了数据资产的关键价值所在，也是我们理解和利用数据资产的重要前提。

三、数据资产入表面临的挑战

数据资产的价值易变性、低成本复制性、非竞争性、多次衍生型和增值性，都为其在确认、计量以及列报过程中带来了诸多困难。

（一）数据治理能力缺乏带来的挑战

数据资产治理的复杂性和挑战性主要源于其技术特性。数据资产的爆炸式增长、多样性以及动态更新特性，对数据治理能力提出了更高的要求。首先，数据量的急剧增加使传统的人工治理方式难以应对，亟需通过自动化和智能化的治理手段提高效率。其次，不同系统和业务生成的数据存在格式和语义不兼容问题，构建统一的数据体系和实现数据标准化面临重大挑战。最后，数据的动态更新特性要求治理策略能够实时响应变化，对多系统间数据关联分析及质量问题根源追溯的需求也显著增加了治理的复杂性。

数据资产的技术特性使数据治理过程呈现出显著的复杂性和挑战性，这也是当前组织普遍面临的数据治理能力不足的根本原因。一方面，数据治理能力的缺失导致数据质量控制不足，进而引发大量低质量、异常及缺失数据的存在。这不仅使数据资产的真实性和可靠性难以通过审计验证，而且对其公允价值的合理评估也构成了障碍。另一方面，数据治理的缺失意味着业务部门对数据的管理责任不明确，导致数据来源和流向、变更履历等信息难以追溯，从而增加了数据操纵和篡改的风险。这种状况削弱了数据资产价值稳定性的支撑，不利于其会计确认和入账。此外，缺乏数据标准化和统一的数据体系，导致数据整理和应用成本的增加，降低了数据资产的使用效率。这种低效率对数据资产的预期经济利益造成了负面影响，难以满足会计准则对无形资产确认的要求。

因此，建立系统性的数据治理能力是实现数据资产会计确认的前提，也是实践中面临的核心挑战。只有通过持续推动数据质量的改善和数据体系的升级，才能使数据资产实现从数据要素到资产价值的转变。

（二）数据权属不明带来的挑战

数据资产的非排他性和可复制性同样带来了数据资产的权属界定困境。一方面，数据的无限复制和重复使用可能导致多个主体同时对同一数据进行利用，从而引发了数据所有权归属的挑战。另一方面，数据的组合和创新能力使派生数据的权属界定同样复杂。此外，数据权属还涉及个人信息权益，不同主体的权利诉求可能发生冲突，进一步增加了权属的不确定性。

除此之外，法律框架在数据权利保护方面的不足，也是数据权属不明确的关键障碍。这种障碍主要体现在传统法律规范对于数据权利保护的局限性。首先，现有的知识产权法律体系，如著作权法、专利法和反不正当竞争法，在应用于数据资产时面临适应性挑战。数据产品的权利保护往往依赖于将其视为知识产权对象，例如，通过著作权保护数据的独创性汇编方法或通过专利保护数据挖掘和加工工具。其次，当与数据产品相关的权益发生纠纷时，现有的法律审查程序复杂且成本高昂。例如，要确定一个数据产品是否构成著作权保护的对象，需要经过一系列的举证和质证过程，这不仅耗时而且增加了维权难度。此外，由于专利法规定智力活动规则和方法不具有可专利性，大数据相关算法可能无法获得专利保护，限制了数据资产的法律保护范围。除此之外，以商业秘密保护数据在特定情况下是可行的，但这种保护方式在面对数据抓取、算法还原和非法获取等场景时显得力不从心。这意味着在数据权属不明的情况下，传统的法律规范无法提供全面和直接的救济。

法律保护的缺失削弱了企业参与数据要素市场的动力，增加了维权难度和成本，从而影响了数据资产价值的实现。数据权属的模糊性可能导致市场无序竞争甚至垄断，由于数据具有无限可复制性和非排他性，多个主体可能对同一数据享有相同权利，这导致了数据权益冲突的解决规则缺失。在我国《民法典》中，虽然对数据和网络虚拟财产的保护作出了原则性规定，但并未明确不同主体数据权益冲突的解决机制。这种权属不明确性使大型企业平台为了扩大市场份额，可能互相设置数据壁垒，从而引发无序竞争。此外，企业可能利用法律漏洞，大规模收集数据并形成自身的财产权益。特别是超大型互联网平台，凭借市场优势地位，可能在特定领域形成数据垄断，破坏数据要素市场的公平秩序。这不仅阻碍了其他企业数据资产的价值实现，而且随着数据要素交易流通市场的成熟，这一问题将更加突出。

此外，数据权属不明还会导致个人信息主体与组织对个人信息利用上易引发数据权属纠纷。例如，在医疗健康领域，患者在就医过程中产生的病历资料、检查报告等医疗健康数据具有很高的价值。然而，数据权属不明确可能导致患者与医疗机构之间的冲突。患者可能认为，由于医疗健康数据是基于他们的生理信息和就医经历产生的，因此应归患者所有。然而，医疗机构可能会主张，由于医疗健康数据是在其平台上产生并存储的，且医疗机构为数据收集、处理和分析投入了资源，因此这些数据应归医疗机构所有。此外，根据《个人信息保护法》，个人信息主体拥有撤回同意权、删除权、数据携带权等权益。患者可以要求医疗机构删除其医疗健康数据或撤回对数据产品的同意使用。然而，医疗机构在合法处理医疗健康数据过程中产生的数据产品，同样享有一定的数据财产权益。当患者的权利主张与医疗机构对数据产品的权益发生冲突时，如何确定权利保护的优先级成为一大挑战。

（三）数据资产难计量

数据资产的非实体性、动态性等特征导致了数据资产难计量的问题。首先，数据资产不同于传统的有形资产，如土地、建筑或设备等，它们没有物理形态，难以通过直接观察和测量来确定其价值。数据资产的价值往往体现在其潜在的使用权和收益权上，而非物质实体上。其次，由于数据资产的价值随着时间的推移和环境的变化而变化且往往与其相关的应用场景和用户需求密切相关，因此这种价值易变性使数据资产的计量需要考虑多种因素，增加了计量的难度。此外，数据资产的价值不仅仅取决于单个数据点，而且取决于数据之间的关联性和整合能力。这种集成性也使数据资产的计量需要考虑数据的整体性和协同效应，极大增加了数据资产的计量难度。

从资产计量的实践来看，除了缺乏数据资产会计计量方面的法律规定外，计量方法本身也不完善。以《数据资产确认工作指南》为例，其中关于“可靠计量”一节的要求，有学者认为，从数据资产计量角度看，《数据资产确认工作指南》依托企业会计准则，推荐择优选择历史成本法、公允价值法、数据因素法、评估计量法等进行价格计量。然而，这些计量方法的运作归根结底无法摆脱对市场的依赖。数据资产的价值受场景影响较为明显，因此，如何公允地计量数据资产的价值，还需要结合具体市场场景进行考量。如果缺乏健全的数据资产交易平台，无法获取活跃的价格信号，那么则难以准确评估资产价值。

总而言之，在当前法律与制度体系尚不完善的背景下，数据资产入表面临着数据治理能力缺乏、数据权属不明和数据资产难计量等挑战。解决这些问题需要企业加强数据治理能力，明确数据权属，创新数据资产的计量方法。只有这样，才能确保数据资产的价值得到真实客观的反映，推动数据的合理利用和数字经济的发展。

第四节　数据资产形成过程与机制

数字经济背景下企业所持有的海量数据蕴含着巨大的潜在价值。然而，数据本身无法直接产生价值，只有将其应用到具体的业务场景中，通过数据驱动业务实现降本增效、洞察客户需求，数据才能发挥真正的价值，实现从“数据资源”向“数据资产”的转化。因此，深入解析数据资产形成的过程与机制，有助于企业加速数据资产化、有效管理数据资产，最终实现数据驱动。

一、数据资产化的基本前提

数据在当代企业活动中扮演着日益关键的角色，成为驱动运营和决策过程的关键性生产要素，并被广泛地誉为“新型生产要素”。伴随着这种角色的转变，越来越多的组织开始将数据视为一种战略资源，并致力于其向价值的转换。然而，不容忽视的是，并非企业中所有的数据均具备转化为资产的资格。资产的定义本身就要求其具备可控性和能够为企业带来利益的特性。鉴于此，当前围绕数据资产化的辩论变得尤为激烈，这要求我们必须对数据资产化的先决条件进行深入的探讨，并清晰地界定何种数据可以被认定为准资产。

史学智和阳镇（2021）提出数据资产化有三个重要前提，一是清晰地定义控制的主体，二是明确主体控制的权利，三是判断数据产生经济利益的潜力。

数据资产化的首要前提在于明确控制数据的主体，这是构建数据资产管理框架的基础。从数据的产生与流通过程来看，控制主体主要包括数据原始提供方、数据的管理方与利用方。其中，原始提供方指数据当事人，如用户；管理方通常是平台企业；利用方则是可能产生衍生数据或从中获取利益的主体。然而，这些主体所拥有的权利目前并未得到清晰的界定，其中尤以个体用户的地位最为尴尬。多数情况下，平台企业默认拥有用户数据的支配权，甚至声称数据所有权，这无疑侵犯了原始提供方作为初始权利人的地位。数据控制权无法回归个体，也成为当前企业大规模利用用户数据引发争议的根本所在。因此，明确并恰当地界定各类数据控制主体，提高主体身份的识别性，这是开展数据确权、推动数据资产化的基础工程。

其次，在数据资产化前还需要明确不同主体所控制的权利。现有研究中通常将权利划分为数据的所有权、使用权以及收益权。所有权意味着主体对数据实施最终决定权；使用权指数据被他方利用的授权范围；收益权则是主体从数据价值实现中获取回报的权利。明确上述三类权利的归属与边界，对平衡数据生产与流通链条中的主体利益，实现数据产权的公平有效配置具有重要意义。然而，数据的非竞争性决定了数据产权具有复杂的重叠特性，因此，在实践中，可以根据数据生命周期中的多方主体对其形成的不同程度的控制力或依赖性赋予相应的权利。例如，对于提供原始数据的个体用户，应当优先保障其自主权与隐私权；而对于收集、分析、应用的企业，应当根据其处理数据所投入的成本确定其使用权或所有权。如果无法明确上述权利的边界与归属，将导致数据资产丧失“被控制”的权利，也就无从谈起其资产属性。

最后，判断并测度数据的价值潜力，是评估数据资产化可行性的重要环节。数据产生经济利益的潜力，是指主体有能力利用所控制数据，通过提供信息服务、支持决策优化、实现差异化定价等方式创造收益的可能性。从这个角度看，数据资产化的核心在于释放数据的社会效用与经济效益，而非单纯依赖其技术属性。然而，数据的经济利益表现形式复杂多样，很难直观地判断与测度。尤其是在数据资产价值极大程度上依赖于使用场景的背景下，应当建立客观的计量体系，评估不同类型数据在可能的应用场景中创造收益的空间。

常见的数据资产估值方法包括成本法、市场法以及收益法等。在估值过程中，除了参考数据独特属性，还要考量商业环境与技术条件等外部因素对数据释放价值的影响。比如，用户增长空间大且商业模式稳定的企业，其用户数据显然蕴含着更大的变现可能。

通过上述分析，我们不难发现，明确控制主体、控制权利以及评估收益潜力是判断数据能否资产化的三项核心标准。这些标准不仅揭示了数据之所以成为资产的本质原因，也是检验数据资产化前景的关键所在。具体到实践层面，我们需要在技术制度设计上增强对主体及其权利的识别性和可判断性，构建精细化的权利边界并建立数据价值计量与评估的体系，为产权人的运用决策提供支撑。

首先，要确立明确的主体地位，必须对制度设计进行完善。一方面，从立法角度来看，需要对各类数据所对应的主体控制进行具体化，明确各主体的权利与义务关系，并建立强制性规则，以界定各主体的权利和责任范围，并规范主体间的协作行为。另一方面，可以通过技术手段提供相应的识别支持。例如，基于区块链技术的数字权利管理系统，可以通过数据标识和溯源追踪来增强主体的可识别性。此外，主体本身也可以通过声明和标识等方式主动承担责任，以维护数据生态系统的“清白性”。

其次，明确界定不同主体的具体控制权责至关重要。在数据共享的具体实践中，可以设计灵活的多方授权约定机制，以便实现权利的精细分配和动态调整，从而确保所有利益相关者能够持续参与并从中受益。针对个人敏感数据的处理，企业应当采取匿名化等手段，以确保个人隐私得到保护，同时通过这种方式获得商业化应用的权利。

最后，建立数据价值计量体系。该体系应结合预测分析与事后评估，综合考量商业环境、技术进步等因素对数据应用范围的影响，从而准确测量数据在不同场景中释放经济效益的潜力。此外，该体系还需与实际数据利用所产生的收益相挂钩，实现动态调整和校准，以确保计量结果既具备前瞻性也具备准确性，进而为数据资源的管理和配置提供科学依据。

二、数据资产的形成机制

在数据资产化的基本前提条件得到满足之后，我们还需要探讨如何更充分地发挥数据资产的效能，实现数据从“生产要素”向“发展动力”的转变。这不仅关系到数据资产能够发挥其作用的广度和深度，也直接影响到整个数据生态系统的健康发展和持续繁荣。

季周和李琳（2022）提出，企业数据从原始状态向资产化转化，需要经历数据资源化、数据产品化和数据资产化三个阶段（见图3－2）。数据资源化是指数据实现规模化积累的过程，通过搜集、清洗、标注、脱敏等手段，使原始数据变为结构化和可定价的组织数据资源，构建起企业的数据资源图谱，为后续应用奠定基础。数据产品化是指数据向产品化演进的阶段。根据业务需求和应用场景，运用技术手段对数据资源进行再加工和组织，形成可直接为业务带来价值的自用型数据产品；或通过授权、租赁等方式对外输出，实现数据交易型产品。数据产品蕴含的数据价值初步被激活和释放。数据资产化是数据完成向资产转化的最后阶段。当数据产品为企业创造收益，且这些收益能够被确认和计量时，通过会计体系“确认”为无形资产，成为会计意义上的企业数据资产。这标志着企业数据实现了从“动产”到“固定资产”的转变，将会为企业创造持续的经济利益。

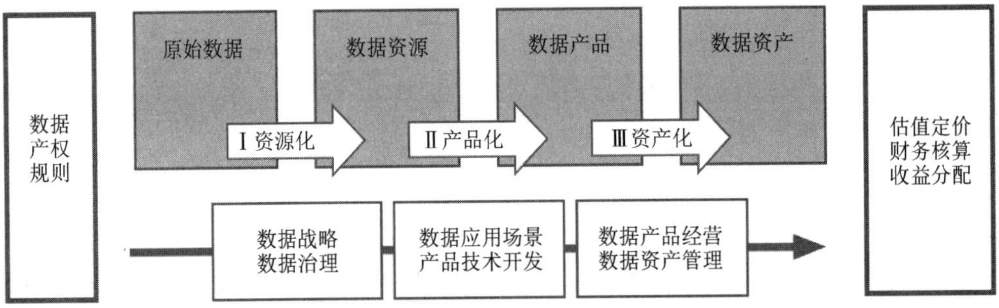

图3－2　企业数据资产化路径

资料来源：季周，李琳．会计视角下数据资产化路径探索［J］．财务与会计，2022。

企业在推进数据资源化时要构建规模化的数据池，在推进数据产品化时要围绕业务需求设计产品，在推进数据资产化时则需持续丰富和更新数据资产，使其成为企业的重要生产要素。只有系统推进这三大阶段，不断提升数据的规模与价值，才能最终实现数据向资产的成功转型。

（一）数据资源化

数据资源化是企业实现数据价值的第一步，在这一过程中，企业将分散的原始数据通过采集、清洗、整合、存储等过程，构建成可供业务系统直接使用的规模化数据资源。

数据资源化的主要过程包括：数据的采集、清洗、存储和管理。首先是数据采集。企业可通过自身业务系统、各类传感器或第三方数据平台采集不同格式的原始数据。其次进行数据清洗，包括格式转换、脱敏、去噪、标注等，提高数据质量。最后对数据进行存储、管理和发布，通过建立元数据、数据字典、数据指标等实现数据治理，方便用户查找、管理和使用。以商业银行和数字农业服务企业为例，商业银行通过信息系统采集客户和交易数据，并与政府部门及金融市场机构合作，获取更多外部数据。这些数据经过加工后，存储于数据池，作为提供各类金融服务的基础数据资源。数字农业服务企业则利用各类传感器采集农业生产环节的实时环境、设备运行和作物生长数据，进行汇总处理后，以数据产品形式提供给农户，用于精准生产。

通过数据资源的构建，企业实现了数据从分散到集中、从非结构化到结构化的转变，数据规模和价值得以扩大，为下一步的深度应用和价值实现夯实基础。数据资源化是推动企业数字化转型，实现数据驱动的第一步。

（二）数据产品化

数据产品化是在数据资源的基础上，通过对数据的深度开发与加工，形成可直接为用户提供价值的产品或服务的过程。数据产品化的主要流程包括：首先，根据用户需求设计数据产品形态，既可以是离线数据分析产品，也可以是实时数据查询或数据接口服务等；其次，围绕产品定位进行数据治理，通过清洗、建模、挖掘等技术手段提升数据价值，建立应用主题库；最后，通过开发访问终端，实现数据产品的对外输出和价值实现。

例如，金融信息服务企业，包括同花顺、大智慧的增值数据主要是对外购的数据资源根据客户需求和业务需求，智能抓取，数据传输，清洗加工，进入分类数据库中，这部分数据可以根据不同的应用场景形成不同的数据产品或定制化数据服务。再如，中远海科依托自身数据优势，开发了船舶全生命周期数据平台——“船视宝”，这款以船舶航行全生命期行为的智能识别技术为基础推出的数字化平台产品，是具有深度航运科技能力和强大产品黏性的平台型产品。目前平台已汇聚全球约 26 万艘商船 290 亿条船位数据，覆盖全球 5000 余个港口、4 万多个泊位，识别动态数据 6000 多万条。平台服务目前分为三个方向：第一是面向船舶和船队管理服务，包括单船、船型、船队的运行效率、风险管控、能耗、碳排放和海事监管规则遵守程度等功能，主要客户包括各类船东公司、海事局等。第二是面向全球供应链的服务，包括供应链可视化、供应链优化以及供应链智能管控等内容。比如智能找船功能，通过智能算法，实现对货物运输的智能匹配，自动推荐最为适合的船舶并排定优先级。第三是航运大数据分析服务，通过航运大数据分析可以生成各类航运运营相关指标，作为分析经济运行的重要参考指标，主要为期货、船舶租赁、保险等金融机构以及高校、研究机构提供高质量高价值的经济数据。

这些案例表明，数据产品化通过深入开发数据资源，使数据由“生产要素”向“产品”的角色转变。只有形成可直接交付使用并创造价值的数据产品，才能为企业带来产出，推动数据向资产的转化。

（三）数据资产化

数据资产的前提是数据产品价值化，即数据产品持续服务内部或外部客户经营或决策，从而给企业带来可持续的经济利益的过程。数据资产化是数据资源向资产形态转换的最终阶段，也是实现数据价值的关键所在。具体地说，数据资产化包括构建数据产品化路径、验证数据产品所能带来的经济利益、确保数据产品符合资产确认条件以及在会计体系中确认四个步骤。

第一，构建数据产品化路径。数据资产化的根本目标在于实现数据对企业经济利益的稳定贡献，这是衡量数据资产化成功与否的关键标准，因此数据资产化的基础在于数据的产品化。数据产品化是将数据的价值具体化的过程，使静态的数据能够转化为商业价值。为了实现数据的产品化，企业必须先识别和评估出那些具有资产潜力的数据，这一评估过程需要综合考虑市场需求、客户需求以及企业的业务模式和技术能力。

在构建数据产品化路径时，企业应当同时考虑数据的自用和交易两个维度。数据的内在价值可以通过内部运营效率的提升得到体现，而其外在价值则可以通过向外部客户开放获取或使用权限，采用订阅、按次消费等模式进行商业化变现。数据产品化的形态也应当被清晰地界定。例如，通过 SDK、API 接口等形式提供可嵌入第三方应用的服务类产品，或者设计独立的数据分析工具和报告。对于具有一定规模和影响力的数据集，企业可以直接向客户开放获取或使用权限。

总而言之，构建数据产品化路径是实现数据资产化的关键一步。这一路径的设计不仅需要企业对数据的潜在价值有清晰的认知，还需要对市场和企业自身的能力有准确的评价。通过识别数据产品化路径，实现数据从静态到动态，从自用到交易的转变，实现数据的资产化，从而为企业带来持续的现金流或利润。

第二，验证预期能够为企业带来经济利益。能否为企业带来持续收益是判断数据产品能否成为资产的关键，因此在构建数据产品化路径之后，企业必须验证该路径所能带来的经济利益的持续性。企业可以从市场需求和商业前景两个维度进行综合评估。一方面，企业应深入调研和分析客户对数据产品或服务的实际需求和支付意愿，以评估市场的接受程度；另一方面，企业还需考量目标市场的空间和增长潜力，以判断未来盈利的规模。在此基础上，企业需要构建精确的经济模型，预测产品在不同市场情况下的销售业绩，包括最优、正常和最坏情况下的预测，以确保企业能够应对市场波动的风险。同时，企业还需评估潜在竞争对手对产品盈利的影响。为了确保经济利益的持续性，企业应不断优化产品和业务模式。一方面，企业应根据客户反馈改进产品性能；另一方面，企业还需关注市场变化，调整产品定位或收费模式。只有这样，企业才能适应市场变化，保证盈利的持续性。

第三，在构建数据产品化路径并验证其经济效益之后，企业必须确保相关数据产品满足资产确认的条件。资产确认条件的满足，是数据产品化所带来经济利益能够在企业财务报表中得到确认的前提。根据我国企业会计准则，资产确认条件包括：资产的控制权归企业所有、相关成本能够可靠计量，且资产预期能够为企业带来经济利益。也就是说，企业还需关注权属清晰、成本控制和风险管理三个关键方面。权属清晰是确保资产控制权的前提条件；成本控制与计量直接影响企业的盈利水平；而风险管理则有助于减少市场不确定性对收益的影响。这三个方面的综合考虑，共同确保了数据产品能够稳定地创造经济效益，满足资产确认的要求。首先，企业应明确数据产品的所有权归属，评估企业是否拥有该数据产品的全部控制权，包括研发、运营和销售等关键环节的控制权，不存在受制于第三方的情况。如果发现潜在的权属纠纷或第三方能对产品实施决策干预，则需要先澄清、排除干扰。只有权属清晰后，才能确保企业对该数据产品的控制权。其次，企业应能可靠评估与该数据产品相关的各类成本。这包括过去的研发投入、持续的产品和服务更新成本以及运营过程中的销售和管理费用等。对这些成本进行合理评估和计量，是进行成本控制并确定盈利水平的基础。如果部分成本无法可靠计量，说明仍需对数据产品本身或经营模式进行优化和调整。最后，企业更需要基于前期验证，评估数据产品未来持续为企业带来收入的能力。这关系到其是否能满足资产确认条件中的创造经济利益的标准。评估时既可基于产品自身的盈利预测，也可以通过测算其对企业核心业务利润的贡献进行评估。

第四，会计确认是企业数据产品实现从产品向资产转化过程中的最后一个关键步骤。在此过程中，数据产品必须在会计体系中得到确认并纳入相关财务报表，才能使其创造的价值真正成为企业所有，进而体现企业的经营实力和财务状况。在数据产品被纳入财务报表后，企业需持续跟踪其使用与盈利情况，以确保会计信息的更新和评估都能立足于数据产品的最新运行状态。同时，企业还应关注可能改变其经济利益实现的重大不确定性风险事件，并披露具有前瞻性的相关信息，这也是会计确认应承担的责任。

还需要注意的是，并不是企业的所有数据资源都可以确认入表，以下三个方面的数据资源就无法确认为资产：一是企业的原始数据来源不合法不合规，可能涉及违反个人信息保护法等法律法规，对相关数据的拥有或控制并不具有合法性；二是企业的数据资源虽然符合资产的定义，但数据资源没有实际的应用场景，或者无法从中挖掘形成有价值的数据产品以对外出售来实现经济利益，因而无法预期数据资源有关的经济利益很可能流入企业；三是企业的数据资源符合资产的定义，该数据资源有关的经济利益很可能流入企业，但企业尚未建立起数据资源的成本费用分摊机制，导致成本费用很难可靠计量，因此也不能作为资产来确认。

三、不同行业数据资产形成规律

不同行业在数据资产形成规律上有着明显的差异性。这主要体现在以下三个方面：

第一，数据来源的差异。金融行业主要依托业务数据和外部购买数据构建数据资产，制造行业更依赖产品研发设计、生产制造、质量管理等工业数据，而互联网企业的数据则来自平台用户使用、交易等海量互联网数据。

金融企业数据主要来自金融业务系统和外部购买。金融业务数据包括客户信息、交易数据、风控数据等，这是金融机构最核心、最独特的数据来源。同时，金融企业也会引入政府、行业数据库等外部数据，丰富数据系统。外部数据占比虽高达20%～30%，但多用作补充，业务数据仍至关重要。与之对应，互联网企业的数据集中来自用户使用和交易。典型的如电商企业，用户产生的搜索、浏览、收藏、评价、交易等使用行为数据，是构建数据资产的基石。这些海量、多样、高速的数据资源，使企业能够实现精细化运营。除自有数据外，互联网企业也会采购或组建数据联盟，但主要仍是用户数据。互联网企业用户数据的多样性也很突出。交叉组合出的产品、内容、交易、社交等数据，种类和维度远超传统金融企业。这导致金融企业对业务数据的依赖度更高，互联网企业则需要处理规模更大，质量参差不齐的复杂用户数据。此外，政府部门以行业管理、公共服务等庞大数据为基础形成数据资产，如人口、税收、公共设施等管理数据，其价值在于提升行业治理和服务水平。

第二，数据价值主导的差异。金融行业数据资产的价值在于支持业务决策和风控，制造业在于助力产品设计和生产优化，互联网企业在于用户画像、精准推荐等，数据赋能业务的侧重点有所区别。

具体而言，金融行业数据资产的关键价值在于支持业务决策和风险控制。客户信息、交易数据等可以用于产品创新、客户细分，信用数据、反欺诈模型等用来控制风险。这些都直接服务于业务，是数据应用的优先领域。对于制造业企业，数据资产重要价值体现在助力产品设计和生产流程优化。CAD设计数据、仿真分析数据可降低设计成本，工艺和质量数据可提升生产效率，这些是制造业的重要数据驱动方向。互联网企业数据资产的价值核心在于用户维度的应用，比如用户画像、兴趣推荐等。这些应用支撑产品迭代、流量变现等互联网核心能力。与其他行业侧重业务或产品不同，互联网企业数据资产围绕用户打转。总体而言，三类企业都在利用数据提升核心能力，但基于业务侧重点和数据特性的不同，数据资产的价值主导各有侧重。这决定了数据应用建设的方向。

第三，资产化路径的差异。金融行业通常依托交易系统和风控模型实现数据资产化，制造业则依托核心产品形成资产，互联网企业的数据资产化建立在用户使用和交易场景的基础上，路径有所差异。

金融行业实现数据资产化的主要依托是金融交易系统和风险控制模型。因为这些系统和模型直接为企业创造收入，控制风险损失，是实现数据价值的关键所在。这些系统中嵌入了客户评级模型、价格决策系统、集中度监测系统等数据元素，利用客户信息、业务数据、市场数据等资源提供价值支撑。只有不断强化这些系统的决策能力，持续为企业创收节支，其中的核心数据元素才能实现从资源向资产的转变。相比之下，制造业的数据资产化路径则主要依托核心产品实现。关键零部件设计数据、工艺技术参数等通过数字化研发平台、智能化生产系统等产品和解决方案体系承载和流通，最终形成制造企业的差异化优势，带来持续收益。这成为制造业数据实现资产化的主要方式。对于互联网企业，用户使用场景和交易场景生成的海量数据，通过产品化环节变现为企业效益，这构成了其数据向资产转化的路径基石。围绕这些使用和交易场景设计数据产品，持续提供服务并获利，是互联网企业的数据资产化之道。

可以看出，行业场景和战略重点的不同，导致数据资产在规模积累、应用场景和最终资产化路径等方面的明显差异。企业应当根据自身行业特点，区分数据特征，设计符合自身业务的资产化路径，实现数据资源向资产转换。同时，跨界竞争也促使企业学习其他行业的数据应用经验。这为我们研究不同行业的数据资产形成规律提供了难得的机会。

第四章

数据资产的合规与确权

第一节　数据资产合规的定义及框架体系

一、数据资产合规的定义

合规是判断数据资产能否入表的关键前提，企业的数据资产能否顺利入表，首先需要解决的是数据的合法合规性问题，这就需要企业构建与会计准则相适配的一整套体系化的数据合规治理制度，规范开展数据确权、开发利用等活动，保障数据不侵权及不被侵权。数据合规治理与运营是数据资产形成的重要手段，是数据可变现的必然要求。数据可变现的前提之一是通过数据合规治理与运营，使数据变成可交换且可被流通对象所解释利用的数据资源。当前，多数组织由于缺乏数据合规治理能力，导致数据来源存疑、数据质量普遍不高、数据接口不统一，无法融合，无法形成有价值的数据资源，直接影响了数据资产的价值最大化。

根据 2022 年国务院国有资产监督管理委员发布的《中央企业合规管理办法》第三条的定义，合规是指企业经营管理行为和员工履职行为符合国家法律法规、监管规定、行业准则和国际条约、规则，以及公司章程、相关规章制度等要求；合规风险是指企业及其员工在经营管理过程中因违规行为引发法律责任、造成经济或者声誉损失以及其他负面影响的可能性；合规管理是指企业以有效防控合规风险为目的，以提升依法合规经营管理水平为导向，以企业经营管理行为和员工履职行为为对象，开展的包括建立合规制度、完善运行机制、培育合规文化、强化监督问责等有组织、有计划的管理活动。由此，我们可以引申出如下关于数据资产的合规定义。

数据资产合规是指组织及其成员对于数据的收集、存储、使用、加工、传输、提供、公开等全生命周期活动须符合国家法律法规、监管规定、行业准则和国际条约、规则，以及组织的章程、相关规章制度等要求。

数据资产合规风险是指组织及其成员在对数据资产的管理过程中，因违规行为引发法律责任、造成经济或者声誉损失以及其他负面影响的可能性。

数据资产合规管理是指组织以有效防控数据合规风险为目的，以提升依法合规经营管理水平为导向，以组织的运营管理行为和组织成员履职行为为对象，开展的包括建立数据合规制度、完善数据运行机制、培育数据合规文化、强化监督问责等有组织、有计划的管理活动。

二、数据资产合规的框架体系

根据数据资产合规的定义，我们可以总结出数据资产的合规依据，主要包括外部依据和内部依据两大类，其中，外部依据主要包括国家法律法规、监管规定、行业准则和国际条约、规则四类，内部依据主要包括组织的章程、相关规章制度等，如图4－1所示。

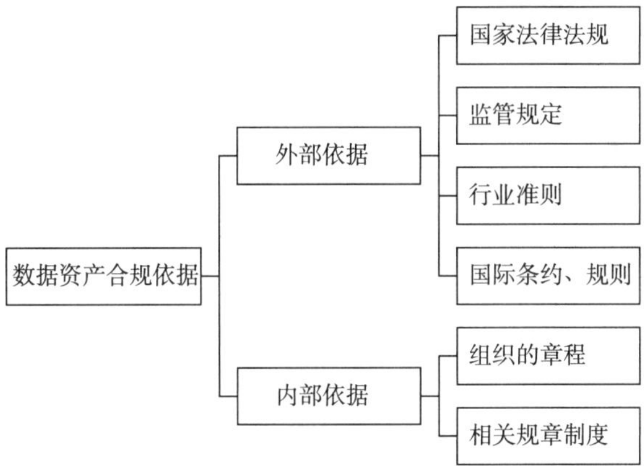

图4－1 数据资产合规依据

对应以上合规依据，按立法机构位阶的不同，我们将我国数据资产的合规框架体系分为七个层级。

（一）法律

最高层级是由全国人民代表大会及其常务委员会制定的法律，如《网络安全法》《数据安全法》《个人信息保护法》《刑法》《电子商务法》《消费者权益保护法》《民法典》等。其中，《网络安全法》《数据安全法》和《个人信息保护法》被称为数据合规领域的“三驾马车”，是数据资产合规的重要法律依据。

1.《网络安全法》

2017 年 6 月 1 日实施的《网络安全法》是我国第一部全面规范网络空间安全管理的基础性法律，同时也针对数据和个人信息保护提出了大量框架性要求。该法涉及数据资产合规的主要规则如下：

（1）进一步明确实行网络安全等级保护制度，并采取列举方式确定网络运营者需要履行的安全保护义务。

（2）对关键信息基础设施进行了界定，并明确了关键信息基础设施运营者需要承担的网络安全保护法定义务。

（3）针对数据保护，在《消费者权益保护法》《全国人大常委会关于加强网络信息保护的决定》《电信和互联网用户个人信息保护规定》《关于审理利用信息网络侵害人身权益民事纠纷案件适用法律若干问题的规定》和《刑法修正案（九)》等法律法规的基础上，进一步明确了个人信息收集使用规则，网络运营者的个人信息保护义务，禁止非法获取、买卖、提供个人信息以及侵犯个人信息权利的法律责任等内容。

（4）提出数据本地化，即关键信息基础设施运营者在境内收集的个人信息和重要数据均应当在境内存储。

（5）对网络运营者设定了一系列的法定义务，部分义务需要网络运营者建立企业的管理制度和操作规程，以满足法律合规性的要求，避免法律风险。

2.《数据安全法》

自 2021 年 9 月 1 日起实施的《数据安全法》为我国数据利用和数据安全搭建了基本的法律框架。该法虽然称为《 数据安全法 》，但却不只关注于安全，而是将安全与发展同步考虑。该法涉及数据资产合规的重要规则如下：

（1）将数据作为“关键要素”首次写入法律，从立法上确认了对“数据权益”的保护。鼓励数据依法合理有效利用，保障数据依法有序自由流动，促进以数据为关键要素的数字经济发展，增进人民福祉。

（2）明确了数据管理者和运营者的数据保护责任，指明了数据保护的工作方向，全面消除数据管理者和运营者在数据安全建设中的盲区，数据安全建设有法可依，数据安全事故造成的损失有法可惩。

（3）提出对数据全生命周期各环节的安全保护义务，加强风险监测与身份核验，结合业务需求，从数据分级分类到风险评估、身份鉴权到访问控制、行为预测到追踪溯源、应急响应到事件处置，全面建设有效防护机制，保障数字产业蓬勃健康发展。

（4）针对政务数据开发利用做出了明确的指示，首次提出构建统一规范、互联互通、安全可控的“政务数据开放平台”，推动政务数据开放利用。要求省级以上人民政府应当将数字经济发展纳入本级国民经济和社会发展规划，加强数据开放共享的安全保障措施，建立统一规范、互联互通、安全可控的机制，利用数据安全运营，提升数据服务对经济社会稳定发展的效果。

3.《个人信息保护法》

2021 年 11 月 1 日实施的《个人信息保护法》作为我国个人信息保护领域的基础性法律，强调维护公民个人的隐私、人格、财产等利益。该法涉及数据资产尤其是个人信息类数据资产合规的重要规则如下：

（1）明确个人信息的定义。该法对个人信息的定义与《网络安全法》《民法典》中的“个人信息”定义在基本概念上保持了一致，强调了“已识别或者可识别的自然人信息”。此外，该法将经匿名化处理后的信息排除在外，有利于涉及个人信息类数据资源的有效利用。

（2）规定了个人信息处理五大重要原则：一是遵循合法、正当、必要和诚信原则；二是采取对个人权益影响最小的方式，限于实现处理目的的最小范围原则；三是处理个人信息应当遵循公开、透明原则；四是处理个人信息应当保证个人信息质量原则；五是采取必要措施确保个人信息安全原则等。

（3）以“告知—知情—同意”为核心的个人信息处理规则。个人信息处理者“告知”的目的是确保个人信息主体的“知情”，只有个人信息主体在充分知情的前提下才能自愿、明确地作出决定。为此，《个人信息保护法》第十四条明确规定：“基于个人同意处理个人信息的，该同意应当由个人在充分知情的前提下自愿、明确作出。法律、行政法规规定处理个人信息应当取得个人单独同意或者书面同意的，从其规定。”由此，《个人信息保护法》构建了以“告知—知情—同意”为核心的个人信息处理规则。

（4）敏感个人信息的定义和处理原则。《个人信息保护法》第二十八条对敏感个人信息作出明确定义，并将不满十四周岁未成年人的个人信息也纳入敏感个人信息，进行重点保护。对于敏感个人信息，除需要满足“告知—知情—同意”处理原则外，还需要在具有特定的目的和充分的必要性的前提下，才可处理敏感个人信息。

（5）个人信息跨境传输规则。《个人信息保护法》明确了个人信息处理者向境外提供个人信息的三种路径，即签订标准合同路径、安全认证路径及安全评估路径。

（6）个人信息主体的权利。《个人信息保护法》赋予了个人信息主体在个人信息处理活动中的权利，如知情权、决定权，有权限制或者拒绝他人对其个人信息进行处理；有权查阅、复制其个人信息，有权请求将个人信息转移至其指定的个人信息处理者；有权要求个人信息处理者更正、补充、删除其个人信息。

（二）司法解释

司法解释，是指国家最高司法机关在适用法律过程中对具体应用法律问题所作的解释，包括审判解释和检察解释两种。目前数据资产合规涉及的司法解释主要包括自 2017 年 6 月 1 日起施行的《关于办理侵犯公民个人信息刑事案件适用法律若干问题的解释》、自 2021 年 1 月 1 日起施行的《关于审理利用信息网络侵害人身权益民事纠纷案件适用法律若干问题的规定》，以及自 2021 年 8 月 1 日起施行的《关于审理使用人脸识别技术处理个人信息相关民事案件适用法律若干问题的规定》，如表 4 –1 所示。

表 4 –1　　数据资产合规涉及的相关司法解释

名称	发布时间	主要内容	适用对象
《关于办理侵犯公民个人信息刑事案件适用法律若干问题的解释》	2017. 04. 26	明确公民个人信息范围，并细化侵犯公民个人信息罪的定罪量刑标准及相关问题（非法获取、提供行踪轨迹信息、通信内容、征信信息、财产信息 50 条以上即视为情节严重，涉嫌侵犯公民个人信息罪）	自然人、法人、非法人组织
《关于审理利用信息网络侵害人身权益民事纠纷案件适用法律若干问题的规定》	2020. 12. 31	进一步明确和细化利用信息网络侵害他人姓名权、名称权、名誉权、荣誉权、肖像权、隐私权等人身权益引起的纠纷案件的法律规定	自然人、法人、非法人组织
《关于审理使用人脸识别技术处理个人信息相关民事案件适用法律若干问题的规定》	2021. 07. 28	适用于平等民事主体之间因使用人脸识别技术处理人脸信息所引起的相关民事纠纷；主要从适用范围、侵权责任、合同规则、诉讼程序等方面对滥用人脸识别问题作出规定	自然人、法人、非法人组织

（三）行政法规

行政法规是指国务院为领导和管理国家各项行政工作，根据宪法和法律，按照行政法规规定的程序制定的政治、经济、教育、科技、文化、外事等各类法规的总称。日前数据资产合规涉及的行政法规如表 4 –2 所示。

表 4 –2　　数据资产合规涉及的相关行政法规

名称	发布时间	主要内容	适用对象
《计算机信息系统安全保护条例（2011 年修订）》	2011. 01. 08	保护计算机信息系统的安全，促进计算机的应用和发展，提出对计算机信息系统实行安全等级保护制度	计算机信息系统
《征信业管理条例》	2013. 01. 21	严格规范个人征信业务规则，明确规定禁止和限制征信机构采集的个人信息，明确规定个人对本人信息享有查询、异议和投诉等权利	征信机构

续表

名称	发布时间	主要内容	适用对象
《关键信息基础设施安全保护条例》	2021. 07. 30	明确了认定关键信息基础设施的规则，说明了关键信息基础设施运营者的义务以及相应的违法责任	关键信息基础设施运营者
《网络数据安全管理条例（征求意见稿）》	2021. 11. 14	明确了应按照数据对国家安全公共利益或者个人组织合法权益的影响和重要程度，将数据分为一般数据、重要数据和核心数据，不同级别的数据采取不同的保护措施，国家对个人信息和重要数据进行重点保护，对核心数据实行严格保护。同时，明确了数据处理者利用生物特征进行个人身份认证的，应当对必要性、安全性进行风险评估，将人脸、步态、指纹、虹膜、声纹等生物特征作为唯一的个人身份认证方式，以强制个人同意收集其个人生物特征信息	数据处理者

（四）地方性法规

随着《网络安全法》《数据安全法》的出台，各地也相继出台了配套的地方性法规，以更好地规范企业对数据的处理，促进数字经济的发展。与数据资产相关的地方性法规主要有《北京市数字经济促进条例》《上海市数据条例》《广东省数字经济促进条例》《深圳经济特区数据条例》《天津市促进大数据发展应用条例》《浙江省数字经济促进条例》《陕西省大数据条例》《河南省数字经济促进条例》《福建省大数据发展条例》《湖南省网络安全和信息化条例》《安徽省大数据发展条例》《吉林省促进大数据发展应用条例》《山西省大数据发展应用促进条例》《海南省大数据开发应用条例》《山东省大数据发展促进条例》等。部分摘录如表 4 – 3 所示。

表 4 – 3　　数据资产合规涉及的相关地方性法规

名称	发布时间	主要内容	适用对象
《北京市数字经济促进条例》	2022. 11. 25	规定了信息网络基础设施、算力基础设施、新技术基础设施等的建设要求，规定了数据汇聚、利用、开放、交易等规则。其中第七章为强化数字经济安全、确保数字经济行稳致远	数据处理者、政府及其有关部门
《上海市数据条例》	2021. 11. 25	强调公共数据授权运营和数据交易都应遵循合规性原则	数据处理者、国家机关、履行公共管理和服务职责的事业单位及其工作人员

续表

名称	发布时间	主要内容	适用对象
《深圳经济特区数据条例》	2021.06.29	内容涵盖了个人数据、公共数据、数据要素市场、数据安全等方面，是国内数据领域首部基础性、综合性立法。其中第二章规定了个人数据处理应遵循的基本要求，第五章规定了数据安全管理的具体内容	数据处理者、履行数据监督管理职责的部门以及公共管理和服务机构
《天津市促进大数据发展应用条例》	2018.12.14	明确天津市大数据发展应用坚持统筹规划、创新引领，依法管理、促进发展，共享开放、深化应用，繁荣业态、保障安全的原则。数据资源交易、交换应当遵守法律法规规定和社会公德，不得损害国家利益、社会公共利益和他人合法权益	各级政府及政务部门、公民、法人和其他组织、互联网信息主管部门

（五）部门规章

国务院各部、委员会、中国人民银行、审计署和具有行政管理职能的直属机构以及法律规定的机构，可以根据法律和国务院的行政法规、决定、命令，在本部门的权限范围内，制定规章。目前数据资产合规涉及的部门规章主要包括《儿童个人信息网络保护规定》《网络交易监督管理办法》《网络安全审查办法》《汽车数据安全管理若干规定（试行）》《国家健康医疗大数据标准、安全和服务管理办法（试行）》等。如表4－4所示。

表4－4　　数据资产合规涉及的相关部门规章

名称	发布时间	主要内容	适用对象
《国家健康医疗大数据标准、安全和服务管理办法（试行）》	2018.07.12	从标准管理、安全管理、服务管理、管理监督等方面对我国公民在中华人民共和国境内所产生的健康和医疗数据的规范管理和开发利用进行了规定	医疗卫生机构和相关企事业单位
《儿童个人信息网络保护规定》	2019.06.01	我国第一部专门规范儿童个人信息网络保护的规定，涉及处理儿童个人信息的企业应当特别注意，并需要单独制定《儿童个人信息保护声明》	涉及处理儿童个人信息的网络运营者
《网络交易监督管理办法》	2021.03.15	规制网络交易经营活动行为，对网络交易经营者、网络服务提供者、其他服务提供者应当遵守的权利义务作出明确规定	网络交易经营者、网络服务提供者、其他服务提供者

续表

名称	发布时间	主要内容	适用对象
《汽车数据安全管理若干规定（试行）》	2021. 08. 16	针对境内开展汽车数据处理活动及其安全监管的规定，明确汽车数据处理者的责任和义务，规范汽车数据处理活动	汽车数据处理者
《网络安全审查办法》	2021. 12. 28	将关键信息基础设施运营者采购网络产品和服务，网络平台运营者开展数据处理活动影响或者可能影响国家安全等情形，纳入网络安全审查范围	关键信息基础设施运营者、网络平台运营者
《数据出境安全评估办法》	2022. 07. 07	适用于数据处理者向境外提供在境内运营中收集和产生的重要数据和个人信息的安全评估。规定了数据出境安全评估的范围、条件和程序，为数据出境安全评估工作提供了具体指引	数据处理者
《医疗卫生机构网络安全管理办法》	2022. 08. 08	从网络安全管理、数据安全管理、监督管理、管理保障等方面对医疗卫生机构的网络安全管理作出了规定	医疗卫生机构
《个人信息出境标准合同办法》	2023. 02. 22	规定了个人信息出境标准合同的适用范围、订立条件和备案要求，明确了标准合同范本，为向境外提供个人信息提供了具体指引	个人信息处理者

（六）行政规范性文件

行政规范性文件是除国务院的行政法规、决定、命令以及部门规章和地方政府规章外，由行政机关或者经法律、法规授权的具有管理公共事务职能的组织（统称行政机关）依照法定权限、程序制定并公开发布，涉及公民、法人和其他组织权利义务，具有普遍约束力，在一定期限内反复适用的公文。目前数据资产合规涉及的行政规范性文件如表 4－5 所示。

表 4－5　　数据资产合规涉及的相关行政规范性文件

名称	发布时间	主要内容	适用对象
《“数据要素×”三年行动计划（2024—2026年）》	2023. 12. 31	选取工业制造、现代农业、商贸流通、交通运输、金融服务、科技创新、文化旅游、医疗健康、应急管理、气象服务、城市治理、绿色低碳等 12 个行业和领域，推动发挥数据要素乘数效应，释放数据要素价值。从提升数据供给水平、优化数据流通环境、加强数据安全保障等三方面，强化保障支撑	自然人、法人、非法人组织

续表

名称	发布时间	主要内容	适用对象
《App违法违规收集使用个人信息自评估指南》	2019.03.01	通过列举具体场景的形式，明确App的合规要点，为企业落实App合规治理工作提供了详尽指引	App运营者
《互联网个人信息安全保护指南》	2019.04.10	制定了个人信息安全保护的管理机制、安全技术措施和业务流程	自然人、数据处理者
《App违法违规收集使用个人信息行为认定方法》	2019.12.30	通过列举违法的实际场景帮助企业知悉哪些属于违规行为，应在实际工作中予以规避	App运营者

（七）标准

对于数据资产合规除了需要遵守相关法律法规以外，另一类重要的规范，也需要重视并遵守，即国家或相关行业出台或即将出台的涉及数据安全及个人信息保护的一系列标准。如表4－6所示。

表4－6　　数据资产合规涉及的相关国家标准

名称	发布时间	主要内容	适用对象
《信息安全技术 个人信息安全规范》（GB/T 35273—2020）	2020.03.06	对个人信息控制者在收集、存储、使用、共享、转让、公开披露等信息处理环节中的相关行为作出了规范，是目前我国个人信息保护领域的核心参考文件	数据处理者
《信息安全技术 个人信息安全影响评估指南》（GB/T 39335—2020）	2020.11.19	深入并详细地介绍了个人信息安全影响评估工作的开展流程，为企业提供了详尽的示例及工具表，利于企业遵照标准内容，开展个人信息安全影响评估工作	数据处理者
《信息安全技术　汽车数据处理安全要求》（GB/T 41871—2022）	2022.10.14	提出汽车数据安全保护要求，为有序开展汽车领域重要数据和个人信息保护工作指明了方向。标准规定了汽车数据处理者对汽车数据进行收集、传输等处理活动的通用安全要求、车外数据安全要求、座舱数据安全要求和管理安全要求	汽车数据处理者
《信息安全技术 个人信息处理中告知和同意的实施指南》（GB/T 42574—2023）	2023.05.23	给出了处理个人信息时，向个人告知处理规则、取得个人同意的实施方法和步骤	个人信息处理者

续表

名称	发布时间	主要内容	适用对象
《信息安全技术 电信领域数据安全指南》（GB/T 42447—2023）	2023.03.17	给出了开展电信领域数据处理活动的安全原则、通用安全措施，以及在实施数据收集、存储、使用加工、传输、提供、公开、销毁等过程中宜采取的相应安全措施	电信数据处理者及开展电信数据安全评估的第三方机构
《健康医疗数据合规流通标准》（T/GDNS 002—2023）	2023.04.19	规定了健康医疗数据合规流通的总体原则、管理体系、流通框架、流通过程及流通监管的要求	健康医疗数据流通参与者及相关监管部门、评估机构等

第二节　国际上数据权属的相关法律规定

近年来，国内外学者对数据权利属性相关问题展开深入研究。数据权利属性作为社会治理的法律逻辑起点，既关系到公民的个人隐私保护问题，又与数据的收集、分析、运作主体行为的界定与划分密切相关，研究其属性能为数据保护提供立法参照。构建数据产权制度必然要加快完善相应的法律法规体系，加强对数据产权的支持与保护，准确定位数据产权权属。

一、欧盟关于数据权属的相关法律规定

欧盟的《通用数据保护条例》（General Data Protection Regulation，GDPR）于2018年5月正式施行，该法旨在通过加强对数据控制者和处理者的规制，维护和扩大公民对其个人数据的控制权，被称为“史上最严”个人数据保护条例。

2020年，欧盟发布了欧洲数据战略（European data strategy），标志着在数据治理领域的重大战略转向。此次转变的立法重点从保护公民个人数据隐私转为促进数据的流通和利用，个人数据的定位也从纯粹的人格承载转变为重要的经济资产。这一转变反映了欧盟在数据治理方面的新思路和方向，对全球数据政策产生了深远影响。《数据治理法案》和《数据法案》都是落实欧洲数据战略的重要法案。

（一）GDPR 对数据权属的相关规定

GDPR 的适用范围极为广泛，任何收集、传输、保留或处理涉及欧盟所有成员国内的个人信息的机构组织均受该条例的约束。GDPR 规定了个人同意提供数据的权利、组织必须将违规行为通知数据主体以及个人使用其数据的权利等。

整体而言，GDPR 主要突出数据私权至上的原则，极大地扩充了数据主体的数据权利范围和保护机制，对数据控制者和处理者使用个人数据进行了严格的限制，加大了数据控制者和处理者对个人数据管理的法律责任，并对违反 GDPR 的行为制定了严厉的惩罚措施，违规企业将最高被处以上一年度全球营业额的 4% 或 2000 万欧元作为罚款。

GDPR 在进一步确认和完善个人既有权利的基础上，通过第 17 条增加了删除权，通过第 20 条增加了可携带权等，以实现数据主体对其个人数据的更有效控制。但即便如此，条文本身并没有对个人数据的权属及财产权益分配在法律规则上进行明确。换句话说，GDPR 的规定虽然使个人数据主体对个人数据的控制权不断强化，但这并不等同于赋予了个人数据主体对个人数据的所有权，GDPR 也没有明确赋予任何数据主体对数据完全的所有权。

（二）《数据治理法案》和《数据法案》对数据确权授权的规范

欧盟委员会的数据显示，欧盟 80% 的工业数据从未被使用过，严重阻碍了数据经济的发展与企业创新水平的提升，为了应对这一现状，2022 年 2 月 23 日，欧盟委员会提出《数据法案》（Data Act）草案，2023 年 11 月 9 日欧洲议会以压倒性多数通过了《数据法案》的最终版本，该法案以促进欧洲数据价值释放为目标，旨在“确保数字环境的公平性，刺激有竞争力的数据市场，为数据驱动的创新提供机会，使所有人都能更方便地获取数据”，即通过消除数据访问障碍来激励创新。该法案目前只需理事会正式批准即可最终确定，将在《欧盟官方公报》发布 20 个月后适用，即大概从 2025 年年中开始适用。此前在 2022 年 5 月 16 日，欧盟理事会已经批准了《数据治理法案》（The Data Governance Act），旨在通过增强对数据中介的信任，增强整个欧盟数据共享机制，来提升数据的可用性。两部法案均围绕促进欧洲数据价值释放这一目标，内容分别侧重于公共部门与私人部门所持有数据的共享利用。

1.《数据治理法案》的相关规定

《数据治理法案》旨在通过数据共享刺激社会数字经济发展，促进数据的可用性，增加对数据共享的信任并为研究和创新建立可信的数据使用环境。法案主要内容包含“公共部门数据的重用条件”“数据中介服务监督框架”“数据利他主义”三方面。

其中“重用”是指自然人或法人对公共部门所持有的某些数据的重新使用，该使用需基于公共任务之外的商业或非商业目的。《数据治理法案》规定，重用应遵循非歧视性、透明、合比例和客观合理等条件，这些条件不应被用来限制竞争。公共部门应对数据进行安全处理，确保数据在其提供或控制的安全处理环境中被访问和重用，确保数据所承载的其他受保护利益，如个人数据、商业机密、知识产权等，不因重用而被损害。

数据中介服务提供者是指在数据持有者与潜在数据使用者之间提供技术、实现数据共享的从业者。《数据治理法案》规定，数据中介服务提供者应向数据中介服务主管部门告知其服务提供及相关信息。相关主管部门应对数据中介服务提供者是否符合法定条件予以确认，对数据中介服务提供者的合规情况进行监督。对于公司而言，数据中介机构可以采取数字平台的形式，支持公司之间的自愿数据共享，并促进履行《数据治理法案》及欧洲或国家层面的其他立法所提出的数据共享义务。通过数据中介机构，公司将能够共享它们的数据，而不必担心数据被滥用或失去竞争优势。对于个人数据，数据中介机构将帮助个人行使其在 GDPR 下的权利，帮助人们完全控制他们的数据，并允许与信任的公司分享数据。这可以通过个人信息管理工具来实现，如个人数据空间或数据钱包，这些是在数据持有者同意的基础上与他人共享此类数据的应用程序。

而数据利他主义是指为公共普遍性利益，数据主体自愿无偿共享其个人数据，或数据持有者自愿共享其非个人数据而不寻求或获取超出数据收集成本的补偿。《数据治理法案》规定，成员国可以通过在组织或技术方面的安排以促进数据利他主义。被认可的数据利他主义组织应履行保障数据主体和数据持有者数据权益的义务，并由相关主管部门予以合规监管。

2.《数据法案》的主要内容和创新点

（1）从数据获取权益角度，提出了非个人数据的使用框架，通过引入数据访问权利，明确公共部门准入原则，保障了数据的公平访问与获取。

《数据法案》补充并延伸了 GDPR 对数据使用的规制范围，将 GDPR 中的“个人数据”延伸至“非个人数据”，并提出了非个人数据使用的全新框架；首次引入访问权（Right to access）原则，赋予每个用户、个人或组织对获取、产生数据的访问权利，并要求设备供应商在设计和连接产品时，应以清晰易懂的方式告知用户在使用产品或相关服务时所产生的数据，数据将如何被使用、访问和移植，以及与第三方共享等基本内容；明确了突发公共事件时公共部门准入（Public sector access）原则。为保障公共部门在保护公民利益过程中的数据获取权益，《数据法案》授予公共部门在特殊情况下访问和使用私营部门（B2G）数据的合法权利。例如，在遇到洪水或山火等突发事件时，公共部门有权直接调用数据持有人的相关数据。

（2）从数据共享义务角度，构建了高效的数据共享整体框架，通过制定自律行为准则，规范共享义务和权利，保障数据的有效共享。

为扩大数据共享规模、促进数据流通和交易，《数据法案》从规制数据要素市场参与主体行为、规范数据共享要求和保障数据共享权利三个方面，构建了数据高效共享的整体框架。

在规制数据要素市场参与主体行为方面，《数据法案》提出了数据处理服务商“自律行为准则”的最低标准，并规定了政府对数据处理服务商的最低监管义务，以期改善企业间（B2B）的数据共享以及转换数据处理服务商过程中的障碍。

在规范数据共享要求方面，该法案引入规范的合同义务（Contractual obligations）规定数据共享要求，并明确禁止向中小企业单方面施加不公平的信息共享条款。具体来说，对于在数据共享过程中处于弱势地位的中小企业，法案直接限制数据平台和数据要素市场中龙头/寡头参与者对中小企业滥用合同条款非法获取其数据的行为，维护了中小企业在数据要素市场交易过程中的话语权。

在保障数据共享权利方面，法案率先提出数据重复使用的一般规则，规定用户对其数据拥有可以转换数据处理服务商的权利，即用户可以灵活地将数据从一个平台转移到另外一个平台上，但要确保转换后保持原有数据质量，且不影响原有数据的使用与操作。

（3）从数据价值创造角度，明确了数据要素价值的释放路径，通过规范数据的跨平台使用，完善共同操作政策框架，促进数据的价值创造。

作为《数据治理法案》的补充与延伸，法案超越了《数据治理法案》中关于企业、个人和公共部门共享数据的流程和结构概念，明确提出了“在哪些条件下可以创造价值”这一重要问题，规范了数据跨平台开发利用的条件，打通了释放数据价值的路径。

法案提出了数据处理服务的可移植（Portability）标准，旨在消除数据处理服务转换的经济和数字技术障碍，确保包括云和边缘服务在内的数据处理服务在切换平台后保持服务的最低功能。通过强制数据处理服务商在诸如云服务、边缘服务中支持数据处理服务的转换，降低了现有市场主导服务商对云和边缘市场供应商的锁定效应。法案还着力强调要通过工业数据的重复使用以及数据处理服务的跨平台供给，促进数据要素的价值创造，通过挖掘不断增长的工业数据潜力，最终实现成为数据要素市场领导者、造福欧洲经济和社会的根本目的。同时，法案还引入监控机制，规范了数据处理服务商收取转换费用的行为准则，规定了数据运营商和数据处理服务商跨平台操作数据的基本要求，确保接口和平台与其他服务兼容。

此外，《数据法案》引入了全新“欧洲共同操作”（The Interoperable Europe）政策框架，从而为实现欧洲范围内公共服务供给无缝衔接、数据流通畅通无阻，以及数据跨境、跨部门共同操作提供了数字化解决方案。同时，还大力号召企业加大对数据产品和服务的投资力度，加大政府对投资数据产品和服务企业的扶持力度，以此释放欧洲互联设备产生的数据价值。

二、美国关于数据权属的制度设计

美国将商业利益导向作为数据要素市场化的基本准则，提倡数据自由流动，尽可能多地获取和掌控全球数据资源，扩大企业在技术和市场方面的先发优势，逐步形成“防止数据产权垄断，坚持公共数据开放，引导企业数据共享，兼顾个人隐私保护，布局全球数据规则，鼓励数据经纪发展”的数据要素市场化方式和路径。通过立法司法等措施坚决防止对数据产权的垄断，通过法律法规等方式大力推动政府数据全方位开放，通过传统反垄断法引导企业数据增强互操作性和共享程度，通过分领域立法保护个人信息隐私，通过修改相关法律以及与其他国家签订合作框架布局全球数据流动机制，通过分类监管推动数据经纪交易模式，极大增强了美国本土数字企业的全球竞争力，推动了在美国主导下数据在全球范围内广泛流动，极大促进了美国数字经济的快速发展，进一步巩固了美国数字经济在全球的领先地位。

（一）鼓励自由流动，法律层面坚决抵制数据产权

美国一贯注重数据自由流动，认为将数据这种无形的、易流动的、价值易变的生产要素资源从法律上确认其所有权的归属，必然会造成数据垄断，限制了数据的自由流动，总体上不利于数字经济的发展。因此，美国对数据的确权基本持否定态度，在历史上多次否决了可能造成数据垄断的立法尝试和司法实践。

1. 多次否决数据产权立法尝试。美国至今也没有一部保护数据产权的法律，1996 年，国会曾提出创建数据库产权的立法——数据库投资和知识产权反盗版法案（Database Investment and Intellectual Property Antipiracy Act of 1996）。结果由于美国国家教育协会、美国图书馆协会、美国国家科学院和美国国家工程院等组织担心因为对数据访问的潜在限制而削弱国家的研究能力，遭到强烈反对面未能成法。后来，美国国会再次提出新的信息收集反盗用法案议案（Collections of Information Antipiracy Act），提议保护任何“通过大量金钱或其他资源的投资收集、组织或维护的信息集合”免受数据盗用的实际或潜在威胁，结果被认为赋予了数据库制造商垄断权，而未获得通过。后来，“对数据确立产权可能会形成垄断”的观点逐渐在美国国会占据了上风。

2. 司法实践也不支持对数据权利的保护。美国是判例法国家，其已有的判例对以后的司法实践提供了基本遵循。1991 年的“Feist 案”强调没有独创性的数据汇编不受版权法的保护，并把“事实信息不受排他权保护”的信条上升到了法律层面，明确了不得仅依靠投资来主张版权法上的权利，奠定了美国对数据权利的基调。2020 年底达成和解的“Ticketmaster v. Tickets 案”，确认了爬虫抓取他人数据并不当然违法，只有当爬虫给数据

控制者的系统带来负担或破坏，数据爬取才具有可责性，否认了数据属于平台独占财产的观点。

（二）法规实践并行，不断加大政府数据开放力度

美国一方面持续构建法律法规体系，另一方面建立政府数据开放平台，加大政府数据开放规模，提高政府数据开放质量，为社会经济发展不断注入新的数字活力。

1. 制定了完善的数据开放法律法规体系。数据开放和自由流动是美国宪法赋予公民的基本权利，60 多年来，美国在宪法框架下持续推出一系列促进政府数据公开的法律法规。在法律体系方面，1966 年发布的《信息自由法》首次确定了政府信息“以公开为原则、不公开为例外”基本原则，1967 年的《电子信息自由法》和《阳光下的政府法》、2009 年的《开放政府法》、2019 年的《开放政府数据法》等相关法律，不断规范政府数据来源日常性审查、政府数据清单定期更新、联邦数据目录与开发在线存储库公开、政府首席数据官及其委员制度、开放政府数据报告及评估制度等法律制度，逐步形成完备的信息立法体系。在法规体系方面，2009 年颁布的《开放政府指令》、2013 年发布的《政府信息公开和机器可读行政命令》、2019 年发布的《联邦数据战略与 2020 年行动计划》，逐步明确和细化了政府数据开放的原则、基本框架和标准实践。此外，美国 16 个州也制定了法律，要求行政部门开放数据，特拉华州、纽约州、宾夕法尼亚州、罗德岛州四个州发布了开放数据行政命令。

2. 建立了开放政府数据平台 Data. gov。美国开放政府数据平台 Data. gov 建立于 2009 年，主要发布联邦政府、州政府和企业的数据、工具和 API 接口，平台还发布了元数据标准、统一开放数据格式、开放平台目录清单和集合数据元数据等数据标准规范，并配备了一套完整的数据开放评估系统——开放数据仪表盘。截止到 2022 年 12 月，平台已累计免费开放数据集 25 万余个、数据工具 300 余个、以及众多的数据 API 接口，覆盖医疗、能源、财政、教育、农业与气候在内的数十个领域，并持续对开放的公共数据进行更新，其中 70% 以上的数据集在一年内更新。

（三）多种措施并举，持续引导企业数据共享开放

美国政府在加大自身数据主动开放力度的同时，通过立法约束、判例导向、加强合作等多种方式引导企业增大数据的开放共享。

1. 立法约束平台企业无序扩张。美国议会通过发布报告和审议法案等方式，约束平台企业的无序扩张。2021 年，众议院司法委员会发布《数字市场竞争调查报告》，对谷歌、脸书等大型平台企业通过早期收购和滥用数据优势排斥竞争提出批评，并提议推进数据互操作和可迁移。2021 年 6 月，众议院司法委员会审议五个法案，提出大型平台应提供访问接口，方便用户把数据迁移到其他平台以强化兼容性；要求平台禁止使用非公开数据

与平台内商户竞争，并要求平台剥离除基础服务外的自营业务。

2. 判例引导防止企业数据垄断。2007 年谷歌并购在线广告企业 DoubleClick 时，联邦贸易委员会（FTC）认为这些数据不是谷歌广告服务不可或缺的要素，并购获得的数据不会提高进入壁垒。2011 年谷歌收购 ITA 软件时，美国司法部则认为 ITA 的基础数据是其他旅行类网站和搜索网站不可或缺的投入要素，要求谷歌承诺继续以公平方式对外授权 ITA 数据。2014 年脸书收购即时通信软件 WhatsApp 时，FTC 认为隐私问题不纳入反垄断范畴，应在隐私法律下解决。

3. 与企业开展多层次合作扩大数据开放范围。政府通过形式多样的合作方式，引导将企业数据纳入开放数据范畴。一是政府通过开放自身丰富的数据资源，吸引企业进入公共数据商业性开发利用和成果市场化推广服务领域；二是政府通过购买服务方式，将数据处理、技术应用等外包企业；三是鼓励企业向政府开放其拥有的数据。政府通过授予企业特许经营权、制定激励政策等方式鼓励企业开放自身数据，从而形成政府与企业数据的双向开放，实现互利互惠、合作共赢。如美国环境研究系统所与美国 12 个城市合作，为 12 个城市政府提供免费地图与应用；Google Earth Engine 为联邦政府和州政府开放了 40 多年的卫星地图数据，并每日进行更新。

（四）采用分散立法，分门别类强化个人信息保护

美国联邦层面没有统一的个人数据保护法案，而是分别在金融、健康、电信、教育以及儿童在线隐私等领域都有专门分领域数据保护立法。金融领域的《格雷姆—里奇—比利雷法》（GLBA），即《金融现代化法》，规定了金融机构处理非公开个人信息（NPI）的要求；卫生健康领域的《健康保险流通和责任法》（HIPAA），规定了医疗机构对患者受保护健康信息（PHI）的保护要求；信用领域的《公平信用报告法》（FCRA），规定了确保信用报告中消费者信用信息的准确性；视频领域的《视频隐私保护法》（VPPA），规定不得披露消费者的个人可识别信息（PII）；教育领域的《家庭教育权和隐私权法》（FERPA），规定了教育机构收集的教育信息的保护；证券行业的《联邦证券法》，要求公司应采取防止数据泄露的控制措施；未成年人领域的《儿童在线隐私保护法》（COPPA），对商业网站或网络服务商收集、使用或披露 13 岁以下儿童的个人信息行为进行了规定；通信领域的《电子通信隐私法》（ECPA），规定了窃听和电子监听行为的法律责任；计算机领域的《计算机欺诈和滥用法》（CFAA），规定了未经授权而侵入计算机并获得他人信息行为的法律责任；贸易领域的《联邦贸易委员会法》（FTC Act），通过“禁止不公平或欺骗性贸易行为”法律条文，引导企业遵守其隐私政策或保护个人数据免受未经授权的访问；消费者保护领域的《金融消费者保护法》（CFPA），通过“禁止机构从事不公平、欺骗或滥用行为”法律条文来保护个人隐私。

（五）加强国际协作，抢先布局全球数据传输机制

美国正主导建立全球数据传输机制。2018 年 3 月，美国总统批准发布了一项特殊法律《澄清域外合法使用数据法》（CLOUD Act），CLOUD Act 采取了美国政府坚持的“数据控制者标准”，规定“无论通信、记录或其他信息是否存储在美国境内，服务提供者均应当按照《存储通信法案》所规定的义务要求保存、备份、披露通信内容、记录或其他信息，只要上述通信内容、记录或其他信息为该服务提供者所拥有（Possession）、监管（Custody）或控制（Control）。”这就是说，只要是美国公司拥有、监管或控制的数据，即使存储在境外，美国政府也有权检查。

2023 年 6 月 8 日，美英两国共同发布《大西洋宣言：21 世纪美英经济伙伴关系框架》，并宣布建立美英数据桥（U. S. – UK Data Bridge），在确保强有力和有效的隐私保护基础上，进一步促进两国间的数据流动。2023 年 7 月 10 日，欧盟委员会通过了欧盟—美国数据隐私框架（隐私盾 2. 0），重新恢复了因 2020 年 7 月欧盟法院判决“隐私盾”框架无效而受阻的跨大西洋数据流动。另外，美国与印度、巴西和印尼等国在数据跨境问题上正进行多边谈判。

（六）鼓励自由交易，数据经纪成为交易主要形式

美国提倡数据自由交易，数据交易经历了从市场集中交易向数据经纪交易转变的过程。传统的数据集中交易平台如 Microsoft Azure DataMarket 在成立 7 年后于 2017 年 3 月关闭，xDayta、Kasabi、InfoChimps、Data Market 等也转型从事与数据相关的技术服务。而数据经纪已成为当前美国数据交易的主要方式，数据经纪商通过收集、集聚、分析、加工各种用户数据，形成消费者画像、身份认证、特定个人信息等数据产品，出售给数据需求者用于精准营销、风险防控以及掌握竞争对手情况等。数据经纪商的数据来源包括政府数据开放平台、从信用卡公司等其他机构购买、在互联网上爬取网页以及其他离线资源数据等。Acxiom、Corelogic、Datalogix、eBureau、ID Analytics、Streamr、BDEX、Factual 等已发展成为全美著名的数据经纪机构。

Acxiom 主要为市场营销和欺诈侦探提供用户数据和分析服务，数据库中包含了全球范围内 7 亿用户的个人数据，其中涉及几乎每个美国用户的 3000 条数据段；Corelogic 向商业和政府机构提供包括财产信息、消费信息和金融信息在内的用户数据及其分析服务，其数据库中包含 7. 95 亿条资产交易历史数据，9300 万条抵押贷款申请信息及预计涵盖 99% 以上美国住宅的 1. 47 亿条特定资产信息；Datalogix 向商业机构提供涵盖几乎每个美国家庭、涉及金额超过 1 万亿美元的用户交易信息；eBureau 拥有数以亿计的用户消费记录，而且每月还以 300 万条新增消费记录的速度急速增长，向营销商、金融公司、在线零售商以及其他商业主体提供预测评级和数据分析服务；Streamr 是一个 P2P 区块链数据平台，

其商业模式是将原始数据挂到数据交易市场上公开出售，数据需求方按照约定价格购买后，可以在数据交易平台上获得离线数据包或者实时 API，如果最终交易成功，平台收取一定佣金后返还销售收入给第三方数据拥有者；BDEX 是美国著名的综合性、实时性数据交易平台，现已累计汇聚超过 1 万亿个数据集、13 亿个邮箱 ID、8 亿个手机 ID，形成超过 5000 个数据分类，能够帮助供需双方快速匹配需求；Factual 是美国专业的地理信息数据交易平台。目前已累积超过 1 亿条地理位置信息，横跨 200 多个国家和 1100 多个场地级别，每月更新频次达 240 万次，每月访问次数达 90 亿次。

三、欧盟和美国的数据权属制度设计对我国的启示

欧盟立法从“史上最严”的《欧盟通用数据保护条例》到《数据法案》，美国在数据确权、公共数据开放、个人隐私保护等方面的做法，都是充分认识到数据价值的顶层设计。我国创造性地提出数据产权分置改革是全球数字经济的一个创举，但是，在数据持有权、加工权、经营权的具体落地实施时，可以借鉴美国的经验，一是尽量模糊数据所有权，或者对拥有所有权的数据本体尽可能减少其各种附着权利，尤其是收益权；二是要本着有利于发展的准则，各阶段确权方案尽可能简单化，确权复杂化必然导致成本增高而影响整个数字经济的发展。

第三节 数据合法拥有或合法控制

数据确权一直是影响数据资产价值形成的最重要因素之一，数据权利归属哪个主体，对数据享有什么权利，只有厘清这些数据权利基础属性，数据资产价值实现才具备法律基础。

一、我国数据权属制度探索

2022 年 12 月中共中央、国务院发布的《关于构建数据基础制度更好发挥数据要素作用的意见》（以下简称“数据二十条”）中，舍弃了所有权的立法思路，而强调“建立数据资源持有权、数据加工使用权、数据产品经营权等分置的产权运行机制”。

作为“数据二十条”的落地实施配套制度，2023 年 8 月由财政部发布，自 2024 年 1 月 1 日起实施的《企业数据资源相关会计处理暂行规定》第一条适用范围中明确：“本规

定适用于企业按照企业会计准则相关规定确认为无形资产或存货等资产类别的数据资源，以及企业合法拥有或控制的、预期会给企业带来经济利益的、但由于不满足企业会计准则相关资产确认条件而未确认为资产的数据资源的相关会计处理。”2023 年 9 月，中国资产评估协会发布的《数据资产评估指导意见》中将数据资产定义为“指特定主体合法拥有或者控制的，能进行货币计量的，且能带来直接或者间接经济利益的数据资源。”由此可知，形成数据资产的数据资源是要能够被组织“合法拥有”或者“合法控制”的。

传统会计学角度认为“合法拥有”意味着组织对于这些资源享有所有权；“合法控制”意味着即使不享有所有权，但对于资源享有合法控制和支配的权益，表明企业能够从中获得经济利益，因此符合会计上对资产的定义从而计入资产负债表，例如，融资租入固定资产。但是基于数据的非排他性、可复制性、可共享性等特征，数据资产中的“合法拥有”不宜通过具有绝对排他性的“所有权”进行规制。对数据的“合法拥有”不等同于数据所有权，以“所有权”规制数据权属不利于实现数据资产价值和流通。数据资产的未来收益与“所有权归谁”并无太大关系，而主要取决于“谁开发利用”。

二、数据二十条：产权三权分置

“数据二十条”提出建立四大数据基础制度：一是建立保障权益、合规使用的数据产权制度；二是建立合规高效、场内外结合的数据要素流通和交易制度；三是建立体现效率、促进公平的数据要素收益分配制度；四是建立安全可控、弹性包容的数据要素治理制度。在数据产权制度设计中，搁置了数据所有权争议，转而强调建立数据资源持有权、数据加工使用权、数据产品经营权等分置的产权运行机制作为对所有权的“替代”，即“三权分置产权”。

（一）数据资源持有权

数据资源持有权的概念强调对合法“持有”这一状态的事实性认定，组织对自己所控制的数据有权使用、存储及维护，而不依赖所有权源。根据国家发展和改革委员会《数据基础制度若干观点》，数据持有权的权能至少包括：（1）对数据自主管理的权利，即持有者在法律或合同允许范围内可自主决策数据的使用目的、应用场景等，有权防止侵犯持有者合法权利的行为；（2）对数据处理授权同意的权利，即同意他人获取或转移其所产生数据的权利。这与“数据二十条”中强调的“依法保护对数据处理者对依法依规持有的数据进行自主管控的权益”是相呼应的。

（二）数据加工使用权

数据加工是指对数据进行筛选、分类、排列、加密、标注、聚合、分析、统计等一系列处理活动。数据加工使用权的权利主体为数据处理者，旨在保护数据采集、加工等数据处理者的劳动成果，承认和保护依照法律规定或合同约定获得的数据相关权利。在“数据二十条”中，提出对数据加工使用权的保护，即在保护公共利益、数据安全、数据来源者合法权益的前提下，承认和保护“依照法律规定或合同约定获取的数据加工使用权，尊重数据采集、加工等数据处理者的劳动和其他要素贡献，充分保障数据处理者使用数据和获得收益的权利”。如数据处理者可通过公共数据开放平台获取数据、可通过合法抓取公开数据并进行加工分析处理的权利。但值得注意的是，只有在满足“依法持有”或“合法取得”数据的前提下，数据处理者才有权加工和使用。同时，数据加工使用也要遵循使用目的正当、不得超出法律授权或合同约定的范围、履行必要的数据安全保障义务等原则。

（三）数据产品经营权

数据产品经营权主要是指运营商对其开发的数据产品进行运营、支配、交易、收益的权利。数据加工使用权强调的是对数据利用的权利，数据产品经营权强调的是对数据利用后开发形成产品并对数据产品进行经营的权利。在“数据二十条”中提出对数据产品经营权的保护，即“保护经加工、分析等形成数据或数据衍生产品的经营权，依法依规规范数据处理者许可他人使用数据或数据衍生产品的权利，促进数据要素流通复用”；又如，《深圳经济特区数据条例》第五十八条规定：“市场主体对合法处理数据形成的数据产品和服务，可以依法自主使用，取得收益，进行处分。”数据产品经营权符合“谁投入、谁贡献、谁受益”原则，有利于强化数据价值创造和价值实现的激励导向，推动数据要素流通收益向数据价值创造者合理倾斜。

三、数据确权登记和访问控制技术：证明“合法拥有或控制”的方式

传统会计学中，企业对未享有所有权但是被组织合法控制的资源也可计入资产。例如融资租赁中，设备的所有权属于出租方，但承租方基于合同权利合法控制了设备并享有使用和收益权，为组织带来经济利益，从而可以作为资产入账。基于会计角度对资产的定义，如果数据来源合法且企业基于法定或合同约定能够对该等数据资源合法有效控制，也应该符合形成数据资产的要求。

在融资租赁中，企业一般可通过合同、相关票据来证实其对设备的“合法控制”，但基于数据的“无形性”特征，要证明企业对非外购数据“合法控制”，可以通过登记或技术控制等方式来完成。

（一）数据确权登记

数据确权登记的意义在于，可以基于数据无形性这一特征将之“显性化”，目的在于

满足数据“控制”或“持有”这一要求，体现数据由谁拥有或控制，可作为一种数据权利凭证。在实践探索方面，各地方知识产权局、数据局、财政局、司法厅、数据交易所以及企业级数据平台纷纷发力，陆续进行了丰富的数据登记形式的探索，主要包括：数据知识产权登记、数据资产登记、数据产品登记、数据资源公证以及数据要素综合登记等。

1. 路径一：数据知识产权登记

2022 年 11 月，国家知识产权局官网发布的《国家知识产权局办公室关于确定数据知识产权工作试点地方的通知》明确，北京市、上海市、江苏省、浙江省、福建省、山东省、广东省、深圳市 8 地将开展数据知识产权工作试点。自此，各地陆续发布了相关工作方案或管理办法。

2023 年 4 月，江苏省发布《江苏省数据知识产权登记管理规则（试行）》（征求意见稿）；2023 年 5 月，北京市发布《北京市数据知识产权登记管理办法（试行）》，浙江省发布《浙江省数据知识产权登记办法（试行）》；2023 年 6 月，深圳市发布《深圳市数据产权登记管理暂行办法》；2023 年 9 月，天津市发布《天津市数据知识产权登记办法（试行）》（征求意见稿），广东省发布《广东省数据知识产权登记服务指引（试行）》。

以上方案或办法存在许多相似之处。在登记主体与登记对象方面，明确登记主体为数据持有者或数据处理者，登记对象为依法取得、经过一定处理以及创造性投入、具有实用价值、商业价值和智力成果属性的数据/数据集。在主管部门与审查方式方面，依托知识产权保护制度对数据予以登记，由各省、市知识产权局作为统筹主管部门，在审查方式方面，各地由登记机构或登记平台进行形式审查。

2. 路径二：数据资产登记

（1）广东省——依托广东省数据局、广东省政务服务数据管理局。

由数据供方凭供需双方的协议申领，数据主体授权需方使用其数据，数据需方基于授权向数据供方申请数据资产凭证，并加盖有效力的电子签章，形成实体公共数据资产凭证。

2022 年 6 月，广东省政务服务数据管理局发布《广东省公共数据资产登记与评估试点工作指引（试行）》。该指引明确规定了公共数据资产登记和评估各个环节的工作要求和具体流程。由广东省政务服务数据管理局对申请登记的数据资产进行审核、公示登记和效果监测，对通过必要审核流程的公共数据资产予以登记并制发数据资产登记证书。同年 8 月，向全省首个公共数据运营服务商颁发全省首批《公共数据资产登记证书》，实现公共数据资产入市流通。

（2）北京市——依托北京国际大数据交易所。

2022 年 7 月，全国首个数据资产登记中心（北京国际大数据交易所数据资产登记中心）正式揭牌，成为北京市构建数据要素核心基础设施、推进数据要素市场化流通的又一重要布局和重大探索。该中心在北京市经信局的指导下，由北京国际大数据交易所主导建设，围绕三大任务目标展开：一是基于北京市数字经济规则体系，建立数据资产登记相关政策和制度体系，为数据资产的登记提供规则依据和流程规范；二是依托区块链等先进技术搭建数据资产登记平台，发布数据资产凭证和数字交易合约，实现数据资产唯一性确权；三是打通数据资产登记平台和数据资产交易平台，探索建设数据资产登记—评估—交易—增值的生态体系，推动数据资产的开发利用和价值挖掘。

2023 年 11 月，北京国际大数据交易所落地北京社会数据资产登记中心，此次在数据先行区设立的北京社会数据资产登记中心将为市场主体提供数据登记服务，结合数据来源、数据持有、数据运营发放数据资产登记凭证。

（3）浙江省温州市——依托温州市财政局。

2023 年 5 月，浙江省财政厅批复同意温州市财政局在全省率先开展数据资产管理工作试点。随后，温州市财政局结合“中国（温州）数安港”建设情况，遵循“政、企、学、研”多方结合和“市场主导、政府引导、部门指导”的原则，先试先行。以温州市大数据运营有限公司的“信贷数据宝”为例，积极探索数据资产确认、登记、评估、交易等工作。温州市财政局还率先起草了《关于探索数据资产管理试点的指导意见（试行）》，力求使数据资产管理有章可循。同时，该局还是《数据资产确认工作指南》省地方标准的起草单位之一。

2023 年 10 月，浙江省温州市财政局以市大数据运营有限公司“信贷数据宝”数据资源为实例，积极推动数据资产管理试点工作，成功实现了数据资产确认登记的第一单。这也是国内首例公开报道的财政部门指导企业数据资产入表的案例。温州市大数据运营有限公司的数据产品“信贷数据宝”完成了数据资产确认登记，标志着数据从资源到资产的转变取得了重要进展。

（4）天津市——依托天津数据资产登记评估中心。

2023 年 8 月，天津津北数字产业发展集团有限公司成立仪式暨数字要素发展论坛于天津市河北区举行。会上，天津数据资产登记评估中心成功举办揭牌仪式，中心将成为天津市数字经济的重要支撑平台，汇聚专业人才和先进技术，提供全面、准确的数字资产评估服务。

（5）山东省青岛市——依托企业级数据要素平台。

青岛数据资产登记评价中心于 2023 年 10 月 13 日完成审批注册，为华通集团所属华通智研院全资子公司，主要致力于建立数据资产登记评价相关制度体系，为数据资产登记评价提供流程规范；依托现有数据资产登记平台、数据资产价值评价标准和模型，对数据资产进行登记和价值评价，为数据资产评估提供依据；联合数据资产合规和评估机构，建设数据资产合规、登记评价、评估、入表、披露的生态体系，为数据要素的市场化和价值化演进奠定基础。

3. 路径三：数据产品登记

（1）上海市依托上海数据交易所首发数据产品登记凭证。

2021 年 11 月，上海数据交易所正式揭牌，首发数据产品登记凭证，通过数据产品登记凭证与数据交易凭证的发放，实现“一数一码”，可登记、可统计、可普查。在数据进入交易所挂牌交易前，需要取得产品登记证书和产品说明书。上海数据交易所全国数据登记系统依托区块链、数据安全沙箱、多方安全计算等先进技术，将为各地各类数据资产提供登记申请、审核、资产核准、签发资产证书等服务，围绕数据资源化、产品化、价值化的全流程，对贯穿数据资产生命周期的各主要环节开展登记，并生成唯一产品编码或标识，发放数据产品登记证书，实现数据资产确权，确保数据登记的法定效力。2022 年 9 月，上海市发布《上海数据交易所数据产品登记规范（试行）》，主要涉及数据产品的登记申请、登记撤回与变更、登记撤销、登记管理等内容。2023 年 7 月，上海市发布《上海市促进浦东新区数据流通交易若干规定（草案）》，支持浦东新区开展数据知识产权登记试点工作，数据知识产权登记凭证应当与数据交易链联通，与数据产品登记凭证互信互认，促进数据知识产权成果有序流通。

（2）海南省大数据管理局授权数据产品超市运营者发放数据产品确权登记凭证。

2023 年 12 月，海南省大数据管理局印发全国首部明确开展数据产品所有权确权登记的政策文件《海南省数据产品超市数据产品确权登记实施细则（暂行）》（以下简称《实施细则》），率先探索确定数据产品所有权，从根本上解决数据产品后续资产化、资本化应用，促进数据资源开发利用。《实施细则》主张对经过加工处理、数据关联对象授权清晰、数据来源可靠、可计量、具有经济社会价值的数据产品的所有权进行确权，明确申请对象对拥有的数据产品享有占有、使用、收益和依法处分的权利，使得海南数据产品具备“可计量、可控制、可收益”的特性。要求引入第三方确权登记服务机构，秉持客观公正原则对申请对象的履约能力、申请材料的有效性、数据来源的合法性、数据产品交易风险等多方面进行实质性评估，并出具合规性评估意见书。审核通过的数据产品在省大数据管理局网站和数据产品超市运营者所提供的平台上进行公示；公示 7 个工作日无异议的，由省大数据管理局授权数据产品超市运营者发放数据产品确权登记凭证。

4. 路径四：数据资源公证

江西省司法厅立足全省数据发展现状，在数据资源确权方式上独辟蹊径，率先探索依托公证法律服务资源构建数据产权法治化、智能化、智慧化运行管理机制，指导江西省司法厅直属公证机关——赣江公证处精心打造了全国首创的省级数据资源登记平台。该平台于 2023 年 8 月 21 日上线运行，并成功完成了全国首例数据资源公证登记，为数字经济安全健康发展提供了“江西方案”，贡献了“公证智慧”。平台现正在对接有数据登记确权、数据资源入表需求的企业，社会反响良好。该平台将律师、公证、鉴定、调解、仲裁等综合法律服务作为江西省数据要素市场建设的支点，实现省、市、县三级的数据资源登记与管理，运用人工智能、大数据分析、区块链等技术，按照分层、解耦、复用的理念打造“2 +3 +3”分布式数据资源登记服务网络，建立登记申报、合规审核、可信存证、公示验真、运营管理等模块，支撑数据权益方、第三方审查评估机构、公证机构、律师事务所、数据技术公司、数据交易场所、监管机构等主体完成数据产权管理，为数据立法奠定基础。

公证和登记制度的效力有所不同。公证具有具备司法公信力、效力较强和第三方确权、客观独立的优势和特点。公证是一项国际通行的预防性法律制度，是国家司法制度的组成部分，能够对外产生对抗效力，能够有效防范民商事纠纷发生，保障交易安全，是增信的桥梁。公证公信力来自《公证法》第二条授予的法定证明权，《民事诉讼法》第七十二条还规定了公证证据的推定性和优先性。将公证法律制度的公信力融入数据资源登记还能够为后续数据资源入表提供重要参考信息。

数据登记制度的法律依据现大多为地方规定，各地登记制度的体系设计如登记方法、审查过程等的不同也会影响登记的效力强弱。登记和公证并不冲突，二者都是为了推动数据要素价值转化，解决市场化发展的痛点难点问题的积极探索。

5. 路径五：数据要素综合登记

（1）贵阳大数据交易所成为数据要素登记 OID 行业节点。

2022 年 5 月，贵阳大数据交易所发布流通交易规则体系，并为数据商、数据中介机构颁发相关登记凭证。2023 年 1 月，贵阳大数据交易所获得国家 OID 注册中心正式授权，成为全国首个数据要素登记 OID 行业节点。下一步，将建设数据要素登记 OID 服务平台，面向全国提供数据产品登记、数据资产登记、数据交易登记等服务，积极为全国一体化数据要素登记体系建设探索路径。OID（Object Identifier，对象标识符）作为全球化标识体系，为网络世界中各类应用对象、通信设备对象提供全球“唯一身份证”。2023 年 8 月，贵州省发布《贵州省数据要素登记管理办法（试行）》（征求意见稿）。明确登记对象为数据资源、算法模型、算力资源以及综合形成的产品和服务等数据要素，登记主体为发起登记行为的自然人、法人和其他组织。同时，明确贵州省大数据发展管理局为主管部门，贵州省数据流通交易服务中心承担登记工作。

（2）人民网·人民数据管理（北京）有限公司面向全国发放数据要素市场“三证”

2023 年 7 月，由人民网·人民数据管理（北京）有限公司针对数据要素市场打造的“数据资源持有权证书”“数据加工使用权证书”“数据产品经营权证书”（三证）正式面向全国发放。“数据资源持有权”通常由数据管理员或组织机构拥有，持有权通常涉及数据的获取、存储、使用、更新、共享和保护等方面的决策和操作。“数据资源持有权证书”

为持有数据资源的相关机构提供服务。数据加工使用权是指在数据加工过程中，对于原始数据的使用和加工产生的数据结果的使用所涉及的权利。这种权利通常由数据持有者授予，并受到数据相关法律法规的保护。“数据加工使用权证书”为加工使用数据的相关机构提供服务。数据产品经营权是对数据资源经加工、分析等形成数据产品的过程，相关机构对加工形成的数据产品依法占有、使用、收益和依法支配的权利。“数据产品经营权证书”为经营数据产品的相关机构提供服务。此次推出的“三证”是人民数据管理（北京）有限公司基于人民链 Baas 服务平台（2.0 版本）上进行的确权、上链、存证、交易服务工作，在 2019 年推出全国首个数据确权平台以后，人民数据管理（北京）有限公司按照国家相关政策规定以及“数据二十条”的相关要求，结合多年的大数据服务实践经验，通过“三证”着力打造一个全国性的数据交易服务平台，解决各级党政机关之间缺乏统一标准的数据平台，各级大数据交易所之间存在的“数据孤岛”现象及数据要素市场数据持有权、使用权、经营权不明晰的问题。

（二）访问控制技术

访问控制通常用于系统管理员控制用户对服务器、目录、文件等网络资源的访问，其主要目的是限制访问主体对客体的访问，从而保障数据资源在合法范围内得以有效使用和管理。访问控制框架主要分为以身份认证和行为验证为主的访问识别，以数据脱敏和数据加密为主的控制策略实施以及安全审计等。在《浙江省数据资产确认工作指南》中，也对企业的“可控制”提出了要求：“采用以访问控制为核心的信息安全技术对数据资源进行管控，可保证复杂网络环境下的数据资源和服务被合法用户使用，同时防止被非法用户窃取和滥用”，该文件中明确“达不到有效控制条件的数据资源不可确认为数据资产”。

“访问控制”技术通过设置技术措施，将数据资源进行管控使其处于可控制的范围，是依赖合法的事实控制和管理来彰显和实现的一种利益保护模式，以满足数据资产概念中的“合法控制”的要求。

四、数据来源合法是数据“合法拥有或控制”的基础

“合法”强调的是一种法律评价，“拥有”强调的是一种事实上的权属状态，即所获取的数据来源是合法的。“来源合法”主要以是否违反法律法规的禁止性规定来判断。如《数据安全法》第八条规定“开展数据处理活动，应当遵守法律、法规，尊重社会公德和伦理，遵守商业道德和职业道德，诚实守信，履行数据安全保护义务，承担社会责任，不得危害国家安全、公共利益，不得损害个人、组织的合法权益”；《个人信息保护法》第二条规定“自然人的个人信息受法律保护，任何组织、个人不得侵害自然人的个人信息权

益”；《刑法》第二百八十五条关于非法获取计算机信息系统数据罪、非法控制计算机信息系统罪的规定等。

案例：数据来源合法性核查与分析

A企业拟入表的数据资源中，含有大量的人脸识别数据，律师对A企业人脸识别数据来源的情形进行核查。核查中发现A企业会从安装有人脸识别安全监控装置的学校购买进校人员的人脸数据，但是学校向A企业提供这些人脸识别数据未经进校人员的同意，且A企业不要求学校取得进校人员的同意，A企业从学校购买这些人脸数据，违反了法律规定，数据来源不合法。

根据相关法律，处理个人信息应当取得个人同意，不得非法买卖个人信息。A企业从学校购买进校人员的人脸数据，违反了该法律规定，属于非“合法拥有或控制”。

数据来源的合法性可以分别从几个维度进行分析：公共数据（包括不予开放、有条件开放、无条件开放的公共数据）；企业数据（包括企业的公开数据、企业收集的非个人信息数据）；个人信息数据。

（一）公共数据来源合法性规则及判断

近年来，我国对公共数据的合理利用有了越来越明确的法律、政策保障。由于公共数据体量庞大，且蕴藏巨大的经济和社会价值潜力，国家鼓励社会深度利用公共数据，创造经济价值。“数据二十条”强调，对各级党政机关、企事业单位依法履职或提供公共服务过程中产生的公共数据，加强汇聚共享和开放开发。

关于无条件开放的公共数据。企业或个人在收集数据时除了依照法律规定进行收集外，还需要注意政府公共数据开放平台中提供的《网站声明》《数据开放授权许可协议》《版权声明》等内容。例如，浙江省人民政府的数据开放平台在《浙江省数据开放平台数据开放授权许可使用协议》中约定，用户在使用本平台数据资源所产生的成果中应注明公共数据资源来源为“浙江省数据开放平台”，“从平台下载的日期”以及“用户义务是本许可的重要条件，如未遵守以上要求，则根据本许可授予的权利将自动终止，用户应立即删除相关数据并停止服务”等条款。其中，“用户义务”包括用户基于本平台公共数据资源开发的各类应用和服务，应遵守有关法律、法规和规章的规定，不得用于任何可能危害国家安全和社会公共利益、侵犯商业秘密和个人隐私或其他不正当的用途；不得对本平台进行技术性破坏，不得干扰或妨害浙江省数据开放平台提供正常的互联网服务等。因此，数据开发利用主体在使用公开的公共数据时也是受相关公共数据开放平台的平台服务协议约束的，数据收集时如违反相关协议条款，则可能导致数据来源不合规。

对于有条件开放的公共数据。开发利用的方式主要有两种：（1）协议许可使用。由具备数据利用能力的个人或组织向公共管理和服务机构提出申请获取限制开放或有条件开放的公共数据，经同意并签订数据许可使用协议后实施数据加工；（2）授权运营。由公共管理和服务机构通过设立国有资本运营公司，或直接与被授权运营主体签订特许经营协议的方式开展公共数据授权运营。在这两种模式下，被授权的企业应严格按照授权许可协议约定的数据范围、使用目的、开发利用方式和数据安全义务进行合理开发利用，对于超范围、超期限使用、超出约定目的开发等行为，则会导致获取的公共数据来源不合法。

对于不予开放的公共数据。通常是依法依规予以保密的公共数据，应严格管控此类原始公共数据直接进入市场。企业或个人不得通过技术手段进行非法获取或利用。

（二）企业数据来源合法性规则及判断

关于获取企业公开数据的来源合法性，当前主要集中在数据收集主体利用相关软件和技术手段在他人网站中对已公开的数据进行自动抓取（俗称“爬虫”）上。从国内外的司法实践来看，对于数据爬取是否具备合法性的问题主要体现为：

第一，不能违反他人网站上的数据访问控制措施或协议约定的范围，不得以非法获取内部访问、操作权限等方式，未经授权或超越授权范围获取数据，不得干扰被访问网站的正常运营或者妨碍计算机信息系统正常运行，不得以技术破解方式突破网站、计算机信息系统为保护数据而设置的技术保护措施。

第二，需明确公开数据的边界界定，不得违法侵入涉密网站和计算机信息系统获取数据，未征得相关主体同意的，不得收集涉及他人知识产权、商业秘密或者非公开的个人信息的数据。例如，在北京微梦创科网络技术有限公司诉某科技公司抓取微博数据案件中，法院认为，对于微梦公司未设定访问权限的数据，应属微梦公司已经在微博平台中向公众公开的数据，但对于微梦公司通过登录规则或其他措施设置了访问权限的数据，则应属微博平台中的非公开数据。对于不公开或者半公开的数据，要获取该数据必须获得数据权利人授权，否则不仅构成侵权，情节严重的，还可能构成犯罪。

第三，需确定该数据的使用目的正当性，不得以不正当竞争为目的，违反诚实信用获取数据。例如，在某点评软件与某科技公司不正当竞争纠纷一案中，法院指出，Robots 协议只是关于搜索引擎抓取网站信息的行为是否符合公认的行业准则的问题，而搜索引擎抓取网站信息后的使用行为是否合法，应该在法律上进行明确规制，即该科技公司对于网站信息的使用应该符合《反不正当竞争法》的相关规定。

关于企业收集的非个人数据来源合法性。企业收集的非个人数据包括企业自身经营所产生的数据，如设备运行数据、管理数据等；通过设备直接采集的水文、气候、地理测绘数据等。企业自身经营产生的数据表面上不需要讨论来源合法的问题，但需要注意的是，无论是数据资产入表或数据资产交易流通，登记或审查部门都可能要求企业提供其设备信息、数据库模型、客户数据及运维日志等用以证明数据的“权属”，故企业应采取多种技术手段，对上述方式所产生的数据保存好相关的数据收集链路证明，以备需要时能够自证数据来源。

而对于企业通过设备直接收集的非个人数据，此类数据来源于客观世界中，通常并不像其他类型的数据有直接明确的主体，数据采集方通常认为无须向谁获取授权，也不存在数据采集合法性的问题。而这也往往是企业容易忽略的问题，因为这些数据的获取，多数均需要向相关的主管部门申请或报批，且往往在数据采集的合法要求上，注意义务会更高，如收集该类数据时违反所属行业的相关法律规定，则除了影响数据合法性外，还可能承担相应的法律责任。

例如，国家测绘地理信息局《关于规范卫星导航定位基准站数据密级划分和管理的通知》规定，实时差分服务数据属于受控数据，采取用户审核注册的方式提供服务，其中提供优于1米精度服务的，基准站数据中心管理部门审核注册后应向省级以上测绘地理信息行政主管部门报备用户及使用目的等信息；国家自然资源部《关于加强自动驾驶地图生产测试与应用管理的通知》规定，自动驾驶地图的数据采集必须由导航电子地图制作单位单独从事所涉及的测绘活动，汽车企业等合作方不能直接参与测绘和数据采集环节；《中华人民共和国气象法》规定，国务院其他有关部门和省、自治区、直辖市人民政府其他有关部门所属的气象台站及其他从事气象探测的组织和个人，应当按照国家有关规定向国务院气象主管机构或者省、自治区、直辖市气象主管机构汇交所获得的气象探测资料。根据以上列举的相关规定，企业需要注意，应遵循自身所属行业的法律规范采集数据，否则可能导致数据来源非法。

关于企业通过交易获取数据的合法性要求。企业应充分对拟交易数据资产进行尽职调查，评估数据来源的合法性，避免因数据供方数据源污染导致自身权利损害，例如，法律法规及相关政策明确规定开展数据采集应当取得特殊资质、许可、认证或备案的，企业应当确认数据来源方已取得特殊资质、许可、认证或备案。在数据交易中对于无法判断数据来源真实性、合法性的情况时，应尽可能要求对方提供声明、承诺、保证等保障数据来源的合规性，并且在数据交易协议中尽可能地详尽约定双方的权利义务，避免因违反数据交易协议导致数据资产价值实现的风险不可控。

（三）个人信息数据来源合法性与个人信息确权授权机制

个人信息作为数据资产化中的重要数据要素，蕴藏着巨大的经济价值，几乎绝大多数据资产中都包含着个人信息。“数据二十条”中多次提出要建立健全“个人信息确权授权机制”，这意味着数据资产化时，对包含个人信息的数据资源，组织应有更高的注意义务。个人信息数据来源合法性这一法律问题一直是备受各界关注的实务难点问题，下面予以重点分析。

1.“告知”和“同意”是个人信息来源合法性的基础

“告知”是使个人知晓其个人信息处理活动及其有关规则的行为。其中的个人信息处理活动包括个人信息的收集、存储、使用、加工、传输、提供、公开、删除等。“同意”是个人对其个人信息进行处理自愿、明确作出授权的行为，包括通过积极的行为作出授权（即明示同意），或者通过个人的行为而推定其作出授权。

关于告知义务，《个人信息保护法》第十七条规定，个人信息处理者在处理个人信息前，应当以显著方式、清晰易懂的语言真实、准确、完整地向个人告知下列事项：（1）个人信息处理者的名称或者姓名和联系方式；（2）个人信息的处理目的、处理方式，处理的个人信息种类、保存期限；（3）个人行使本法规定权利的方式和程序；（4）法律、行政法规规定应当告知的其他事项。以上规定事项发生变更的，应当将变更部分告知个人。第三十条规定，个人信息处理者处理敏感个人信息的，除本法第十七条第一款规定的事项外，还应当向个人告知处理敏感个人信息的必要性以及对个人权益的影响；依照本法规定可以不向个人告知的除外。第三十九条规定，个人信息处理者向中华人民共和国境外提供个人信息的，应当向个人告知境外接收方的名称或者姓名、联系方式、处理目的、处理方式、个人信息的种类以及个人向境外接收方行使本法规定权利的方式和程序等事项，并取得个人的单独同意。

关于同意义务，《个人信息保护法》第十三条明确规定，个人信息处理者取得个人的同意后，方可处理个人信息。免于取得同意的情形主要包括：（1）订立、履行合同所必需；（2）履行法定职责或者法定义务所必需；（3）为应对突发公共卫生事件或者紧急情况所必需；（4）为公共利益实施新闻报道、舆论监督等行为在合理的范围内处理个人信息；（5）在合理的范围内处理已公开的个人信息；（6）法律法规规定的其他情形。

同时，根据《个人信息保护法》的相关规定，在以下情况下个人信息处理者还需要取得个人的单独同意：（1）向其他信息处理者提供个人信息；（2）公开其处理的个人信息；（3）公共场所收集的个人信息用于维护公共安全之外的其他目的；（4）处理敏感个人信息；（5）向境外提供个人信息。

示例：网上购物场景下的告知和同意

1. 概述

网上购物场景，是指用户通过购物网站、App 等获取商品信息后，通过电子订单方式发出购物请求，提供详细地址与联系方式，通过货到付款、第三方支付等方式完成支付，商家以快递物流等方式将商品送至用户的交易过程。

2. 告知的内容

除《个人信息保护法》中的相关规定外，可参考的告知内容包括：

（1）用户的手机号码及其目的。可通过输入框背景文字等方式提示用户，引导其主动输入手机号码，避免从第三方收集其手机号码；

（2）用户与购物平台之间通信内容及其目的。例如，可在用户拨通客服电话时提示用户："为了保证服务质量，您的本次通话可能会被录音"；

（3）用户地址或地理位置信息及其目的。例如，需通过使用移动智能终端系统权限获取地理位置的，需告知具体的场景或触发的时机，用户拒绝提供权限不影响其继续使用网上购物服务；

（4）购物平台与商家约定的保护用户个人信息的相关守则、安全措施、举报渠道等；

（5）如根据有关管理规定，购买部分商品需要收集用户身份证件信息时，需明确说明收集的依据或目的、必要性、使用范围、安全保障措施和拒绝提供该信息带来的影响等；

（6）收集支付账户信息（第三方支付账号、银行卡号等）时，需明确说明收集的目的、必要性、使用范围、安全保障措施和拒绝提供该信息带来的影响等。出于方便用户长期使用而保存相关信息前，需告知保存的期限、删除的方式等；

（7）收集用户生物识别信息（如人脸信息）时，需明确说明收集的依据或目的、必要性、使用范围、安全保障措施和拒绝提供该信息带来的影响等。同时，用户拒绝后不影响其继续使用网上购物服务。

3. 告知和同意的实施

除《个人信息保护法》中的相关规定外，实施要点包括如下内容。

（1）固定位置展示个人信息保护政策：

①网站主页页尾处可设置专门的个人信息保护政策链接，确保用户可随时访问个人信息保护政策内容。网页中可采用侧边栏、目录树等便于用户阅读的形式；

②App的交互界面设置专门的个人信息保护政策链接，确保用户可随时访问个人信息保护政策内容。例如，在App中设置的"隐私"相关功能界面集中展示个人信息保护政策等。

（2）变更个人信息保护政策时，需确保变更前的上一版本在网站或App的适当位置可被公开访问。例如，在"隐私"相关功能界面可查询历史版本的个人信息保护政策。

（3）用户自行注册账号时，以弹窗等形式向用户展示个人信息保护政策核心内容，同时提供完整的个人信息保护政策全文链接，并通过用户主动勾选或点击的形式取得用户同意。

（4）在用户访问商家界面、与商家进行沟通时，提示用户注意隐私保护，不要向商家提供网上购物无关的个人信息。

（5）如果用户选择第三方账号登录，在为用户提供信息发布、下单支付等功能前，要求用户绑定手机号码以满足账号实名制的要求，并向用户告知相关的依据。

（6）用户开通支付功能或增加支付方式时，如添加个人银行卡用于网上购物支付时，可在网页端或 App 界面提示用户了解具体的个人信息处理规则，在取得个人单独同意后才展示个人信息填写栏。

（7）用户使用售后赔付服务时，如财产、人身损害赔付等，网络购物平台可通过个人信息保护政策、用户服务协议、电话或在线客服等方式向用户明确告知索赔过程处理相关个人信息的种类、目的，并取得索赔用户的同意。

4. 免于取得同意的情形

购物网站、App 等为了向用户交付商品或服务、提供售后服务退换货等服务时向快递服务组织提供物流配送所需的订单信息、姓名、电话号码、地址等必要个人信息，可适用“履行合同所必需”的情形。

注：需与快递服务组织约定相关个人信息的保存期限、处理目的、范围等，还可通过向其提供技术处理后的个人信息，如虚拟号码等，降低个人信息泄露、滥用等风险。

2. 收集个人信息的其他合法性要求

企业在生产经营活动中收集个人数据的，除应遵循“告知”和“同意”原则外，还需确保个人信息的收集具有明确、合理的目的，并遵循合法正当、最小必要原则。具体要求如下：

（1）基于个人同意处理个人信息的，仅收集与实现产品或服务的业务功能直接相关的个人信息，并且限于实现处理目的最短周期、最低频次，采取对个人权益影响最小的方式；

（2）交易数据涉及个人信息处理的，应当事先进行个人信息保护影响评估或取得个人信息保护认证；

（3）采取去标识化、匿名化等安全技术措施，防止未经授权的访问以及个人信息泄露、篡改和丢失；

（4）建立个人信息保护制度体系；

（5）当个人信息主体撤回同意时，设置停止处理或及时删除个人信息的机制；

（6）法律法规规定的其他要求。

第五章

数据资产的治理与管理

第一节　数据资产治理概述

一、治理的定义

“治理”对应的英文单词是“governance”（源自拉丁文或古希腊语“steering”一词，意思是“引领导航”），是指遵照具有共识的指导原则，通过协调和配合共同追求一致目标的过程。针对“治理”的概念，全球治理委员会（CGG）进一步解释为“个人与公司机构管理其自身事物的各种不同方式之总和；是使相互冲突或不同利益得以调和并且采取联合行动的持续的过程”，其中包含四个方面的特征，即：

（1）治理不仅仅是一整套规则条例，也不是一种活动，而是一个活动集合的过程；

（2）治理过程的基础不是简单的控制和支配，更重要的是协调；

（3）治理既涉及公共部门也包括私人部门（如企业）；

（4）治理不意味着只是一种固定的制度，而是持续的互动。

因此，治理更强调协调和合作，一般不应简单表述成一套严格的规则条例或正式制度，通常是依托法规标准和协调机制，通过多组织、多部门横向协调配合与持续优化的过程来实现行动目标。

二、数据资产治理的定义

结合治理和数据资产的相关概念，数据资产治理是指数据资产围绕数据全生命周期而展开的相关管控活动、绩效和风险管理工作的集合，以保障数据及其应用过程中的运营合规、风险可控和价值可实现（见图5－1）。数据资产治理须充分融合政策、管理、业务、技术和服务，确保数据资产保值增值。

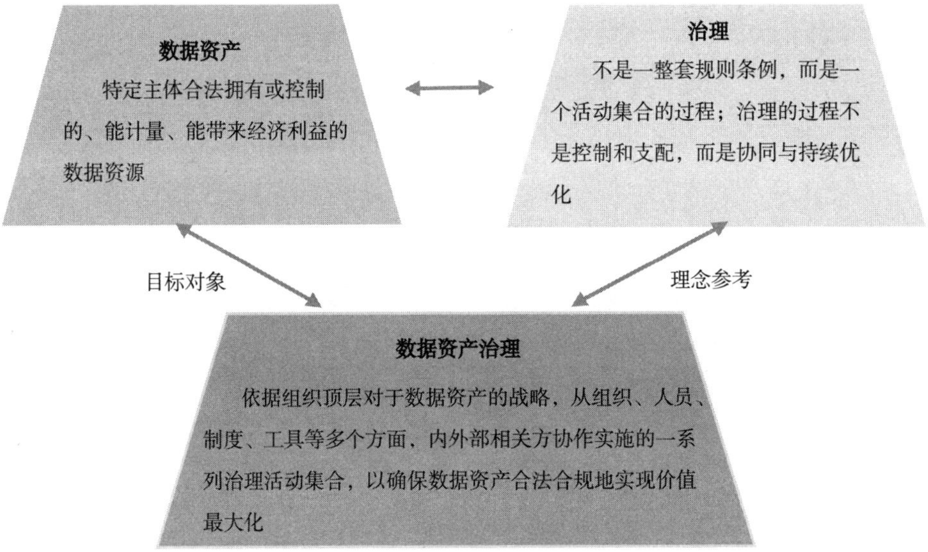

图5－1　数据资产治理的内涵

狭义的数据资产治理的内涵相当于数据资产管理体系，是从组织架构、管理制度、IT应用技术、绩效考核等多个维度对数据标准、数据模型、数据质量、数据安全、元数据、数据生命周期等各方面进行全面的梳理、建设并持续改进的体系。

广义的数据资产治理，不仅包括狭义数据资产治理的应有之义，还包括数据价值“变现”，具体涵盖数据流通、数据运营、数据价值评估等一系列数据价值实现活动的集合，是释放数据要素价值的基础（见图5－2）。通过建立完善的数据资产治理体系，组织可以更好地管理其数据资产，确保数据的准确性和完整性，提高数据的质量和可信度。同时，数据资产治理还能够降低数据泄露和数据滥用等风险，保护组织的商业利益。

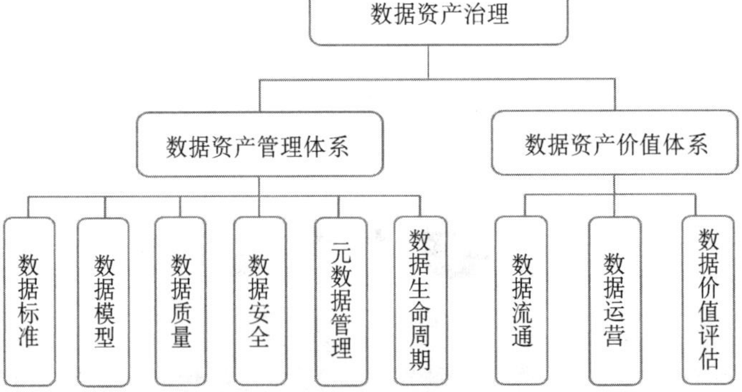

图5－2　数据资产的治理体系

三、数据资产治理的目标

GB/T 34960.5—2018《信息技术服务 治理 第5部分：数据治理规范》中将数据治理目标描述为“风险可控、运营合规、价值实现”。在这三个目标的框架之下，结合数据资产的最新定义以及《中共中央 国务院关于构建数据基础制度更好发挥数据要素作用的意见》中的相关内容，笔者将数据资产治理目标细化如下：

第一，运营合规。组织宜依据相关法律法规和行业监管要求，建立数据全生命周期治理体系，保障数据及其应用的合规。尤其应确保数据来源合法合规，建立完善的个人信息确权授权机制。

第二，风险可控。统筹发展和安全，贯彻总体国家安全观，把安全贯穿数据资产治理全过程。通过采取必要措施，确保数据资产处于有效保护和合法利用的状态，以及具备保障持续安全状态的能力。

第三，价值实现。构建数据价值实现体系，促进数据资产化和数据价值实现。

在以上三个目标中，运营合规和风险可控是约束条件，价值实现是追求的结果，合规和风控既是使数据资产能最终实现价值的前提，同时又是必要的保障。为此，数据资产的治理框架包含了数据资产的管理和数据价值两套体系，前者统摄合规与风控，后者则支撑价值实现。

四、数据资产治理过程

《数据资产管理实践白皮书》（6.0版）定义了一种数据资产治理实践的通用步骤：“统筹规划→管理实施→稽核检查→资产运营”。需要说明的是，各步骤之间并无严格的先后顺序，组织可结合自身情况在各阶段制定合理的实施方案。

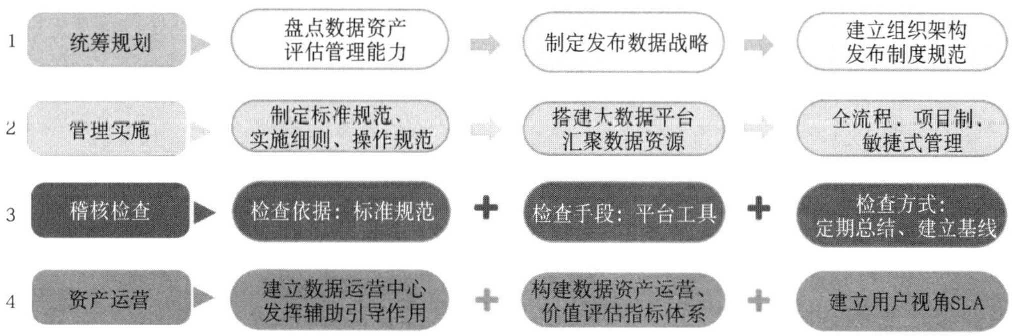

图5-3 数据资产治理实践步骤

（一）统筹规划

明确数据资产治理目标和任务，营造必要的治理环境，做好治理实施前的准备，具体包括：

1. 盘点数据资产，评估数据资产管理能力。利用技术工具从业务系统或大数据平台抽取数据、采集元数据、识别数据关系，可视化包含元数据、数据字典的数据模型，并从业务流程和数据应用的视角出发，完善包含业务属性、管理属性的数据资产信息，形成数据资产地图。此外，还需从制度、组织、活动、价值、技术等维度对组织的数据资产管理开展全面评估，将评估结果作为评估基线，有助于组织了解管理现状与问题，进一步指导数据战略规划的制定。

2. 制定并发布数据战略。主要是根据数据资产治理现状评估结果与差距分析，召集数据资产治理相关利益者，明确数据战略规划及执行计划。同时，为适应业务的快速变化，采用相对敏捷的方式开展数据资产治理工作，定期调整数据战略短期规划与执行计划。

3. 建立组织责任体系，制定并发布数据资产治理制度规范。从数据战略规划出发，构建合理的、稳定的数据资产治理组织架构，以及具备一定灵活性的数据资产治理项目组，确定数据资产治理认责体系，并制定符合战略目标与当前实际情况的数据资产治理制度规范。

（二）管理实施

通过建立数据资产管理的规则体系，依托数据资产治理平台工具，以数据生命周期为主线，全面开展数据资产治理各项活动，具体包括：

1. 制定组织级数据资产标准规范体系，建立各活动职能的实施细则与操作规范。组织级数据资产标准规范体系指各活动职能下对数据技术设计、业务含义的标准化。以结构化数据为例，标准化的对象包括字段、表以及表间关系。此外，结合数据资产治理相关管理办法，形成各活动职能的实施细则、操作规范，为数据资产治理的有效执行奠定良好基础。

2. 搭建大数据平台，汇聚数据资源。根据数据规模、数据源复杂性、数据时效性等，评估平台预期成本，自建或采购大数据平台，为数据资产管理提供底层技术支持；设计数据采集和存储方案，根据第一步的数据资产标准规范体系，制定数据转换规则，确定数据集成任务调度策略，支持从业务系统或管理系统抽取数据至大数据平台，实现数据资源的汇聚。

3. 依托统一管理平台，实现数据资产的全流程管理。构建统一的数据资产治理平台，使各活动职能相关工具保持联动，覆盖数据的采集、流转、加工、使用等环节；由数据资产治理团队组织开展数据资源管理活动，对于每一项活动，在数据需求中明确并记录数据使用方的规范与期望，在数据设计中支持规则的落地与应用，在数据运维中根据数据生产方业务和数据的变化，响应数据使用方规则与期望的调整，并及时发现和整改问题数据。

4. 创新数据应用，丰富数据服务。组织应加强数据应用和服务的创新，围绕降低数据使用难度、扩大数据覆盖范围、增强数据供给能力等方面开展。

（三）稽核检查

根据既定标准规范，适应业务和数据的变化，通过对数据资产管理过程与成果开展常态化检查，优化数据资产管理模式与方法，具体包括：

1. 构建必要的绩效评估体系，内控体系或审计体系，制定评价机制流程和制度。

2. 评估数据治理成效与目标的符合性，必要时可聘请外部机构进行评估，为数据资产治理方案的改进和优化提供参考。

3. 定期评价数据资产治理实施的有效性、合规性，确保数据及其应用符合法律法规和行业监管要求。

（四）资产运营

通过构建数据价值评估体系与运营策略，促进数据内外部流通，建立管理方与使用方的反馈与激励机制，推动数据资产价值释放。主要包括：

1. 构建数据运营中心，充分发挥数据团队对业务部门的辅助作用。

2. 数据、业务和技术部门协同确认投入产出比指标，测算数据资产治理的成本和收益，提高数据资产管理的投入产出比。

3. 建立用户视角下的 SLA（Service - Level Agreement，服务等级协议），并进行持续评估和改善。

第二节 数据资产管理体系建设

数据资产管理（Data Asset Management）是指对数据资产进行规划、控制和供给的一组活动职能，包括开发、执行和监督有关数据的计划、政策、方案、项目、流程、方法和程序，从而控制、保护、交付和提高数据资产的价值。具体包含数据标准管理、数据模型管理、数据质量管理、数据安全管理、元数据管理和数据生命周期管理等管理域。

一、数据标准管理

数据标准是指保障数据的内外部使用和交换的一致性和准确性的规范性约束。数据标准管理的目标是通过制定和发布由数据利益相关方确认的数据标准，结合制度约束、过程管控、技术工具等手段，推动数据的标准化，进一步提升数据质量。

（一）数据标准管理的关键活动

1. 数据标准管理计划：确定数据标准管理相关负责人与参与人，开展数据标准需求采集与现状调研，构建组织级数据标准分类框架；制定并发布数据标准管理规划与实施路线。

2. 数据标准管理执行：在数据标准分类框架的基础上，定义数据标准；依据数据资产管理认责体系，组织相关人员进行数据标准评审并发布；依托平台工具，应用数据标准（包括数据模型设计与开发、数据质量稽核等）。

3. 数据标准管理检查：对数据标准的适用性、全面性进行及时检查；依托平台工具，检查并记录数据标准应用程度。

4. 数据标准管理改进：通过制定数据标准维护与优化的路线图，遵循数据标准管理工作的组织结构与策略流程，各参与方共同配合进行数据标准维护与管理过程优化。

（二）推动数据标准的应用

推动数据标准应用于数据开发、数据质量管理，提升数据标准管理效果。例如，某银行一方面以新建系统或重构系统为契机，实施数据标准的“强管控”，基于数据建模工具打通 IT 开发需求与数据标准，要求 IT 人员应用统一建模工具实施开发，推动数据标准有效落地，另一方面以数据标准管理促进数据质量提升，基于数据标准编制数据质量规则，聚焦关键业务领域与关键质量问题，并对数据标准应用情况进行持续监控。

（三）业务术语管理

业务术语是统一数据业务含义的关键，业务术语管理是数据标准管理的基础性工作。管理方面，企业已逐步形成统一管理的意识，重点关注业务术语的建设和应用，包括建立管理制度、管理流程，发布业务术语标准，并积极推广业务术语的宣贯和应用，促进业务术语的规范化、便捷化应用。技术方面，通过数据管理平台对业务术语进行统一归集、发布、查询和应用，确保在企业全局形成对核心业务概念的统一定义和使用。以某银行为例，该行通过编制企业级的业务术语标准管理办法，明确业务术语的命名规范、相关人员的职责以及应用原则等，建立集团信息标准系统对全行数据标准进行统一管理，定期组织相关培训以确保相关人员对组织内业务术语的理解一致。

二、数据模型管理

数据模型是指现实世界数据特征的抽象，用于描述一组数据的概念和定义。数据模型管理是指在企业架构管理和信息系统设计时，参考逻辑模型，使用标准化用语、单词等数据要素设计数据模型，并在企业架构管理、信息系统建设和运行维护过程中，严格按照数据模型管理制度，审核和管理新建和存量的数据模型。

（一）数据模型管理的关键活动

1. 数据模型计划：确认数据模型管理的相关利益方；采集、定义和分析组织级数据模型需求；确定遵循数据模型标准与要求，设计企业级数据模型（包括主题域数据模型、概念数据模型、逻辑数据模型）。

2. 数据模型执行：参考逻辑数据模型开发物理数据模型，保留开发过程记录；根据数据模型评审准则与测试结果，由数据模型管理的参与方进行模型评审，评审无异议后发布并上线模型。

3. 数据模型检查：确定数据模型检查标准，定期开展数据模型检查，以确保数据模型与组织级业务架构、数据架构、IT 架构的一致性；保留数据模型检查结果，建立数据模型检查基线。

4. 数据模型改进：根据数据模型检查结果，召集数据模型管理的相关利益方，明确数据模型优化方案；持续改进数据模型设计方法、模型架构、开发技术、管理流程、维护机制等。

（二）数据模型管理示例

某电网公司通过构建企业级统一电网数据模型和数据仓库模型，形成公司统一数据视图。其中，统一电网数据模型用以支撑事务型应用，已建成统一电网数据模型的多级主题目录，通过建立唯一的数据身份标识，用一种语言实现不同系统之间的数据能够无障碍流转，例如，电网变压器模型通过统一模型构建实现在生产、营销、调度等领域的共享共用；数仓模型用以支撑分析型应用。同时为了做好数据模型规范化管理，电网公司成立了统一的模型管控团队，根据业务需求和应用开发的实际情况，开展数据模型全生命周期管理和统一发布。

三、数据质量管理

数据质量指在特定的业务环境下，数据满足业务运行、管理与决策的程度，是保证数据应用效果的基础。数据质量管理是指运用相关技术来衡量、提高和确保数据质量的规划、实施与控制等一系列活动。衡量数据质量的指标体系包括完整性、规范性、一致性、准确性、唯一性、及时性等。

（一）数据质量管理的关键活动

1. 数据质量管理计划：确定数据质量管理相关负责人，明确数据质量的内部需求与外部要求；参考数据标准体系，定义数据质量规则库，构建数据质量评价指标体系；制定数据质量管理策略和管理计划。

2. 数据质量管理执行：依托平台工具，管理数据质量内外部要求、规则库、评价指标体系等；确定数据质量管理的业务、项目、数据范畴，开展数据质量稽核和数据质量差异化管理。

3. 数据质量管理检查/分析：记录数据质量稽核结果，分析问题数据产生原因，确定数据质量检查责任人，出具质量评估报告和整改建议；持续测量全流程数据质量，监控数据质量管理操作程序和绩效；确定与评估数据质量服务水平。

4. 数据质量管理改进：建立数据质量管理知识库，完善数据质量管理流程，提升数据质量管理效率；确定数据质量服务水平，持续优化数据质量管理策略。

（二）数据质量管理遵循源头治理、闭环管理的原则

源头治理方面，主要是指在新建业务或 IT 系统过程中，明确数据标准或质量规则，采用“一数一源”原则，与数据生产方和数据使用方确认，常见于对数据时效性要求不高或核心业务增量数据等场景。闭环管理方面，主要是指形成覆盖数据质量需求、问题发现、问题检查、问题整改的良性闭环，对数据采集、流转、加工、使用全流程进行质量校验管控，持续根据业务部门数据质量需求优化质量管理方案、调整质量规则库，构建数据质量和管理过程的度量指标体系，不断改进数据质量管理策略。

四、数据安全管理

数据安全是指通过采取必要措施，确保数据处于有效保护和合法利用的状态，以及具备保障持续安全状态的能力。数据安全管理是指在组织数据安全战略的指导下，为确保数据处于有效保护和合法利用的状态，多个部门协作实施的一系列活动集合。包括建立组织数据安全治理团队、制定数据安全相关制度规范、构建数据安全技术体系、建设数据安全人才梯队等。

（一）数据安全管理的关键活动

1. 数据安全管理计划：理解组织内外部数据安全需求与监管要求；制定数据安全管

理制度体系，包括数据安全工作的基本原则、数据安全管理规则和程序、内外部协调机制等，并且明确个人信息保护管理制度（包括处理规则、合规审计制度、跨境传输安全评估体系等）；定义并发布数据分类分级标准规范。

2. 数据安全管理执行：依托平台工具，识别敏感数据，应用数据安全分类分级标准规范；根据数据的敏感级别，部署相应的数据安全防控系统或工具（如权限管控、数据脱敏、数据防泄露、安全审计等）。

3. 数据安全管理检查：监控数据在采集、存储、传输、加工、使用等环节的安全、隐私及合规状况等；组织进行内外部数据安全审计。

4. 数据安全管理改进：总结数据安全问题与风险，评估数据安全管理相关标准规范的适用性、有效性，持续优化数据安全管理过程。

（二）数据安全管理的主要内容

1. 设置数据安全管理机构与负责人

无论是网络安全领域，还是数据保护领域，抑或是个人信息保护领域，对是否需要设置专门安全管理机构和安全管理负责人有不同的前提条件。需要设置数据安全管理机构与负责人的情形如表 5－1 所示：

表 5－1　需要设置数据安全管理机构与负责人的情形

法律依据	具体条件	安全管理机构	安全管理负责人
《网络安全法》	关键信息基础设施	√	√
	非关键信息基础设施	×	×
《数据安全法》	一般数据	×	×
	重要数据	√	√
	核心数据	√	√
《个人信息保护法》	达到规定数量	×	√
	未达到规定数量	×	×

对于网络设施运营者而言，首先要判断其运营内容是否包括关键信息基础设施，不涉及的则无需设置安全管理机构和安全管理负责人，涉及的则需要设置安全管理机构和安全管理负责人。

对于数据处理者而言，首先要对其处理的数据进行分类分级管理，如不涉及重要数据或核心数据的处理，则无需设置安全管理机构和安全管理负责人，涉及的则需要设置安全管理机构和安全管理负责人。

对于个人信息处理者而言，既要从遵循数据处理的规则，又要根据个人信息保护法的规定进行判断。如个人信息均为一般数据的，则只按照是否达到规定数量决定是否设置个人信息保护负责人。

相对于法律规定的基础性要求，在数据流转的过程中，一些数据交易平台则对交易主体的数据安全管理部门提出了更高的要求。如《上海数据交易所数据交易安全合规指引》第七条规定，数据交易主体应当设立数据安全管理部门，并承担以下职责：

（1）在全面梳理业务和现有资源的基础上，充分评估各相关部门在日常处理数据活动中的主要风险，明确数据全生命周期的安全要求；

（2）结合业务需求、监管要求、自身能力，确定企业数据安全目标，制定数据安全战略；

（3）指定人员实施内部数据安全管理工作，明确工作职责与任务；

（4）制定与完善数据安全管理规范体系并推动其有效实施；

（5）统筹实施数据安全管理工作，监督落实数据安全管理制度及技术防护措施执行情况，对数据处理活动定期开展数据安全风险评估；

（6）建立安全风险监测体系，采取措施监控内部数据处理活动和外部访问活动，防范不正当的数据访问和处理行为；

（7）建立数据安全事件应急管理制度，制定数据安全事件应急预案并定期进行演练，及时处置数据安全风险和事件；

（8）定期对员工进行数据安全宣传教育培训并考察员工能力与岗位职责的匹配程度；

（9）建立数据安全投诉受理、调查与督导机制，督促企业落实数据安全保护义务。

2. 数据安全教育培训

数据安全教育培训制度主要包括数据安全思想教育、数据安全知识教育和数据安全技能教育三个方面的内容。

（1）数据安全思想教育是数据安全教育培训制度的核心内容，数据安全管理的中心是“人”，“人”是保证企业数据安全的决定性因素，只有不断提高员工的数据安全意识，才能拧紧数据安全保护弦。

（2）数据安全知识教育是数据安全教育培训制度的基础内容，企业应当定期向全体员工或特定员工举办数据安全知识培训，让相关员工了解数据安全保护的知识，提高数据安全管理的理论水平。

（3）数据安全技能教育是数据安全教育培训制度的的重要内容，数据安全保护具有很强的实践性，除了提高企业员工数据安全意识和数据安全管理理论水平之外，还应当定期对有关员工的数据安全技能进行培训，以提高企业员工的实操能力。需要特别注意的是，应急演练同样属于数据安全技能教育的内容之一，要把应急演练纳入数据安全教育培训之中。

3. 数据分类分级管理

数据分类分级管理制度是数据安全保护制度的基础，一方面，数据分类分级管理制度决定了企业是否需要设置数据安全管理机构与负责人，另一方面，数据分类分级管理制度还决定了企业对不同的数据应当采用不同的安全保护措施。

4. 全流程数据安全管理

数据从收集、存储、使用、加工、传输、提供、公开到删除（销毁）即为数据全流程（全生命周期）。《数据安全法》《个人信息保护法》以及《工业和信息化领域数据安全管理办法（试行）》等法律、法规对数据全生命周期要如何进行安全管理或者采取何种合规措施进行了详细的规定，可以参照前述法律规定的具体要求，按照以下制度层级进行数据全生命周期的安全管理。

（1）数据处理管理规范。数据处理管理规范的内容相对丰富，主要注意以下几方面的内容：一是建立内部登记、审批等工作机制，对重要数据和核心数据的处理活动进行严格管理并留存记录。二是数据处理方式方法应当符合相关法律的基本要求。三是严格做好人员权限管理工作，根据不同岗位的工作需要，确定具体岗位的数据处理权限，对于超越本岗位数据权限，且确有必要的情况，要按照公司内部规定走审批流程，并做好内部登记工作。

（2）数据处理技术规范。在技术方面，要根据规定采取校验技术、密码技术、安全传输通道或者安全传输协议等措施，实施数据容灾备份和存储介质安全管理，定期开展数据恢复测试。对于法律法规或国家、行业规范未规定的技术措施，要按照安全可靠、成本最低的原则，采取合适的技术措施。

（3）数据处理操作规范。在操作层面，一方面要合理确定数据处理活动的操作权限，严格实施人员权限管理，另一方面要加强对员工的培训与指导，可以制定相应的数据处理操作手册，为企业员工在工作过程中处理数据提供操作指引。

5. 数据安全事件应急预案制度

数据安全事件应急预案制度应当具有针对性、实用性和可操作性。根据《数据安全法》第二十九条，《个人信息保护法》第五十一条第五项、第五十七条规定的内容可知，数据安全事件应急预案制度包括数据安全事件的事前预防、数据安全事件的事中处置与数据安全事件的报告三部分。当发生数据安全事件时，可以采取以下步骤进行处置：

第一步：在发生数据安全事件时，首先要判断数据安全事件中涉及的数据，以及所涉及数据的类型与级别（一般数据、重要数据、核心数据）；

第二步：要通过技术手段，确定数据流向，在此基础上，判断数据可能对各方主体造成何种影响及影响程度；

第三步：根据前述步骤作出的判断，及时采取与之对应的补救措施，阻断数据对外传播，消除数据安全隐患，防止数据安全事件的危害后果继续扩大，尽量减小数据安全事件所带来的负面影响；

第四步：及时向行业监管部门报告，并根据数据安全事件所涉数据类型、级别决定是否通知个人。根据《个人信息保护法》规定，个人信息处理者采取措施能够有效避免信息泄露、篡改、丢失造成危害的，个人信息处理者可以不通知个人，但履行个人信息保护职责的部门另有要求的除外。在具体通知的内容方面，《个人信息保护法》中有较为详细的规定，实操过程中可以参照该规定的内容进行报告和通知。

6. 数据安全检测与风险评估制度

根据法律规定，企业数据安全检测与风险评估制度包括常态化检测、评估与专项评估两个方面。

（1）常态化检测、评估。例如，《工业和信息化领域数据安全管理办法（试行）》第二十六条第三款规定，工业和信息化领域数据处理者应当开展数据安全风险监测，及时排查安全隐患，采取必要的措施防范数据安全风险。第三十一条第三款规定，工业和信息化领域重要数据和核心数据处理者应当自行或委托第三方评估机构，每年对其数据处理活动至少开展一次风险评估，及时整改风险问题，并向本地区行业监管部门报送风险评估报告。

（2）专项评估。除了常态化的评估之外，针对规定的数据处理特殊情形，在数据处理前，要先进行评估，才能进行数据处理。例如，《个人信息保护法》第四十条规定的数据出境安全评估；第五十五条、第五十六条规定的个人信息保护影响评估。

《个人信息保护法》（节选）

第四十条　关键信息基础设施运营者和处理个人信息达到国家网信部门规定数量的个人信息处理者，应当将在中华人民共和国境内收集和产生的个人信息存储在境内。确需向境外提供的，应当通过国家网信部门组织的安全评估；法律、行政法规和国家网信部门规定可以不进行安全评估的，从其规定。

第五十五条　有下列情形之一的，个人信息处理者应当事前进行个人信息保护影响评估，并对处理情况进行记录：

（一）处理敏感个人信息；

（二）利用个人信息进行自动化决策；

（三）委托处理个人信息、向其他个人信息处理者提供个人信息、公开个人信息；

（四）向境外提供个人信息；

（五）其他对个人权益有重大影响的个人信息处理活动。

第五十六条　个人信息保护影响评估应当包括下列内容：

（一）个人信息的处理目的、处理方式等是否合法、正当、必要；

（二）对个人权益的影响及安全风险；

（三）所采取的保护措施是否合法、有效并与风险程度相适应。

个人信息保护影响评估报告和处理情况记录应当至少保存三年。

五、元数据管理

元数据是指描述数据的数据。元数据管理是数据资产管理的重要基础，是为获得高质量的、整合的元数据而进行的规划、实施与控制行为。

（一）元数据管理的关键活动

1. 元数据管理计划：明确元数据管理相关参与方，采集元数据管理需求；确定元数据类型、范围、属性，设计元数据架构，技术元数据与数据模型、主数据、数据开发相关架构一致；制定元数据规范。

2. 元数据管理执行：依托元数据管理平台，采集和存储元数据；可视化数据血缘；应用元数据，包括非结构化数据建模、自动维护数据资产目录等。

3. 元数据管理检查：元数据质量检查与治理；元数据治理执行过程规范性检查与技术运维；保留元数据检查结果，建立元数据检查基线。

4. 元数据管理改进：根据元数据检查结果，召集相关利益方，明确元数据优化方案；制定改进计划，持续改进元数据管理的方法、架构、技术与应用等内容。

（二）元数据贯穿数据资产管理的全流程

首先，元数据从业务视角和管理视角出发，通过定义业务元数据和管理元数据，增强业务人员和管理人员对于数据的理解与认识。其次，技术元数据通过自动从数据仓库、大数据平台、ETL 中解析存储和流转过程，追踪和记录数据血缘关系，及时发现数据模型变更的影响，有效识别变更的潜在风险。最后，元数据可作为自动化维护数据资产目录、数据服务目录的有效工具。例如，某电网公司依托元数据管理平台监控元数据分布情况，获取热门异常应用表，并查看元数据表变更趋势、字段变更趋势等信息，实现对重点应用数据链路的实时在线监测、异常定位、预警分析、工单处理。

主动元数据（Active Metadata）通过利用机器学习和知识图谱等底层人工智能技术，实现对数据采集、内容解析、使用分析等元数据的“主动”管理。作为元数据概念的延伸和扩展，主动元数据是关于数据的使用者、相关数据管理活动、以及数据基础设施等方方面面情况的数据，支持持续分析数据的一致性和异常情况。

六、数据生命周期管理

根据《数据安全法》第三条的规定，数据处理，包括数据的收集、存储、使用、加工、传输、提供、公开等。数据从收集、存储到删除（销毁）的过程即为数据的全生命周期。《上海数据交易所数据交易安全合规指引》第九条规定，数据交易主体应当建立数据全生命周期安全管理制度，针对不同类型和级别数据，实施数据收集、存储、使用、加工、传输、提供、销毁等环节的保护与管理，保障数据的保密性、完整性、可用性和合规性。第十条规定，数据交易主体应当结合数据应用场景以及数据分类分级情况，建立覆盖数据全生命周期的安全防护机制，采取数据加密、数据脱敏、身份认证、入侵防护、安全监测等技术保护措施，提高数据安全保障能力。结合上述要求及相关国家标准的规定，笔者重点从安全角度来阐述数据全生命周期的管理要求。

（一）数据的收集

应明确数据收集过程中个人信息和重要数据的知悉范围和安全管控措施，确保收集数据的合规性、完整性和真实性；收集的个人信息应与组织提供的产品或服务直接相关，并与合同协议条款、隐私政策中约定收集的内容保持一致，不应超范围收集数据；通过系统批量收集数据时，应采用摘要、消息认证码、数字签名等密码技术确保收集过程数据的完整性；应对数据收集过程进行日志记录，并采取技术措施确保信息来源的可追溯性。

（二）数据的传输

涉及数据传输的相关人员应记录时间、传输数据、数据接收方等相关信息，以作为数据传输记录备案。技术手段上应对传输过程的通信双方进行身份认证，确保数据传输双方是可信任的；采用安全、可靠的加密协议，对通信信道进行安全加密；采用密码技术或非密码技术等方式，确保数据的完整性；选用安全的密码算法，确保数据的安全性。此外，向国家机关、行业主管和监管单位传输数据，应按照国家及行业相关管理要求进行传输。

（三）数据的存储

应依据最小够用原则存储数据，针对不同类型的数据设定数据存储期，存储时间应为业务必需的最短时间，对于多个不同存储期数据的集合，保存期限选择最长时限为该数据集合的保存期，不应以任何形式存储非业务必需的数据，国家及行业主管部门另有规定的除外，且数据存储不应因其存储形式或存储时效的改变而降低安全保护强度。

相关人员应定期对数据存储过程中可能产生的影响进行风险评估，并采取相应安全防护措施。应对数据存储区域进行规划，并对不同区域之间的数据流动进行安全管控。对于高敏感级别数据，应采用密码技术、权限控制等技术措施保证数据完整性，同时应采取加密等技术措施保证数据存储的保密性。

根据数据分类分级和数据对系统运行的影响，制定数据备份策略和恢复策略，备份策略应至少指明备份数据的放置场所、文件命名规则、介质替换频率、备份周期或频率、备份范围等。应定期开展灾难恢复演练，应对技术方案中关键技术应用的可行性进行验证测试，并记录和保存验证测试的结果。数据备份应基于多冗余策略，可采用磁带、磁盘镜像、磁盘冷备、热备、双活等技术实现，备份频度及保存期限不低于相关监管和业务使用要求。

（四）数据的使用、加工

梳理数据提供使用的各类场景，明确各类场景的安全要求和责任部门，并建立相应的审核批准机制，对数据使用目的、内容、使用时间、技术防护措施、数据使用后的处置方式等进行审批，并留存相关记录。应明确原始数据在数据加工过程中的数据获取方式、访问接口、授权机制、逻辑安全、处理结果安全等内容。在数据加工之前宜采用加密、脱敏等技术措施，保证数据加工过程的数据安全性。

应根据数据的不同安全级别，执行数据访问控制过程中的相关安全措施，保障数据在被访问过程中的保密性和完整性，包括但不限于身份认证、多因素认证、二次授权等。

利用自动化工具如代码、脚本、接口、算法模型、软件开发工具包等提供数据时，应通过身份认证、数据加密、反爬虫机制、攻击防护和流量监控等手段，有效防范网络监听、接口滥用等网络攻击，并定期检查和评估自动化工具安全性和可靠性。

（五）数据的交换和共享

应加强数据开放及共享的管理，根据数据使用目的、共享对象，明确数据可进行开放及共享的范围，建立数据共享的申请及授权审批的流程及权限设置，明确数据共享过程的传输方式。

针对组织向外部单位共享数据的情况，应充分评估相关数据安全风险，涉及重大敏感的数据提供要按审批权限逐级审批。并在相关合同中明确数据安全及保密义务，明确相关违约责任，必要时可单独签订保密协议。相关事项结束后，应进行内部总结汇报，对数据共享情况进行说明，加强数据共享的管理。

（六）数据的销毁

应制定数据存储介质销毁操作规程，明确数据存储介质销毁场景、销毁技术措施，以及销毁过程的安全管理要求，并对已提供或者已被使用的数据提出有针对性的数据存储介质销毁管控规程。

存储数据的介质如不再使用，应采用不可恢复的方式如消磁、焚烧、粉碎等对介质进行销毁处理。存储介质如需继续使用，不应只采用删除索引、删除文件系统的方式进行数据销毁，应通过多次覆写等方式安全地擦除数据，确保介质中的数据不可再被恢复或者以其他形式被利用。应定期对数据销毁效果进行抽样认定，通过数据恢复工具或数据发现工具进行数据的尝试恢复及检查，验证结果。

第三节 数据资产价值体系建设

一、数据资产流通

（一）数据资产流通的三种模式

对于组织而言，数据资产流通是指通过数据共享、数据开放或数据交易等流通模式，推动数据资产在组织内外部的价值实现。数据开放是指向社会公众提供易于获取和理解的数据，对于政府而言，数据开放主要是指公共数据资源开放，对于企业而言，数据开放主要是指披露企业运行情况、推动政企数据融合等。数据共享是指打通组织各部门间的数据壁垒，建立统一的数据共享机制，加速数据资源的流动。数据交易是指交易双方通过合同约定，在安全合规的前提下，开展以数据或其衍生形态为主要标的的交易行为（见图5-4）。

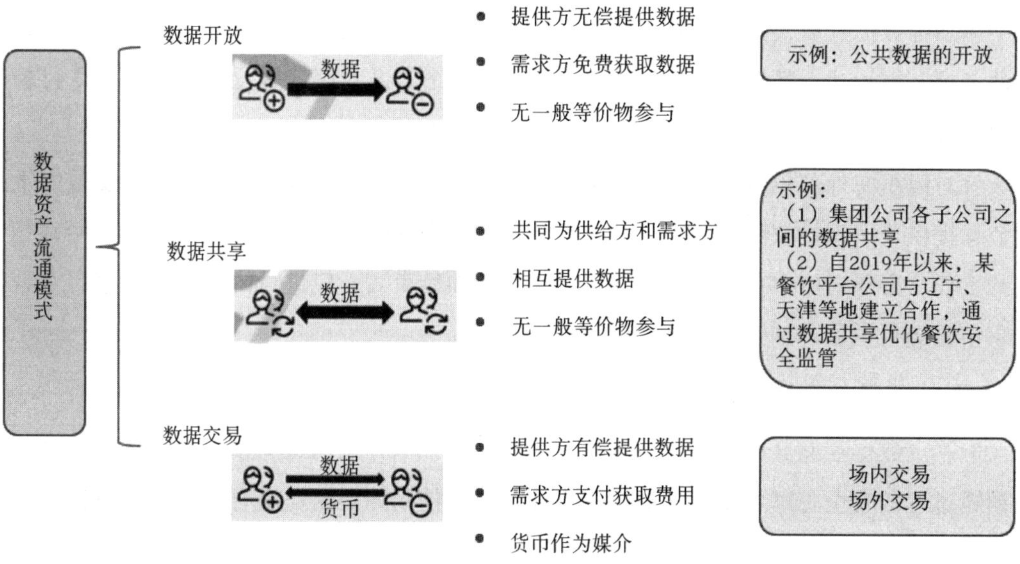

图5-4 数据资产流通的三种模式

公共数据的开放是指公共管理和服务机构在公共数据范围内，面向社会提供具备原始性、可机器读取、可供社会化再利用的数据集的公共服务。《中国公共数据开放图谱》（2022）显示，总体上，我国公共数据平台建设呈现出从东部逐渐向西部扩散的发展趋势，各个地区开放的数据集、数据接口及数据总量存在明显差距。

（二）我国数据交易机构的设立情况

数据交易需求持续增加，数据交易相关鼓励政策文件不断推出，我国各地以多种形式开展了数据交易的探索和实践，我国数据交易市场进入了新的发展阶段（见图5－5）。

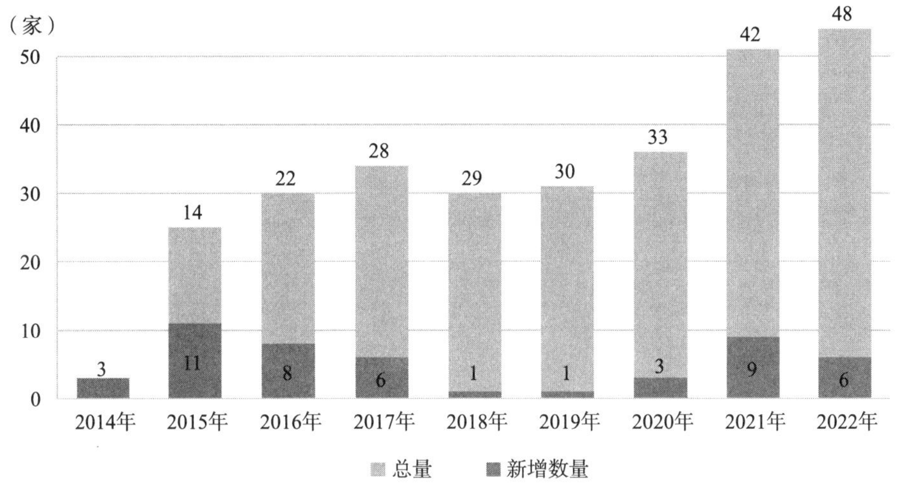

图5－5　2014—2022年我国数据交易机构数量增长情况

数据来源：中国信息通信研究院。

从全国各数据交易市场的成立时间看，经历了2015年和2021年两个高峰期，恰好呼应了我国数据交易市场的1.0时代和2.0时代。

随着贵阳大数据交易所的落地，以及2015年8月国务院印发《促进大数据发展行动纲要》提出“要引导培育大数据交易市场，开展面向应用的数据交易市场试点”等举措，数据交易市场1.0时代正式到来，2014—2016年，我国涌现了20家数据交易所/平台。

但是，当时《数据安全法》《网络安全法》和《个人信息保护法》均尚未出台，对于数据的法律地位、数据如何成为合法资产、数据如何流通以及数据价值确定等问题，缺乏基本的规范和认知，数据交易市场虽遍地开花，但真正的数据交易规模却不尽如人意。

2017—2020年，数据交易市场开设数量骤减。直到2020年3月，中共中央、国务院出台《关于构建更加完善的要素市场化配置体制机制的意见》，提出“加快培育数据要素市场”“引导培育大数据交易市场，依法合规开展数据交易”，数据交易市场才逐渐回暖。2021年3月，北京国际大数据交易所的建立，标志着我国数据交易市场开启了2.0时代，从2021年至今，已新开19家数据交易市场（见表5－2）。

表 5－2　　　　　　　　　国内数据交易所统计表

成立时间	名称	地域	成立时间	名称	地域
2014 年	中关村数海大数据交易平台	北京	2019 年	山东数据交易平台	山东济南
	北京大数据交易服务平台	北京	2020 年	安徽大数据交易中心	安徽淮南
	香港大数据交易所	香港		北部湾大数据交易中心	广西南宁
2015 年	贵阳大数据交易所	贵州贵阳		山西数据交易平台	山西太原
	华东江苏大数据交易中心	江苏盐城		中关村医药健康大数据交易平台	北京
	武汉东湖大数据交易中心	湖北武汉	2021 年	北京国际大数据交易所	北京
	武汉长江大数据交易中心	湖北武汉		贵州省数据流通交易服务中心	贵州贵阳
	哈尔滨数据交易中心	黑龙江哈尔滨		北方大数据交易中心	天津
	华中大数据交易所	湖北武汉		上海数据交易所	上海
	重庆大数据交易市场	重庆		华南国际数据交易公司	广东佛山
	陕西省大数据交易所	陕西西安		西部数据交易中心	重庆
	交通大数据交易平台	广东深圳		合肥数据要素流通平台	安徽合肥
	河北大数据交易中心	河北承德		德阳数据交易中心	四川德阳
2016 年	西咸新区大数据交易所	陕西西安		长三角数据要素流通服务平台	江苏苏州
	上海数据交易中心	上海		海南省数据产品超市	海南海口
	浙江大数据交易中心	浙江杭州		山东省工业大数据交易平台	山东济南
	丝路辉煌大数据交易中心	甘肃兰州	2022 年	深圳数据交易所	广东深圳
	广州数据交易服务平台	广东广州		湖南大数据交易所	湖南长沙
	亚欧大数据交易中心	新疆乌鲁木齐		无锡大数据交易平台	江苏无锡
	南方大数据交易中心	广东深圳		苏州大数据交易所	江苏苏州
2017 年	河南平原大数据交易中心	河南新乡		福建大数据交易所	福建福州
	河南中原大数据交易中心	河南郑州		广东数据交易所	广东广州
	青岛市大数据交易中心	山东青岛		海洋数据交易平台	山东青岛
2018 年	东北亚大数据交易服务中心	吉林长春		郑州数据交易中心	河南郑州

（三）交易标的

《国务院办公厅关于印发要素市场化配置综合改革试点总体方案的通知》要求探索“原始数据不出域、数据可用不可见”的交易范式；《中共中央 国务院关于构建数据基础制度更好发挥数据要素作用的意见》（“数据二十条”）指出“在保障安全前提下，推动数据处理者依法依规对原始数据进行开发利用，支持数据处理者依法依规行使数据应用相关权利，促进数据使用价值复用与充分利用，促进数据使用权交换和市场化流通。审慎对待原始数据的流转交易行为。”因此，数据交易的标的是对原始数据进行开发利用后的，经过加工处理后具有使用价值的数据产品或者数据处理的工具或服务，极少情况有原始数据。

《深圳市数据交易管理暂行办法》（深发改规〔2023〕3号）（节选）

第十二条　数据交易场所的交易标的包括数据产品、数据服务、数据工具等。

（一）数据产品

数据产品主要包括用于交易的原始数据和加工处理后的数据衍生产品。包括但不限于数据集、数据分析报告、数据可视化产品、数据指数、API数据、加密数据等。

（二）数据服务

数据服务指卖方提供数据处理（收集、存储、使用、加工、传输等）服务能力，包括但不限于数据采集和预处理服务、数据建模、分析处理服务、数据可视化服务、数据安全服务等。

（三）数据工具

数据工具指可实现数据服务的软硬件工具，包括但不限于数据存储和管理工具、数据采集工具、数据清洗工具、数据分析工具、数据可视化工具、数据安全工具。

（四）经主管部门同意的其他交易标的

危害国家安全、公共利益，侵犯个人、组织合法权益，包括不借助其他数据的情况下可以识别特定自然人的数据，不得作为交易标的。如发现重大敏感数据出境涉嫌危害国家安全需进行国家安全审查。

就各组织而言，可以综合考量目前数据流通的主要模式、各数据交易机构的活跃度及其特色，对组织现有的数据资产进行盘点和分类分级，并可参照各交易机构已经挂牌的数据产品，提前制定数据流通战略，促进数据要素价值实现。

二、数据资产运营

（一）数据资产运营模式探讨

数据资产运营是指通过对数据服务、数据流通情况进行持续跟踪和分析，以数据价值管理为参考，从数据使用者的视角出发，全面评价数据应用效果，建立科学的正向反馈和闭环管理机制，促进数据资产的迭代和完善，不断适应和满足数据资产的应用和创新需求。

组织可从多方面探索数据资产运营模式。如建立可共享可复用的数据资产体系，构建多层级数据资产目录，是开展数据资产运营的基础和前提。丰富数据服务形式，满足内外部数据使用方需求，提升数据资产运营效果。拓宽数据用户，扩大数据场景是开展数据资产运营的有效方式。

例如，某电信运营商打造了“共建共享共维”的数据资产体系，面向全集团提供位置洞察、内容洞察、客户标签、统一指标等核心数据能力，以及提供数据采集、数据储算、数据开发等工具能力和产品推荐、风控识别等算法能力。同时，打造了多层级多场景的数据资产目录，提供完整的数据定义、数据说明、数据样例、数据责任人等业务、技术、管理信息，增强数据可理解性，支持关键字、主题、业务标签、热度等多引擎检索，形成高并发 API、交互式查询、文件服务、实时消息分发等多服务形态，数据可直接订购下单。目前已沉淀超过 1 万个高价值中间模型，API 月度调用量超过 40 亿次，赋能内外部超过 200 家单位近 500 个大数据项目。

（二）公共数据授权运营

公共数据授权运营属于公共数据向社会流通的一种新模式，对于推动公共数据开发利用、释放数据的潜藏价值起到关键作用。“数据二十条”中明确提出“推进实施公共数据确权授权机制”，预示着公共数据授权运营正式上升为国家战略。“数据二十条”提出，对各级党政机关、企事业单位依法履职或提供公共服务过程中产生的公共数据，加强汇聚共享和开放开发，强化统筹授权使用和管理，推进互联互通，打破“数据孤岛”。鼓励公共数据在保护个人隐私和确保公共安全的前提下，按照“原始数据不出域、数据可用不可见”的要求，以模型、核验等产品和服务等形式向社会提供，对不承载个人信息和不影响公共安全的公共数据，推动按用途加大供给使用范围。推动用于公共治理、公益事业的公共数据有条件无偿使用，探索用于产业发展、行业发展的公共数据有条件有偿使用。依法依规予以保密的公共数据不予开放，严格管控未依法依规公开的原始公共数据直接进入市场，保障公共数据供给使用的公共利益。

目前，多地纷纷响应，但是大多数地方尚处于计划筹备阶段，北京、上海等省（市）推动力度相对较大。其中，北京以金融公共数据授权运营为起点，政府数据以专区的形式交给特定的企业运营，明确提出支持各领域建立数据资产运营公司，将数据运营的理念从政府数据扩大到各个领域；上海市被授权运营主体的开发利用活动需经过市政府办公厅组织评估，形成的产品或服务需通过授权运营平台开展，被授权运营主体使用市大数据资源平台时应向平台建设方支付相应的平台服务费。

第四节 数据资产的盘点

一、数据资产盘点的定义

数据处理者拥有的大量的、各种类型的、分散在各处的数据资源，如果没有数据资产目录和数据资产清单，那么许多数据资产实际上是被隐藏的。这意味着需要进行数据盘点来识别组织的数据资产，并将其分类。

传统意义上的资产盘点是指对资产进行定期清点，以确定各种财产在一定时间的实存数。数据资产盘点，或称数据资产梳理，则是对组织的数据资产进行全面梳理，包括以物理或电子形式记录的数据库表、数据项、数据文件等结构化和非结构化数据资产，明确数据资产基本信息和相关方，形成数据资产清单。

数据资产盘点将帮助数据处理者弄清以下问题：

- 数据处理者有多少数据？
- 数据处理者有哪些数据？
- 数据处理者的数据价值如何？
- 这些数据分布在什么地方？
- 从业务角度可以有多少类数据？
- 每一类数据的安全级别如何？
- 数据的归属和责任人是谁？

数据资产盘点的成果是数据资产目录或数据资产清单，它从全局层面直观地展现数据处理者拥有的数据资产情况，而数据安全和数据价值是数据资产梳理的两个重要应用方向。一方面盘点后的数据可运用于数据库审计、防水坝、防勒索软件中，提高数据安全，且根据分级分类的结果，可以明确数据保护目标，有针对性地采取适当、合理的管理措施和安全防护措施，协助组织完成数据安全保护体系的构建；另一方面数据资产目录可以用于数据脱敏、元数据管理和主数据建设方面，从而提升组织的内部数据质量，发挥数据价值，优化数据治理。

二、数据资产盘点原则

为了更好地开展数据资产盘点工作，保证盘点过程安全稳定，保证盘点结果准确可靠，建议遵循如下原则开展具体工作：

1. 前瞻性：数据资产盘点应该站在整个盘点旅程的角度进行规划和实践，充分考虑数据资产规范、搜索获取、分析应用、绩效评估、可视化展示等需求。

2. 全面性：数据资产盘点范围要全面覆盖数据处理者的所有数据资产，但在落地实践过程中，也可以分阶段开展盘点工作。

3. 基础性：选择数据资产最稳定的本质属性或特征作为盘点内容，确保盘点内容不因环境因素而发生变化。

4. 系统性：将需要盘点的数据资产的属性或特征按一定排列顺序予以系统化，并形成一个合理的分类体系。

5. 确定性：对于盘点范围内的任何一项数据资产，在分类体系中应该有唯一确定的基本单元与之相应。

6. 可拓展性：目录框架应满足数据资产不断发展和变化的需求，允许在目录框架中增加新的盘点内容而不影响原有内容。为使用者进行延拓细化创造条件。

7. 安全性：减少数据盘点工作对于业务活动和系统运行的影响，避免出现数据丢失或泄露等失误，给数据处理者带来损失。

8. 保密性：数据是数据处理者的重要资产，数据资产盘点过程中，盘点人员要严格遵守保密要求，避免触及敏感信息。

三、数据资产盘点步骤

在数据资产盘点实践中，主要归纳为以下步骤：设定盘点目标、构建数据标准、数据发现、数据识别、分类分级、明确归属、形成数据资产清单，如图 5－6 所示。

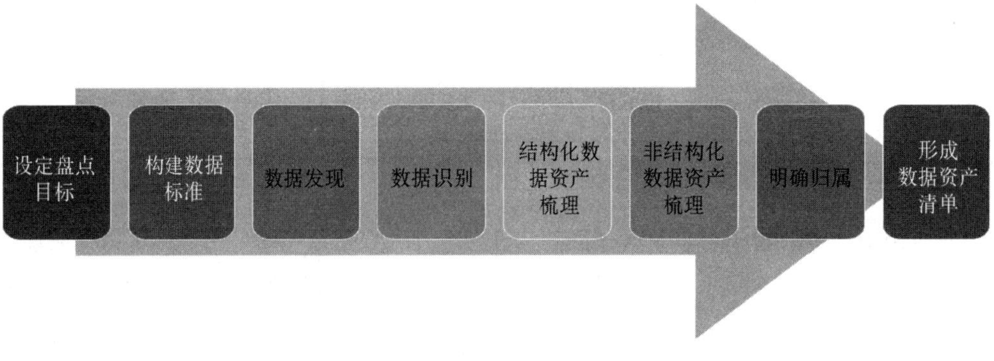

图 5－6　数据资产盘点步骤

1. 设定盘点目标

这一步骤尤为重要，一是要认清组织的数据管理现状及能力，明确目前所处的数据资产管理阶段（系统级还是企业级）；二是要根据现状制定数据资产盘点的目标，明确投入的资源以及需达到的效果。

2. 构建数据标准

数据处理者的数据往往来源于各个业务，而各业务的数据来源、数据定义和价值标准，可能存在极大的差别，这将不利于数据的整合、全局管理和使用。因此，数据处理者在进行数据资产盘点前，首先要根据该组织所在行业的相关标准，结合组织自身的业务情况构建数据标准，形成全局统一的数据定义和数据价值体系。数据资产盘点工作，将在此数据标准的指导下展开。

3. 数据发现

数据发现是解决数据在哪里、有多少的问题。通过对资产的全面盘点，形成相应的数据资产地图，知道自己手里有什么之后，才能放心使用数据资产。

随着数据处理者的业务不断发展，数据量将呈指数级上升，数据分布在云、大数据平台、文件服务器、数据库、个人电脑等终端的各个角落。数据发现就是从全局出发，系统性地扫描组织内的数据资产，确定数据存储的位置和数据量，形成数据的存储分布地图。就技术工具而言，可以通过网络流量扫描、文本扫描、端口扫描、机器学习等技术手段进行数据发现。

4. 数据识别

数据识别是解决有哪些数据的问题。针对扫描的数据存储位置，需要对数据进行识别和定义，标记数据内容，并基于数据内容和存储方式，明确数据的组织结构，形成“库—表—字段”的数据框架，即明确库中有哪些表、表内有哪些数据，结合数据发现的成果，绘制数据资产地图，将数据的存储位置、存储内容、存储量清晰地进行呈现。

5. 结构化数据资产梳理

在识别数据后，可以首先对结构化的数据资产进行梳理。结构化的数据可以分为全结构化的数据和半结构化的数据：全结构化数据为数据库中的表数据，有清晰的模型定义和数据属性定义；半结构化数据有相对明确的含义说明，但是结构并不严谨，格式相对比较宽泛。大多数半结构化数据的格式为 XML、JSON。半结构化数据多用于日志记录、多类型信息传递等。

6. 非结构化数据资产梳理

非结构化数据没有明确的数据格式，或者数据格式的类型非常粗犷，不方便用数据库二维逻辑表来表现。非结构化数据的数据格式有文本、图片、HTML、各类报表、图像和音频/视频信息等。

7. 明确归属（资产基本信息和相关方识别）

通过调研、业务关联、存储对象关联等方式，确定数据资产的业务归属和责任人，有助于掌握数据的来源和去向、明确相关责任归属，为跨业务的数据使用、数据关联分析、数据分类保护等提供目标和责任指向。

8. 形成数据资产清单

数据资产清单是数据资产盘点的最终成果，也是数据资产管理的第一步。它将组织内的所有数据进行汇总，构建出一张全局的数据地图，清晰地展现出组织拥有的数据内容、数据量、数据价值、数据存储位置以及数据归属和责任人，帮助组织掌握其拥有的所有数据及数据价值，为组织进行数据管理、数据价值挖掘以及数据保护提供指导依据。

传统的数据资源盘点都是通过人工进行的，盘点过程复杂、费时、费力且维护困难，数据往往在一次盘点过后，由于疏于维护，与真实情况的差异越来越大。所以，我们建议逐步采用线上数据资源盘点工具进行企业内部的数据盘点，以提高盘点效率。

第五节　数据分类分级保护及管理

一、数据分类分级的含义及其意义

数据分类分级保护及管理，是数据资产管理体系的重要组成部分，与数据资产盘点共同构成数据资产治理体系的基础建设工作。《数据安全法》第二十一条提出“国家建立数据分类分级保护制度”，要求对数据实行分类分级保护；《上海数据交易所数据交易安全合规指引》第八条要求数据交易主体在对数据进行全面梳理时，可参照国家标准和行业标准，结合自身业务对数据进行分类分级，形成目录清单并采取相匹配的保护和管理措施。

数据分类分级从业务领域或数据管理领域的角度出发，将相同属性或特征的数据进行集合并形成不同的数据类别，并在分类的基础上，根据数据一旦遭到篡改、破坏、泄露或者非法获取、非法利用后对国家安全、公共利益、个人合法权益、组织合法权益的影响及其危害程度将数据分级，最后针对不同级别的数据采取相匹配的保护措施。

在网络安全领域，对数据资产（包括信息系统、网络系统、数据等）的安全保护，起始于数据资产的分类分级。将数据资产划分成不同的类别和不同的级别，就能相应地确定与类别和级别匹配的安全保护水平和措施。分类是人类认识世界、分辨客观事物的一种思维活动和基本方法，也是管理客观事物的前提条件。分级则是为了厘清保护重点，不同级别的数据需要实施不同的保护，国家的监管力度也不一样。具体而言，对数据进行分类分级的意义主要体现在：

1. 促进数字经济发展的稳定发展。数据资源是重要的生产要素，安全、合规、有序地利用好数据资源是推进数字经济蓬勃发展的重要保证，而数据分类分级能够对数据进行精细化、规范化管理，避免陷入杂乱无序的状态。

2. 建立数据流通规则的先决条件。数据只有流动起来才会具有价值，明确数据流通的要求、流程和要点，建立配套的流通规则是开展各项工作的前提条件，而数据分类分级又是这一前提的先决条件，因为规则制定要与数据的类型和级别相对应。

3. 开展数据安全保护的最佳实践。数据分类分级是数据安全保护的重要抓手，目前我国部分行业和地区已经开始了数据分类分级制度的建设和实践，并取得较大突破和进展，根据数据类型特点、数据级别高低确定数据应当采取的技术手段和管理措施，能够很好地实现数据安全与充分利用的有效平衡。

二、数据分类分级原则

2021 年 12 月由全国信息安全标准化技术委员会秘书处发布的《网络安全标准实践指南——网络数据分类分级指引》（以下简称《网络数据分类分级指引》）列明了数据分类分级的五项原则：

1. 合法合规原则。数据分类分级应遵循有关法律法规及部门规定要求，优先对国家或行业有专门管理要求的数据进行识别和管理，满足相应的数据安全管理要求。

2. 分类多维原则。数据分类具有多种视角和维度，可从便于数据管理和使用角度，考虑国家、行业、组织等多个视角的数据分类。

3. 分级明确原则。数据分级的目的是保护数据安全，数据分级的各级别应界限明确，不同级别的数据应采取不同的保护措施。

4. 就高从严原则。数据分级时采用就高不就低的原则进行定级，例如，数据集包含多个级别的数据项，按照数据项的最高级别对数据集进行定级。

5. 动态调整原则。数据的类别级别可能因时间变化、政策变化、安全事件发生、不同业务场景的敏感性变化或相关行业规则不同而发生改变，因此需要对数据分类分级进行定期审核并及时调整。

其中，前三项属于基础性原则，后两项“就高从严”“动态调整”原则，在《网络数据分类分级指引》中均有具体体现，在合规管理过程中需重点加以关注。

三、数据分类框架

依据数据分类多维度原则，《网络数据分类分级指引》使用面分类法，从国家、行业、组织等视角给出了多个维度的数据分类参考框架，具体如下：

1. 公民个人维度：按照数据是否可识别自然人或与自然人关联，将数据分为个人信息和非个人信息两大类。

2. 公共管理维度：《数据安全法》中明确要提高政务数据的科学性、准确性、时效性，提升运用数据服务经济社会发展的能力。国家机关应当遵循公正、公平、便民的原则，按照规定及时、准确地公开政务数据。为便于国家机关管理数据、促进数据共享开放，《网络数据分类分级指引》将数据分为公共数据和社会数据。若按照狭义的公共数据角度，数据也可分为政务数据、公共数据、社会数据。

3. 信息传播维度：按照数据是否具有公共传播属性，将数据分为公共传播信息和非公共传播信息。

4. 行业领域维度：按照数据处理涉及的行业领域，将数据分为工业数据、电信数据、金融数据、交通数据、自然资源数据、卫生健康数据、教育数据、科技数据等，其他行业领域可参考 GB/T 4754—2017《国民经济行业类》。

5. 组织经营维度：在遵循国家和行业数据分类分级要求的基础上，数据处理者也可按照组织经营维度，将个人或组织用户的数据单独划分出来作为用户数据，用户数据之外的其他数据从便于业务生产和经营管理角度进行分类。表 5 – 3 给出了组织经营维度的数据分类参考示例，分为用户数据、业务数据、经营管理数据、系统运行和安全数据。

表 5 – 3　　组织经营维度的数据分类参考示例

数据类别	类别定义	示例
用户数据	组织在开展业务服务过程中从个人用户或组织用户收集的数据，以及在业务服务过程中产生的归属于用户的数据	如个人用户信息（个人信息）、组织用户信息（如组织基本信息、组织账号信息、组织信用信息等）
业务数据	组织在业务生产过程中收集和产生的非用户类数据	参考业务所属的行业数据分类分级，结合自身业务特点进行细分，如产品数据、合同协议等
经营管理数据	组织在机构经营管理过程中收集和产生的数据	如经营战略、财务数据、并购及融资信息等
系统运行和安全数据	网络和信息系统运维及网络安全数据	如网络和信息系统的配置数据、网络安全监测数据、备份数据、日志数据、安全漏洞信息等

数据处理者进行数据分类时，可进一步采用线分法对数据进行细分。完成分类后，应对数据进行标识。

以消费品行业为例，数据处理者可针对业务数据进行细分（见表 5 – 4）：

表 5－4 消费品行业业务数据细分示例

数据类别	示例
产品数据	企业产品规划、产品设计成果、产品评审数据、产品上市数据、产品退市数据
生产数据	生产计划、排产计划、质检数据、出入库数据
采购数据	采购计划、采购寻源数据、采购入库数据
物流数据	物流订单、车辆数据、货运单数据
营销数据	广告投放数据、渠道拓展数据、产品销售数据
服务数据	退换货数据、质量记录、产品维修和维护数据

四、数据分级框架

按照《数据安全法》要求，根据数据一旦遭到篡改、破坏、泄露或者非法获取、非法利用，对国家安全、公共利益或者个人、组织合法权益造成的危害程度，将数据从低到高分成一般数据、重要数据、核心数据共三个级别。

上述三个级别是从国家数据安全角度给出的数据分级基本框架。由于一般数据涵盖数据范围较广，采用同一安全级别保护可能无法满足不同数据的安全需求。因此《网络数据分类分级指引》建议数据处理者优先按照基本框架进行定级，在基本框架定级的基础上也可结合行业数据分类分级规则或组织生产经营需求，对一般数据进行细化分级，并给出了一般数据分级的参考规则。对于核心数据、重要数据的识别和划分，需要按照国家和行业的核心数据目录、重要数据目录执行，目录不明确时可参考有关规定或标准。

五、数据分类分级实施流程

按照《网络数据分类分级指引》，数据处理者在开展数据分类分级时，可按照图 5－7 所示流程实施，具体步骤包括：

1. 数据资产梳理：对组织的数据资产进行全面梳理，包括以物理或电子形式记录的数据库表、数据项、数据文件等结构化和非结构化数据资产，明确数据资产基本信息和相关方，形成数据资产清单。

2. 数据分类：从多个维度，建立自身的数据分类规则，参考前文的数据分类流程对数据进行分类。

3. 数据分级：建立自身的数据分级规则，并对数据进行定级。

4. 审核标识管理：对数据资产分类分级结果进行评审和完善，最后批准发布实施，形成数据资产分类分级清单。并对数据资产和数据分类分级进行维护、管理和定期审核。

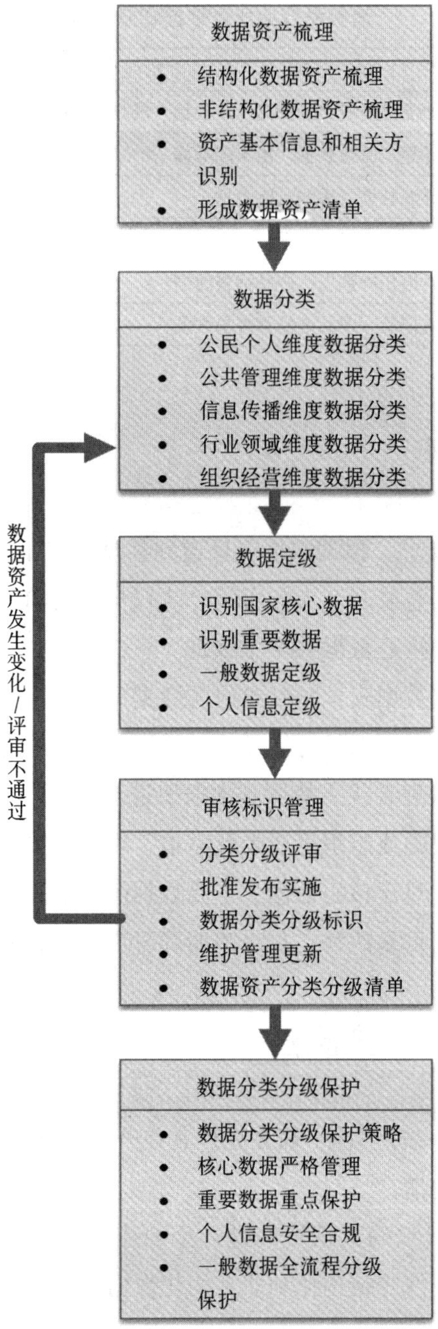

图 5－7　数据分类分级实施流程

5. 数据分类分级保护：依据国家给出的关于核心数据、重要数据、个人信息、公共数据等安全要求，以及行业领域给出的数据分类分级保护要求，建立数据分类分级保护策略，按照核心数据严格管理、重要数据重点保护、个人信息安全合规和一般数据分级保护的思路，对数据实施全流程分类分级管理和保护。

六、个人金融信息分级示例

《个人金融信息保护技术规范》对个人金融信息的分级规则如下：根据信息遭到未经授权的查看或未经授权的变更后所产生的影响和危害，将个人金融信息按敏感程度从高到低分为 C3、C2、C1 三个级别。具体如表 5 –5 所示：

表 5 –5　　个人金融信息分级表

信息级别	信息界定标准	信息列举
C3	主要为用户鉴别信息。该类信息一旦遭到未经授权的查看或未经授权的变更，会对个人金融信息主体的信息安全与财产安全造成严重危害	• 银行卡磁道数据（或芯片等效信息）、卡片验证码（CVN1 和 CVN2）、卡片有效期、银行卡密码、网络支付交易密码 • 账户（包括但不限于支付账号、证券账户、保险账户）登录密码、交易密码、查询密码 • 用于用户鉴别的个人生物识别信息
C2	主要为可识别特定个人金融信息主体身份与金融状况的个人金融信息，以及用于金融产品与服务的关键信息。该类信息一旦遭到未经授权的查看或未经授权的变更，会对个人金融信息主体的信息安全与财产安全造成一定危害	• 支付账号及其等效信息，如支付账号、证件类识别标识与证件信息（身份证、护照等）、手机号码 • 账户（包括但不限于支付账号、证券账户、保险账户）登录的用户名 • 用户鉴别辅助信息，如动态口令、短信验证码、密码提示问题答案、动态声纹密码（若用户鉴别辅助信息与账号结合使用可直接完成用户鉴别，则属于 C3 类别信息） • 直接反映个人金融信息主体金融状况的信息，如个人财产信息（包括网络支付账号余额）、借贷信息 • 用户金融产品与服务的关键信息，如交易信息（如交易指令、交易流水、证券委托、保险理赔）等 • 用于履行了解你的客户（KYC）要求，以及按行业主管部门存证、保全等需要，在提供产品和服务过程中收集的个人金融信息主体照片、音视频等影像信息 • 其他能够识别特定主体的信息，如家庭地址等
C1	主要为机构内部的信息资产，主要提供金融业机构内部使用的个人金融信息。该类信息一旦遭到未经授权的查看或未经授权的变更，会对个人金融信息主体的信息安全与财产安全造成一定影响	• 账户开立时间、开户机构 • 基于账户信息产生的支付标记信息 • C2 和 C3 类别信息中未包含的其他个人金融信息

个人金融信息主体因业务需要（如贷款）主动提供的有关家庭成员信息（如身份证号码、手机号码、财产信息等），应依据 C3、C2、C1 敏感程度类别进行分类，并实施针对性的保护措施。

两种或两种以上的低敏感程度类别信息经过组合、关联和分析后可能产生高敏感程度的信息。同一信息在不同的服务场景中可能处于不同的类别，应依据服务场景以及该信息在其中发挥的作用对信息的类别进行识别，并实施针对性的保护措施。

第六章

数据资产的确认标准

第一节　数据资产确认入表的必要性

数据资产确认入表是指将符合确认条件的数据资源，确认为企业资产负债表中的一项资产，并在资产负债表上单独列报或作为存货和无形资产的二级明细进行列报，从而在企业财务报表中反映其真实价值。考虑到数据资产的特殊性，数据资产难以完全用现行会计标准的方法进行确认和计量。目前将数据资源作为一项资产进行确认已得到广泛认可，现有学者对数据资产的确认问题进行了初步研究，但也存在各种不同观点。

一、从宏观层面看数据资产入表的必要性

国家高度重视数据要素的资产化，主动推进数据资产确认入表，多次强调数据产权治理问题。数据确权是数据资产化的先决条件，资产在交易过程中产生的净收入与交易前权属界定有关，数据资产权属交易有助于提高数据交易市场的活跃度，因此对数据资产权属的研究得到重点关注。数据资产入表管理本质上是数据产权界定，是企业合法拥有其数据资源控制权的证明，以会计制度安排表征企业持有数据资产物权的合规性。企业将自有数据资产估值入表，确定数据产权主体正当性和数据资源参与权益分配的合法性，并创造新的业务模式，可以增加经济效益，提升生产率，增进社会福祉。因此，企业自有数据资产入表具有促进经济社会发展的重要意义。

数据资产入表服务于国家数据要素市场战略，积极促进并推动数字经济的发展。从我国建设与繁荣数据要素市场的角度出发，数据资产入表从鼓励披露、加强排摸企业自有数据存量开始，通过企业实践和优秀案例研究相结合的方式，形成入表一般路径，并通过强化数据交易所基础设施功能，提高数据资产入表的效率，提升数据资产管理工作的效率。

数据交易是数据要素市场体系的核心环节，激活数据交易是做优做大数字经济和加快释放经济新动能的重要前提。特别值得重视和关注的是，数据资产入表将激活数据资产交易。从地方财政转型升级角度来看，数据资产入表可为地方财政转型提供“新方案”，加快地方财政从“土地财政”向“数据财政”转型。由于现行土地财政难以为继，地方政府将激活数据资源来做大数字经济，地方政府也将加快推进和全面创新“数据资源”确权和交易等方面的模式与机制，全面提升政府“数据资产”的运营和变现能力。同时，一些地方政府正在探索对“政务数据”开展授权运营，通过政务数据的评估开放、数据招商、数据税收等途径来新增地方政府财政收入，推动数据场景融合创新和数据资产价值变现，最终转化为地方财政收入，从而加快推动实现“数据财政”落地。

二、从微观层面看数据资产入表的必要性

公司价值的“驱动逻辑”在数字时代发生了颠覆，公司价值不再由公司的有形资产来主导，无形资本的价值在公司价值中将占主导，价值估值方法和价值驱动因素发生了变化。数据要素的重要性和潜在价值将进一步被地方政府和相关企业所重视。数据资产入表将释放数据资产的价值，为企业价值发现提供“新思路”。目前数据的价值尚未完全反映在企业的资产负债表中，只有在企业上市后的市场价格以及在企业并购时才得到明确体现。Facebook 2011 年公布的资产价值不到 70 亿美元，而市值高出账面价值近 20 倍；Micrisift 曾以超过 LinkedIn 市值 50% 的溢价实施并购，惊人的溢价一定程度上反映出投资者对数据密集型企业用户数据价值的评估水平。

数据资产入表将显著改善数据资源型和数据驱动型企业的财务报表，全面提升企业估值。数据资产入表将从财务角度和业务角度全面提升相关公司的估值，特别是数据资源型企业、数据驱动型企业的数据资产价值得以显现和重估。数据资产入表将全面释放企业在数据加工、研发和购买方面的意愿和需求。对于数据资产的供给方（可资本化）和需求方（现有较多研究认为可作为无形资产），数据研发和加工等相关费用列入“资产类”科目（之前直接费用化），从而改善和优化企业资产负债表和利润表。

数据要素的估值入表是数据产权治理的会计解决方案。会计准则的制定，要从产权治理的角度做分析，而非仅从准则本身做思考，若从会计的本位思考，则必然受制于现有会计思维和会计范式，而难以察觉有制定新准则的必要性，更不是要亦步亦趋跟随 IASB 的节奏。发挥数据资产会计准则对新经济的牵引和培育数据要素市场作用，需要站在高质量发展的立场做顶层设计，只有正视当前会计准则体系难以继续反映新经济下会计信息需求的内生缺陷，才能在大局观下认识到制定数据资产准则是理顺数据产权治理的“隐形按钮”。

同时，数据资产入表将全面提升企业数据资产意识，建立和完善数据资产入表机制。数据资产入表将引导企业高度重视数据资产的开发、使用和价值挖掘，将全面提升企业的数据资产管理意识，建立独立的数据管理部门和数据合规部门并推动企业加快数据合规体系建设，进一步建立并逐步完善企业内部数据资产管理制度、数据资产合规制度和数据资产质量标准等数据资产入表相关制度和机制。

第二节 数据资产的确认范围和确认条件

一、数据资产的确认范围

数据资产具有多样性，包括数据来源的多样性以及使用主体的多样性。数据来源包括企业、政府、个人等主体形成的身份数据及其日常行为记录收集形成的数据。

当前，我国企业拥有大量数据，数据存在于企业生产经营过程的各个环节。那么，什么样的数据可以确认为资产？什么样的数据不能确认为资产？厘清数据资产的边界是会计确认需要解决的首要问题。根据企业拥有数据的目的，可以分为用于销售的数据、用于生产和研发的数据、用于提高经营能力的数据等。企业数据资产化就是数据的会计确认过程，将数据确认为企业资产负债表中“资产”的一项，在财务报表中体现其对未来经济价值的创造。迄今为止，数据仍然未能作为一项新型资产在财务报表中得到全面确认和公允反映。IASB 自 2023 年开始修订 IAS38 以增强对经济转型的适应性。EFRAG 认为，除新产品开发成本外，内部产生的无形资产通常不会确认为资产，但新技术、数字化、软件解决方案等将对实体业绩发挥越来越重要的作用，提议在财务报表或单独报表中进一步确认内部产生的数据资产的范畴极其宽广，需要进行分级分类管理，有数字化存货（如电子书）、数字化权益证明（如股票、IP、碳交易权证），还有新形态的数据资源（如数字货币、数字化产品）。其中，又将数据资源区分为数字化存货资产，这主要是运营商、金融机构、平台企业、数据公司这些数据生产者的数据资源和伴生于经营活动的数据资源，主要还是企业的自有数据资源。这些数据生产要素需要进行分级分类管理，需要结合现金流量特征和企业管理数据资产的业务模式做出抉择，其中某些方面能直接适用现有会计准则，很多方面需要制定与之相适应的会计规定，这就需要有一个总成性的规定和探索专门的数据资产准则。

在光大银行数据资产估值框架中，其数据价值链包括数据采集、数据归集、数据加工与数据应用四个阶段。基于数据价值链并按照原始类、过程类、应用类划分数据资产的方法，光大银行自有数据资产的分类数据价值链由数据生成、收集、存储、分析、应用、交换等多个环节组成，反映了数据伴随企业具体生产过程而实现价值创造的过程。对于各阶段的数据资源，若满足“由企业过去交易或事项形成”、“由企业合法拥有或控制”、“预期未来一定时期内为企业带来经济利益”、“以电子或物理方式存储”等定义条件，可在确认为企业自有数据资产的基础上，依据其价值来源和价值表现，进一步划分为原始类、过程类与应用类三类数据资产。原始类数据资产产生于数据采集阶段，根据资产边界的不同可细分为内部采集类与外部获取类。前者是指生产经营过程中采集（包括人工输入以及ATM 机、POS 机等设备自动识别）的最终存储于业务源系统中的业务数据。后者是指通过购买、交换、网络爬虫或其他合法公共渠道获取并形成的，由外部数据管理系统进行接入与存储的数据。过程类数据资产产生于数据归集与数据加工两个阶段。在数据归集阶段，光大银行通过数据仓库、数据湖等湖仓一体化技术，对有开发价值的结构化与非结构化数据进行提取和备份，并通过数据清洗、整理和编码方式进行预处理，为后续数据的访问和利用做准备。在数据加工阶段，通过由数据资产中心和数据交付中心组成的数据中台对采集汇总数据进行加工处理，形成指标、标签、主题因子等标准化的数据中间品，并通过应用层各类算法模型对其进一步提取、挖掘与调用。应用类数据资产产生于数据应用阶段。依据其推动业务数据化与数据业务化的作用路径，可细分为统计支持类数据资产和收益提升类数据资产。前者主要通过业务数据化辅助企业经营分析、监管报送，实现管理决策能力的提升。后者通过数据业务化直接提供数据产品和数据服务，实现收益能力的提高。对于企业数据而言，其来源无论是企业自生、收集还是外购，均可作为企业历史事项的反映。一般历史事项必须有凭证为依据，具有可稽核性和不易篡改性。目前市场上存在大量非法转售数据或未经许可扒取数据等乱象，数据在流通过程中易出现企业间关于数据来源及控制权的争执，如“顺丰菜鸟数据大战”“腾讯华为数据之争”。

来源不明、存在争议的经济资源无法确认为企业资产。数据资源在收集时需满足合规性和正当性原则，也就是说，必须按照我国《数据安全法》和《个人信息保护法》等法律规范的要求确定权属后才能成为资产。《个人信息保护法》特别要求数据收集的“最小必要原则”，即个人信息的采集类型应与实现企业产品或服务的业务功能直接相关，最小必要原则与数据资产的确认前提相一致，企业无法证明具备业务相关性的数据，不应作为资产。我们认为数据资产登记是企业证明数据资产符合财务报告概念框架要求的可行方式。登记内容应主要着眼财务报告概念框架中数据的来源、权属及收益的合规合法性。同时，企业数据资产登记也为潜在的数据权益纠纷和数据来源争议留存证据。

《企业数据资源相关会计处理暂行规定》（以下简称《暂行规定》）中对数据资产确认范围做出规定，确定两种类型的数据资源可以推进入表，第一种是满足资产确认条件，可以确认为无形资产或存货的数据资源，可以纳入资产负债表；第二种是不满足资产确认条件，但企业拥有或控制、预期能给企业带来经济利益流入的数据资源，可以在企业财务报告中予以披露。从数据资源的来源来看，企业可能通过公共数据授权、自身运营产生、交易市场采购等多种渠道获得数据资源，因此，推进以数据分类分级确权授权制度为基础的数据资源入表，是有效提高数据要素市场化流通效率、促进数据使用价值充分释放的起点。《暂行规定》将可纳入“内部使用——无形资产”和“对外交易——存货”两种资产类别的数据资源进行划归合并处理，对于不能划归到上述两类但满足企业资产定义的数据资源也进行统一规定，这样一来，扩宽了数据资产化的处理面，提升了数据资产化的可行性。按照与数据资源有关的经济利益的预期消耗方式，根据企业持有对客户提供服务、日常持有以备出售等不同业务模式，将数据资源分类为无形资产和存货进行确认、计量和报告。企业内部使用的数据资源，满足存货定义的，应当确认为存货，在“存货”项目下增设“数据资源”项目，反映资产负债表日确认为存货的数据资源的期末账面价值。企业内部使用的数据资源，满足无形资产定义的，应当确认为无形资产。在“无形资产”项目下增设“其中：数据资源”项目，反映资产负债表日确认为无形资产的数据资源的期末账面价值；同时在“开发支出”项目下增设“数据资源”项目，反映资产负债表日正在进行数据资源研究开发项目满足资本化条件的支出金额。

二、数据资产的确认条件

目前，国际上对数据资产的确认、计量及列报尚无成熟方案，应制定专门的数据资产相关准则，或在当前准则框架下进行规范。从数据资源到数据资产的过程类似原油提取为石油等化工产品的过程，从数据资源到数据资产的“艰苦一跃”，既是实现数据经济价值的过程，也是数据资产化的必经之路。厘清数据资产化路径，一方面可以解决资产“入表”必须解决的“确定性”问题，另一方面可以判断企业数据资源是否符合会计准则中“资产”的确认条件。

（一）数据资产权属界定

数据资产的确认首先应该明确数据的所有权和控制权问题，而所有权和控制权不能只简单地通过数据源判定，界定所有权和控制权应该根据数据创造价值过程中创造价值的能力进行界定。《中共中央 国务院关于构建数据基础制度更好发挥数据要素作用的意见》将数据划分为公共数据、企业数据和个人数据三类，实行分类分级确权授权制度，是对构建具有中国特色数据资产产权制度的完善和发展。公共数据由于部分涉及社会公共安全和国家安全战略布局，权属界定较明确。企业数据与个人数据在企业交易动机以及相互交易行为中产生交叉，导致数据资产的产生涉及多个主体的联合行为和复杂的生产场景，所以所有权难以明晰。理论上说，公共数据与个人数据在一定条件下也具备资产属性，需要进行管理。企业数据是数据资产的主要组成部分，大部分研究集中在企业数据。数据资产权属一般分类为持有权、使用权、经营权和个人数据权。个人数据权一般涉及个人隐私信息，在日常生活中受到的关注较多但较少涉及财产权，前三种权利属于财产权。对于数据权属研究，部分学者以数据主体拥有的权利为切入点。为实现规模经济和范围经济，个人在使用企业商品和服务过程中同意企业收集储存的个人数据应该将数据权属转移给企业，在不会过度提高数据泄露风险的前提下由企业合规合法进行集约化管理。数据资产不适用于传统所有权确定模式。因为数据资产边际成本递减的同时边际收益呈递增特征难以二次转移使用权，所以数据所有权一般不发生转移，数据生产者和所有者一般转移数据的使用权、分销权和转授权。通过梳理世界不同地区关于数据资产权属法律新规，根据数据权属区分数据所有者、管理者和使用者，数据管理者在数据所有者和数据使用者之间充当数据银行的角色，向数据所有者支付费用取得数据使用权，再通过向数据使用者让渡使用权而收取费用。数据所有者、管理者和使用者之间的关系有学者进一步归纳为数据交易的不同路径（“数据权属方与非权属方”及“数据非权属方与数据资产需求方”），并借鉴知识产权界权方法对不同交易路径的数据资产确权。基于国家发展改革委发布的《数据基础制度若干观点》，对其中提出的用“持有权”替代“所有权”的观点提出看法，认为“持有权”的提出是考虑到数据表现出的新特征，且“持有权”与“使用权”两权分离制度可以暂时解决数据确权问题。数据资产同时是数字技术的伴生物，数字技术的发展有助于数字资产确权。

（二）数据资产“资产”概念界定

根据企业会计准则的相关规定，资产是指企业过去的交易或者事项形成的、由企业拥有或者控制的、预期会给企业带来经济利益的资源。将一项资源确认为资产，需要符合资产的定义，还应同时满足以下两个条件：一是与该资源有关的经济利益很可能流入企业；二是该资源的成本或者价值能够可靠地计量。数据资源要确认为一项资产亦应满足上述条件。因此，我们理解数据资源确认为资产主要包括四个要素。

1. 数据资源是由过去的购买、生产、建设行为或者其他交易事项形成的

数据资源是由过去的购买、生产、建设行为或者其他交易事项形成的，预期在未来发生的交易或者事项不形成资产。划分原则依然取决于某项支出的受益期间和收益实现方式。首先，数据作为企业合法拥有或控制的、预期会给企业带来经济利益的经济资源，资产化的前提条件是必须存在关系到未来经济利益。某些开发性支出明确与未来期间损益相关，受益周期比较长，具有基础性和持续性，就应当予以资产化。其次，部分开发性支出

与本期（通常指本年度）经济利益相关，在发生时是否确认当期损益的实际处理较为复杂。数据资源的专有属性在于具有较强时效性和应用场景依赖性，因此大量数据资源开发支出是与本月、本季、本年的经营活动相关。大量数据资源的实际生命周期短于一个会计期间，这是数字资产的典型特征。但这些数据资源开发性支出的会计处理，不是直接计入损益项目，而是需要先判断收益实现方式。若并无明确收益与之对应，则往往是与管理活动或制造活动相关，前者属于期间支出，可在发生时计入损益，后者属于制造费用，在发生时先归集后分摊计入数据产品的生产成本。若有明确对应的收益项目，就应先计入数据产品或数据服务的生成成本，然后再在收益实现期间转入营业成本。

2. 数据资源是由企业拥有或控制的

企业会计准则对于“拥有或控制”定义为，企业享有某项资源所有权，或者虽然不享有所有权，但该资源能被企业所控制。IFRS 概念框架认为，如果主体拥有现实能力主导一项经济资源的使用，且可能获得该经济资源带来的经济利益，主体即控制了该经济资源。数据资产必须是企业能够合法合规进行控制和管理的数据资源，企业非法获取的数据、在相应产权方面存在巨大争议的数据资源不能确认为数据资产，作为一种新型的资源与要素表现形式，部分数据资源的产权还未给出明确界定，例如，部分源于互联网（社交平台、电商、门户网站）、物联网传感器等公共渠道采集地理、行为数据等。在产权的界定上存在巨大争议的数据资源，暂时不完全具有资产的属性，只是具有资产潜力的资源。值得注意的是，从会计计量与资产化的角度而言，“控制权与所有权具有二重性”说明企业虽然不拥有一项资产，即对其不享有控制权，但只要合法合规明确地控制了一项资产的部分权益，并可以实现从中取得经济效益，这种情况在一定程度上符合会计准则对资产的规定。同时，通过前置条约与数据脱敏的方式也能够在一定程度上缓解相关问题。在过去的一段时间，中国、欧盟等陆续制定出台了个人数据保护相关条例。因此，企业只要合法合规享有数据的部分控制权，就可以在一定程度上对这部分数据进行资产化确认。从法学角度看，数据在物理上缺乏确定性，且具有较高的可复制性，因此无法被单个主体独占性控制，不能成为财产权客体。即便数据成为财产权对象，其权利主体的判定也存在模糊之处，因为数据来源主体和数据使用主体往往不同。可以看出，数据权属的确定仍未在法律层面达成共识。《中共中央 国务院关于构建数据基础制度更好发挥数据要素作用的意见》提出“建立数据资源持有权、数据加工使用权、数据产品经营权等分置的产权运行机制”。但需要注意的是，IFRS 概念框架并不强调所有权。当然，在数据资源控制权确立实践中，不可避免会遇到控制权与所有权的冲突。例如，在互联网公司收集的用户偏好数据中，信息来源主体显然是用户，且其拥有对数据的所有权，能够通过撤回同意权而行使权利，但需要注意的是，信息来源主体的权益主要表现为《个人信息保护法》等法定在先权益，因此上述冲突可以通过数据授权协议的规范进行解决。同时，IFRS 概念框架认为，即使资源存在重大变动风险，也可能表明主体控制着该资源，因此所有权的争议在实践中不应当影响控制权的认定。基于会计角度对资产的定义，如果数据来源合法且组织基于法定或合同约定能够对该等数据资源合法有效控制，也应该符合形成数据资产的要求。如对数据资源的持有权、数据加工使用权、数据产品经营权等，但是“数据二十条”强调的分置的产权运行机制并不仅仅是上述三种数据产权，其中，“等”字表明此处分置的产权并未穷尽。

3. 相关数据资源预期会给企业带来经济利益

数据资源预期会带来经济利益，且相关的经济利益很可能流入企业。企业会计准则规定，预期会给企业带来经济利益，是指直接或者间接导致现金和现金等价物流入企业的潜力。同时，企业会计准则规定，只有满足与该资源有关的经济利益很可能流入企业时，才符合确认资产的条件之一。数据资源需要能够为企业带来持续的经济收益。包括能够证明运用该数据资源生产的产品存在市场或数据资源自身存在市场：数据资源在内部使用时，则应证明其有用性（《企业会计准则第 6 号——无形资产》）。那些没有经济利用价值或者在现有技术和知识条件下，未能确定其未来是否具有经济获利能力的数据资源，不能列入数据资产。同时，数据资源需要能够在一定时期“被反复的、连续的使用”，否则就不能称为资产，并应作为中间投入进行费用化处理。《2008 年国民账户体系》对“资产”“数据库”等概念进行了界定，同时为了区分“数据库”与“中间产品”，明确界定了资产需要在“生产过程中被反复或连续使用一年以上”。实务中一般会认为，当经济利益流入企业的概率超过 50% 时，符合“很可能”的标准。

如何确认相关经济利益很可能流入企业将是数据资源入表的一大难点，特别是对于企业内部产生的数据资源，相关经济利益流入及其可能性的论证往往存在困难。在企业数据产品研发的可行性分析阶段，通过测算和评估数据产品的经济利益，或是通过数据产品的试生产试运行加以验证，并考虑应用场景下影响价值实现的其他因素。在企业内部使用时，经济利益产生和流入的方式，可以是降低成本、增加收益、防范风险等。其中数据产品的边界、形态、运行成熟度和收益可辨认性是重要的考量维度。企业在进行数据资源能够为企业带来经济利益流入的判断时，需要进行全面的分析和评估，综合考虑多种因素和依据，结合数据资源的持有目的、形成方式、业务模式等进行综合评估，以确保数据资源的有效利用和保护。在进行上述评估时，企业可以参考行业标准和市场价格，结合自身业务特点和实际情况进行判断。同时，企业也需要考虑数据资源的风险和不确定性，以制定有效的风险管理和控制措施，确保数据资源的有效利用和保护。

4. 相关数据资源的成本或者价值能够可靠地计量

企业会计准则规定，企业应当以实际发生的交易或者事项为依据进行会计确认、计量和报告，如实反映符合确认和计量要求的各项会计要素及其他相关信息，保证会计信息真实可靠、内容完整。将数据资产定义为指企业拥有或控制的，预期会给企业带来经济利益

（内部价值或外部收益），以数据为主要内容和服务的可辨认非货币资产。数据资源需要能够从企业实际生产与运营中分割或划分出来，并可用货币进行可靠计量。这是数据资产化的难点问题。实际上，通过对无形资产会计确认与计量方法的研究与分析，通过计量方法的创新与完善，特别是在充分考虑到“数据获取成本与数据实际价值”“数据价值影响因素”的基础上，数据资源的价值可以相对较为准确地衡量。

值得注意的是，数据产品不一定满足资产的确认条件，如有的数据产品可能不能给企业带来经济利益流入，有的数据产品使用方式与无形资产类似，但生命周期可能不超过一年，而会计上不超过一年一般不计入无形资产。但企业实践中确认数据资产往往以数据产品作为载体。基于数据产品确认数据资产的优势主要在于：数据产品的可使用状态或者可交易状态更容易辨认，可以更直观地判断该资产是否达到预定用途；数据产品也更方便企业进行内部管理。以企业真实数据推进数据资产入表模拟研究发现，企业虽然在数据资源的开发利用方面投入很多，形成满足资产确认条件的数据资产，但是由于组织架构不合理，部门之间资源重复利用或者人员调配复杂，导致数据资产成本归集存在困难，即数据资产确认条件中的成本与价值可靠计量这一条不能满足。因此为满足数据资产的确认条件应该从头开始规划业务流程，对数据产品研发中涉及的部门和人员做合理分配，提高管理能力和效率，并组织相关会计专业人员向数据资产企业提供专业培训，加强对数据资产入表规范要求的培训讲解。同时，增加数据资产涉及的组织部门及相关技术人员披露，披露针对存在人员兼职情形下，建立数据资产核算内部控制流程。

会计意义上对“数据资产”概念进一步具象化，明晰“数据资产”与“数据”的概念区别、内容边界，以及对确认原则进行进一步的明晰，明确了数据资产是一种与无形资产和存货存在相似性的新资产类型，在一定阶段、一定时期的会计价值相对稳定，可以通过会计计量方法的创新实现有效衡量。但是，实际上这种通过计量方法创新而实现的数据资产价值计量仍然面临着一定的难点，特别是，由于很大一部分的数据是企业组织、生产、运营的伴生数据，而非由专门性的研发产生，在会计确认及价值评估时成本、收益与其他一般性业务的分离难度较大。综上，在实践过程中符合可变现、可控制、可量化三大特征的数据资源应当视作数据资产，应进行会计意义上的确认并纳入企业会计报表，以明确数据作为要素的贡献与价值。

三、《暂行规定》对数据资源入表的确认与处理

（一）数据资源的确认要求

《暂行规定》第一条规定，本规定适用于企业按照企业会计准则相关规定确认为无形

资产或存货等资产类别的数据资源，以及企业合法拥有或控制的、预期会给企业带来经济利益的、但由于不满足企业会计准则相关资产确认条件而未确认为资产的数据资源的相关会计处理。《暂行规定》对于数据资源“入表”的判断主要是基于现有企业会计准则关于存货和无形资产的定义和确认条件进行规范的，企业判断数据资源是否可以“入表”的原则没有发生重大的变化。企业需要按照企业会计准则基本准则对于资产的定义和资产的确认条件，同时结合企业会计准则关于存货和无形资产的具体确认条件判断数据资源是否可以入表。具体来说，可“入表”的数据资源至少应当具备以下特征：相关数据资源是由过去的购买、生产、建设行为或者其他交易事项形成的；相关数据资源是由企业拥有或控制的；相关数据资源预期会给企业带来经济利益，且相关的经济利益很可能流入企业；相关数据资源的成本或者价值能够可靠地计量。同时按照存货或无形资产准则的具体规定进行确认和计量。而不能“入表”的数据资源则不符合这些要求。例如，一些纯粹的技术数据、个人信息数据等可能不具备经济利益或可交易性，或者企业无法识别相关数据的控制权，或者相关数据资源是在企业生产经营过程中产生的，但是企业没有合理的成本分摊机制导致其成本无法可靠计量，从而不能被确认为资产。在进行界定时，企业可以参考相关企业会计准则，结合自身业务特点和实际情况进行判断。

目前将数据资源作为一项资产进行确认已得到广泛认可，但对于数据资产如何进行确认以及对科目设置的研究尚没有得到一致的研究结论。

（二）数据资源确认入表的具体会计处理

与实物资产相比，数据资产通常以电子记录的形式存在，不具备实物形态，与无形资产相类似，因此，需要进一步参考与借鉴关于“无形资产”的概念界定。数据资产虽然依赖于物理介质而存在，但其本身具有虚拟性，作为无形资产处理是比较自然的。可辨认的无形资产主要是指专利权、著作权、商标权、土地使用权等，这些常规的无形资产具有静态性、专用性、整体性特征，而数据资产则具有动态性、通用性、可分割可组合性特征。如企业内部的数据资源是源源不断产生、更新和代谢的，或者附着于某种特定的业务流程和数据获取技术或者并非主要生产目的而只是意外而得的副产品，或者与个人隐私信息相关不严格满足来源合法性，这都为数据资产的确认带来了挑战。同时，为了进一步实现数据与知识、技术、管理等要素的有效区分、加速数据要素市场的构建，促进数据要素由市场评价贡献、按贡献决定报酬机制的形成，缓解现代企业，特别是互联网企业在表资产与市场价值之间的巨大差距，更为清晰有效展现企业价值与竞争优势，建议在“无形资产”会计科目下设立“数据资产”二级科目。开发阶段的支出，披露主体应当按照《企业会计准则第 6 号——无形资产》（财会〔2006〕3 号）的规定，判断相应数据资源是否满足以下无形资产确认条件：（1）完成该无形资产以使其能够使用或出售在技术上具有可行性；(2) 具有完成该无形资产并使用或出售的意图；(3) 无形资产产生经济利益的方式，包括能够证明运用该无形资产生产的产品存在市场或无形资产自身存在市场，无形资产将在内部使用的，应当证明其有用性；(4) 有足够的技术、财务资源和其他资源支持，以完成该无形资产的开发，并有能力使用或出售该无形资产；(5) 归属于该无形资产开发阶段的支出能够可靠地计量。

浦发银行借鉴会计学中“无形资产”的管理理念，提出构建数据资产价值化管理新模式：即以数据保值增值和资产变现为目标，以数据资产价值评估为抓手，将数据作为一种全新的资产形态，以资产管理的标准和要求来进行管理，包括资产认定、资产确权、价值评估、资产处置和隐私保护等主要管理活动。通过认定帮助管理者明确基础型数据资产和服务型数据资产的管理范围，包括资产盘点、资产审核、资产发布、资产维护等。现有会计理论及会计准则框架下，企业内部使用的数据资源及对外交易的数据资源，均在相关成本发生时费用化。数据资产入表，即对数据资产相关成本予以资本化，形成无形资产、存货等数据相关资产。

企业日常活动中持有、最终目的用于出售的数据资源，符合《企业会计准则第 1 号——存货》(财会〔2006〕3 号，以下简称“存货准则”) 规定的定义和确认条件的，应当确认为存货。按照企业研发活动形成数据资源的方式，可分为企业为定制化产品开发形成的数据资源以及企业内部前瞻性研发活动形成的数据资源。企业为定制化产品开发形成的数据资源，系企业按照客户需求进行数据资产产品设计与研发，最终形成的研发成果。企业应综合考虑历史经验、行业惯例、法律法规等因素，在有充分证据表明能够控制相关研发成果，并且预期能够带来经济利益流入后，按照无形资产准则相关规定将符合条件的研发支出予以资本化。企业为定制化产品开发形成的无形资产，采用与该资产相关的收入确认相同的基础进行摊销，计入当期损益。若企业无法控制相关研发成果，如研发成果仅可用于该合同、无法用于其他合同，应作为对外交易的数据资源，按照《企业会计准则第 1 号——存货》进行确认、计量、报告及披露，在出售时将其成本结转为当期损益，同时按照收入准则等规定确认相关收入。企业通过内部研发活动形成的数据资源，应根据《企业会计准则第 6 号——无形资产》确定是否形成无形资产。企业内部研究开发项目的支出，应当区分研究阶段支出与开发阶段支出。

根据数据资源使用目的，将数据分为“企业内部使用的数据资源”和“企业对外交易的数据资源”两类，各自在确认、初始计量、后续计量、收入确认等环节应当遵循相关的具体准则。企业可将符合会计准则要求的内部使用的数据资源，确认为无形资产；日常活动中持有、最终目的用于出售的数据资源，确认为存货，在会计报表附注中将数据资源相关会计信息进行披露。光大银行发布了《商业银行数据资产会计核算研究报告》，提出将数据资产使用权和数据资产经营权列入资产负债表中无形资产二级科目进行核算，并给出“衍生性数据”和“数据工具”的会计核算和入表方案。南方电网首创能源行业数据资产定价方法，实现电网数据资产“明码标价”，开展数据应用价值评估，量化部门及单位数据价值贡献度，创新建立数据资产入表管理机制，率先设立了“数据资产”会计科目，明确了数据资产的入表确认规则标准和入表管控策略。

但是，现行会计准则中关于无形资产的范围无法对数据资产进行准确确认，对无形资产的评估方法也无法完全适用于数据资产，因此我们认为应扩充目前的无形资产会计核算体系，将无形资产定义为“广义”的无形资产，再将数据资产列为无形资产的二级科目进行核算。

（三）未来的一种设想：数据资源直接作为“数据资产”确认

数据作为对客观事物性质、状态以及相互关系记录的载体，在资产化视角下，可以看作是一种创造性成果与经营性标记，或者是主体生产经营能力的体现，具有知识类财产权及资信类财产权利。数据资产作为数字经济时代产生的一种“新资产”，虽然在一定特征上与无形资产相似，但是数据资产具有自身独特属性，又兼具无形资产特征，与无形资产并不完全相同，属于可以进行辨认的表外“软资产”。比如：通常来讲，大部分数据是在企业的生产经营活动中产生，是由过去的事项形成的。但是，数据是动态的，并且持续更新的数据才更有价值。数据的成本主要包括获取成本、加工处理成本、存储等持有成本，其中，加工处理成本、持有成本可以直接对应至相关数据对象，相对方便计量，但大部分数据为企业生产经营的附加产物，获取成本通常难以从业务中划分出来从而难以可靠计量。此外，数据的价值主要取决于数据的应用场景，同一数据在不同的应用场景下价值差异可能很大，也是导致数据资产价值难以计量的重要因素之一。综上，数据的成本或价值均难以可靠计量，成为了“数据”确认为会计准则定义下“无形资产”、“存货”的阻碍之一。数据的价值不仅体现在现有的数据，更在于未来可以持续更新或扩充该类数据的能力。这是数据资产有别于传统无形资产（如数据库）的方面，却也可能导致数据资产无法完全满足会计准则对无形资产和存货的定义。与无形资产进行对比可以看出，数据资产与专利权、著作权、商标权存在显著差异，而商誉是主体收益水平与行业平均收益水平差额的资本化价格，不可独立存在，也不具备可辨认性，与数据（可辨认）具有截然不同的特征，因此已有无形资产科目均无法涵盖数据资产，需要在会计层面做出相应改良。特别是数据在企业生产经营过程中所占地位日益提升，数据资源潜在价值得到进一步发掘，根据会计信息质量要求中的重要性原则应该设置“数据资产”一级科目单独进行列示。

在进行数据资产确认时需要为数据资产搭建“一般属性——共有属性——专有属性”的资产属性层次，才能把作为企业资产的数据特征从数据的一般属性中识别出来。数据要素的估值入表需要符合资产的一般属性，也就是拥有控制权且有表征该控制权的过去事项和成本支出。数据资产与无形资产或存货等传统资产具有共有属性，也即需要标识出控制权的独占性。那些尚未标识产权主体的数据资源，具有非竞争性特征，可以无限次复制和多主体备存。但作为企业资产的数据资源的控制权是有排他性的。这两点都指向确认数据资产权利的关键在于控制权。数据资源的入表管理，既是数据产权确认的需要，更是数据产权保护的需要，以及数据要素治理与流通的需要。同时，需要认识到数据资产的专有属性，也就是非消耗性、非竞争性、可流通性、可读取性、可融合性和信息价值不确定性。可流通性是开放 API 接口进行交易连接的基础；可读取性是采用隐私计算和联邦计算并按数据流量计费的基础；非竞争性是嵌入零知识证明以防范数据套利和权利滥用的基础。这些专有属性不是判定数据资源能否估值入表的基础，却是数据资产进行分类、管理、交易的基础。它们也是数据流通治理的难点所在，往往需要用到区块链和人工智能等新技术做数据可信可控安全保护。它们仍然是数据资产准则的关注点。明确专有属性中的控制权确认、转移、消失等会计事项，是探究和制定数据资产准则的关键要义和“强基”工程。

值得一提的是，在浙江省 2023 年发布的《数据资产确认工作指南》中，明确了数据资产的定义，即组织过去的交易或事项形成的，由组织合法拥有或控制的，为组织带来经济价值的数据资源。并首次提出“会计主体对符合数据资产确认条件的数据资源可进行数据资产登记，进行会计入账处理，计入组织的资产账，完成组织内部数据资产的财务确认”并提出宜设“数据资产”为一级会计科目。

第三节 数据资产分类确认标准的构建

数据资产分类的确认标准后续值得再深入研究和持续完善。我们认为，由于数据资产的定义迄今尚无权威界定，也没有清晰界定数据资产概念的内涵与外延，更没有深入研究数据资产作为一类“新资产”的独特性，因此，关于数据资产的确认标准并没有突破现行资产定义及相关资产的确认标准，只有对资产定义和确认标准进行突破，才能据此建立数据资产的确认新标准。未来，我们认为有必要按照数据企业的类型来构建数据资产的分类确认标准，即将数据企业划分为数据驱动型企业、数据要素型企业和数据赋能型企业三大类，分别建立相应的数据资产确认标准。

一、数据驱动型企业的数据资产确认问题

数据驱动型企业是指企业的经营业务主要由数据来驱动或业务严重依赖数据支撑，且

数据来源大多是授权采集的公共数据、公开采集的个人数据或者收集自身业务运营生成的数据。企业在进行数据资产评估工作时，需要根据自身数据资源的来源选择适合的评估方法。数据资产的明细分类科目有行业差异性。常见的数据资源的初始来源，按行业大类划分，有社交媒体数据、手机信令数据、地理测绘数据、金融保险数据、健康医疗数据、教育学习数据、消费出行数据、物联网数据、工业互联网数据等。然后，需要在分类核算基础上实施资产化。假定数据确权、数据产权、数据安全、数据伦理皆合乎法律规定，那么数据生产要素开发性支出资产化的会计分类实践工作，也远比《暂行规定》的简单指引复杂得多，并且需要引入智能技术，会面临很多实际困难。这也是数据资产不同于实体资产的差异所在，它的可融合性、可生长性、时效性、交易不可见性等专属特征都与智能科技和应用场景具有强相关性。企业可以长期开发数据以支撑自身的战略和经营活动，以企业经济业务增值为目的。

滴滴出行等平台公司利用物联网和客户数据优化匹配服务，实现营收增益。在数据交易市场尚未成熟时，数据要素类企业持有大量源数据，持续研发有具体应用场景的数据产品，以等待大规模数据产品开发时机的到来。参照研发费用的会计计量方法，我们对以支撑自身的战略和经营活动为目的的数据开发行为单独设置“数据资产”科目，按照无形资产的确认规则进行会计确认。企业对自身数据或外购数据开发应该从最开始进行立项，所有支出区分研究阶段支出与开发阶段支出。研究是指为获取并理解数据内涵而进行的有计划调查、行业咨询、数据清洗和分析工作。开发是指在进行商业性生产或使用前，将研究成果或其他知识应用于数据开发活动，以生产出新的或具有实质性商业改进的数据模型或数据产品等。研究阶段是探索性的，为进一步开发活动进行资料及相关方面的准备，已进行的研究活动将来是否会转入开发、开发后是否会形成无形资产等均具有较大的不确定性。企业自行开发数据过程中在开发阶段的费用支出，只有在形成的数据成果达成使用或出售的目的，才能确认为“数据资产”，在研究阶段的费用支出不能形成无形资产。因此在有足够的技术、财务资源和其他资源的支持下，完成数据开发并有能力使用或出售之产生经济利益，才能计为无形资产。

某企业数据资源资本化形成的数据资产为企业开发的风险类数据产品、营销类数据产品。企业产品开发主要基于客户不同运用场景下的需求进行的研发，产品研发成功后，企业能控制相关的研发成果，能将研发成果为其他客户重复提供服务，并预期能够带来经济利益流入。案例企业履约合同发生的研发支出可根据无形资产准则相关规定将符合条件的研发支出予以资本化。在产品开发前期的规划、分析和研究阶段属于产品研究阶段，相关成本予以费用化计入当期损益；数据采集、数据开发、产品应用开发阶段属于产品开发阶段，如满足技术可行性、利用意图、有用性、资源支持、成本可靠计量五个条件的，相关开发支出予以资本化，否则相关支出予以费用化。产品开发完成后，企业发生的运维支出、数据安全、间接支出等可分摊至数据产品的支出，满足无形资产确认条件的，相关支出予以资本化。

以光大银行的数据资产价值链为例，数据要素的开发性活动包括采集、归集、加工与应用四个阶段。不考虑数据血缘计算技术，仅从全生命周期下按各生成阶段做一般分类来看，可划分为原始类、过程类与应用类数据资产。原始类数据资产对应数据资源采集阶段，内部采集包括直接输入以及 ATM 机、POS 机设备自动识别的业务数据，外部获取包括购买、交换、网络爬虫或其他公共渠道来源的数据。内采数据储存在业务源系统中，外购数据由信息管理系统接入与存储。过程类数据资产，生成于数据归集与数据加工阶段。数据归集通过数据仓库、数据湖等数据源平台实现，对结构化与非结构化数据进行信息提取和数据备份，进行清洗、标注和编码等数据预处理。数据加工是由数据中台对采集汇总数据进行加工处理，形成指标、标签、主题因子等数据中间品，并经由应用层的算法模型提取、挖掘与调用。应用类数据资产有统计支持和收益提升两类。统计支持类数据资产主要支持管理决策，辅助经营分析和实现能力提升。收益提升类数据资产依据金融业务，有营销类、运营类、风控类等细分项目。总之，数据资产的计量和分类是一个复杂管理系统，与业务逻辑和应用场景有强相关性，需要有一系列的技术规范、标准、自适应智能工具来保障实施。

二、数据要素型企业的数据资产确认问题

数据要素型企业是指为数据资源要素化提供专业服务或直接从事数据资源交易的企业。比如中国知网、同花顺、零点有数以及数据交易所（中心）等。这些企业开发数据产品进行销售或售卖数据服务依据《企业会计准则第 1 号——存货》，企业在日常活动中以出售为目的持有的产品、处在生产过程中的在产品、在生产过程或提供服务过程中消耗的材料等都被确认为存货。如果企业利用外购数据或自行搜集的数据开发出用于销售的数据产品，这些待售的数据产品符合存货的定义，但数据产品不符合存货可量化、可计数盘点、有限的特点，也不符合通常存货有形的特点。在实践中，我们可以考虑采用两种方式对开发待售数据产品或售卖数据服务进行计量。第一，单独设置“数据资产”科目，按照无形资产确认规则进行会计确认。开发待售数据产品或售卖数据服务过程中花费的成本，包括服务器租赁费、员工工资报酬、原始数据购买费等计入无形资产的成本。按照这些成本对应的产品和服务的可售卖年限，每年对无形资产进行摊销，摊销费用归类为营业成本。如果花费的成本对应的数据产品或数据服务的收入只能维持在短期内（如一年内）获取，或者未来收益具有强烈不确定性，这些数据产品的成本支出不能成为资产，应该在当期计入费用，降低利润，这也符合《国际财务报告准则第 15 号——客户合同收入》（IF-

RS15 Revenue from Contracts with Customers）中的第 94 项。以国际上采用此类做法的微软公司为例，它的主营业务之一是开发软件产品来售卖，大部分的软件开发支出直接计入当期费用，归类为营业成本，只有在证实软件产品的技术可行性后，相关支出才计入无形资产，然后按照软件产品的寿命摊销至每年的费用中。微软公司的软件开发费用并没有进入存货科目。第二，数据资产化进入“存货”科目，按照存货确认规则进行会计确认。开发待售数据产品或售卖数据服务过程中花费的成本，记入“存货”科目。理论上，存货应该在一个经营周期内卖掉或消耗掉，由于数据产品时效性太强，所以尽管开发出的待售数据产品可以销售一年以上，但相应的存货成本应该在第一个销售周期转为营业成本。把数据产品确认为存货的企业有数据堂，它是以开发数据产品和提供数据服务作为商业模式的“数据业务化”的企业，该企业持有具有自主版权的图像数据、语音识别数据及自然语言理解数据，为需求端提供按语种、标注方式等分类的多样化的产品，客户可索取样例并咨询购买。据数据堂 2022 年半年度报告，流动资产“存货”有大约四千万元，反映出该企业在实践中将开发待销售的数据产品所花费的支出列为存货。

三、数据赋能型企业的数据资产确认问题

数据赋能型企业通过数字化转型，充分利用数据和数字技术赋能业务，全面提升业务经营效率和经营效益，实现转型升级，多属于传统工业制造企业。我们认为，数据赋能型企业的数据资产确认完全可以按照财政部发布的《暂行规定》执行。比如，某企业的数据资源资本化形成的数据资产包括为开发定制化产品形成的数据资源与企业内部前瞻性研发活动形成的数据资源，其分别确认为存货及无形资产。公司形成存货的数据资源为公司研究咨询服务，其研发成果仅可用于该合同，无法用于其他合同，公司形成的数据资产最终对外出售，满足存货准则规定的定义和确认条件；形成无形资产的数据资源为公司的数据订阅服务，公司已形成成熟、标准化的数据产品。由于数据产品具有时效性，公司每天需要采集、加工形成新数据资源，对原数据资源有实质性的改变，其后续的投入是保持数据产品核心竞争力的重要方式，因此符合开发阶段的定义，相关支出予以资本化。如在开发阶段难以同时满足无形资产准则规定的技术可行性、利用意图、有用性、资源支持、成本可靠计量的条件，相关发生的支出予以费用化。

对于通过集团内部授权方式进行数据资源加工经营的企业，集团应建立并完善与数据资源相关的成本核算制度，严格归集、核算与数据资源相关的成本，使内部合并抵销后的数据资产仍能准确完整地在集团财务报表中披露与列示。

第七章

数据资产的计量与估值方法

第一节　数据资产的计量方法

在数据满足了可变现、可控制条件后，基于资产的经济属性，数据资源要想转化为资产，还需满足可以用货币的方式衡量其价值的条件，即数据资产可被计量。数据资产通常采用资产计量单位和度量属性予以量化。在会计角度，数据资产计量是根据一定的计量标准和计量方法，将符合确认条件的数据要素登记入账并列报于财务报表而确定其金额的过程。由于数据资产具有的经济和商品属性，故计量单位一般多以货币形式为主。而所谓的计量属性，根据我国2006年版《企业会计准则》的描述，会计计量属性主要包括：历史成本、重置成本、可变现净值、现值和公允价值。基于数据的特征，在讨论其计量属性时，由于现阶段尚未有规范的会计制度可资借鉴，故参考传统的会计计量并结合数据本身的特征去探索具有一定的合理性。

但也应注意到，完全借鉴现行企业会计准则中资产的确认标准和计量方法，恐怕难以体现和反映出“数据资产”这一类新资产的独有特征。传统的会计计量与资产评估中，二者对同一资产的估值可能会得出不同的结果，甚至会相差很大。从数据资产会计计量的角度，基于数据的特征，会计计量与资产估值都可能会考虑未来发生的经济事项。历史成本、重置成本、可变现净值这三种会计计量方法都根据计量对象在产生过程中的各项成本或可收回金额实现测度，统称为“基于成本的评估思路”。现金流折现值和公允价值这两种方法分别从资产期望收益及市场价格角度进行估计，体现资产的价值实现路径，我们把它们归属于“基于公允价值的评估思路”。数据资产计量，即对数据资产的价值采用历史成本法、公允价值法、数据因素法、评估计量法等方法进行价格计量。而基于法律政策的不完善、数据本身的特征、缺乏统一的计量方法和计量标准、缺乏同类数据资产市场价格参考等因素，导致数据资产价值在估值定价时很难被真实客观地反映。从资产计量实践来看，历史成本法相对保守，尤其是面对数据集成化运作带来的超大价值增量时，仅按照投入成本得出的计量结果未必能够真实反映数据资产的市场价值。数据因素法引入加权计量方案，评估计量法直接将计量任务委托给专业主体，力图真实反映数据价值，但是这些计量方法的运作归根结底无法摆脱对市场的依赖。

欧洲财务报告咨询组（EFRAG）于2015年发布报告，认为“商业模式决定着计量属性的选择。EFRAG将商业模式划分为四种类型，并以这四种不同的商业模式解释其对计量属性选择和对计量结果变动采用差异化处理方式的逻辑依据。”如表7－1所示。

表7－1　　商业模式对计量属性的选择和计量结果变动处理

商业模式	计量属性的选择	计量结果变动的会计处理
价值转换型	历史成本	遵循配比原则
价差获利型	公允价值	计入当期损益（FVTPL）
长期投资型	公允价值	计入其他综合收益（FVOCI）
负债驱动型	公允价值选择权	匹配负债与资产计量属性

国际财务报告准则第9号对金融工具的分类和计量就是以商业模式为基础。修改后的国际财务报告准则概念框架也强调了商业模式的重要性。要有效评估数据资产价值，必须充分考虑影响其价值的各项因素。数据的种类多样，数据资产价值的评估维度也是多元的。与传统资产相比，数据种类多样、价值易变，具有更加丰富的潜在应用场景，其资产化后的价值评估也需要综合考虑更多方面因素。

数据的价值很大程度体现在具体应用上，相同的数据资产在不同的应用领域中会展现出不同的价值，应用维度包括数据的稀缺性、时效性、有效性以及应用经济性。稀缺性表示数据资产是否稀缺，代表了所有者对该数据资产的独占程度；时效性表示数据资产的使用时限，由于数据具有更新速度快的特性，数据仅在一定时限内具有较高价值，并且价值随时间推移损耗较快；有效性表示数据资产在应用中所能达到的效果；应用经济性表示在不同的应用领域中，数据的价值应有所不同。数据资产的价值受场景影响较为明显，因此，如何公允地计量数据资产的价值，还需要结合具体场景进行考量。如果缺乏健全的数据资产交易平台，无法获取活跃的价格信号，那么则难以准确评估其价值。由此可见，任何科学的方法只有建立在完备的数据要素市场之上，才可能实现可靠的数据资产计量。

数据资产计量是数据资产价值形成的重要影响因素之一，基于数据本身的特征，对其计量的方式方法区别于并且也难于传统的资产计量，目前我国的数据资产计量相关制度还处于初级发展阶段，随着不断发展演化的进程，数据资产计量难的问题将逐一得到解决。

一、传统计量方法的革新和完善

由于数据资产具有传统资产所不具备的其他特征，因此，其价值的评估和计量并不完全遵从既有的会计、经济相关准则与标准，需要结合实践经验进行不断的探索和创新。

1. 改良成本法

成本法根据数据资产形成过程中所花费的成本对其价值进行评估。数据资产、知识产权等成本度量具有一定难度和不完整性，且价值和成本常具有相对较弱的对应性，但是在市场价格相对缺失、预期收益不定时，成本法不失为一种相对合理的估测方法。

成本法的基本计算公式为：

资产价值 = 重置成本 - 资产贬值因素

加入数据资产价值影响因素并更新后的表达式为：

$V = TC \times [1 + Pre(q_1, q_2, u, r)]$ - 资产贬值因素

TC 是数据资产总成本，具体包括数据从获得到应用所消耗的所有成本，主要包括建设成本、运营成本和管理成本。对于外部购入及内部研发数据资产，总成本能够较为明确地计量。内部伴生数据资产的成本计量较为复杂，在数据获得、确认、预处理过程中产生的费用，根据当前准则无法计入成本，建议能够明确与其他业务活动分离，且能够获取有效历史相关费用数据的，可以计入总成本，无法有效剥离的则不计入或是按最低比例原则计入，数据分析、挖掘、应用等过程中符合资本化条件的支出则全部计入总成本。Pre 代表数据资产溢价，是影响数据价值因素的综合评估数值，$Pre(q_1, q_2, u, r)$ 的具体形式不定，可根据不同行业，不同类型、不同应用数据资产进行调整；q_1 代表数据资产价值评估数量维度，包括数据量和广泛性维度；q_2 代表数据资产价值评估质量维度，包括真实性、完整性、准确性等维度；u 代表数据资产价值评估应用维度，包括稀缺性、时效性以及应用经济性；r 代表数据资产价值评估风险维度，包括法律限制、道德约束以及安全风险。

2. 改良收益法

收益法是基于数据资产预期的应用情况，对相应产生的未来收益现金流的折现，又可具体分为权利金节省法、多期超额收益法和增量收益法。收益法相比成本法能够更好体现数据资产真实价值，更容易为市场所接受。与传统的利用收益法评估资产价值相比，评估数据资产价值的不同之处主要在于要充分考虑数据资产价值影响因素对每期收益、收益评估期限以及折现率的影响。

收益法评估资产价值的基本公式是：

$$V = \sum_{t=1}^{n} F_t \frac{1}{(1+i)^t} + \text{所得税摊销收益}$$

F代表数据资产的预期收益，通过计算全部收益扣除其他资产收益后得到，可以代表许可使用费、超额收益或者增量现金流，但实践中三者都存在评估局限性和困难，需要区分数据资产和其他资产带来的收益。首先要考虑数据资产在该组织的获利方式，内部使用包括优化生产流程、提高管理能力、个性化精准营销等方式，外部输出则包含付费数据库、信用服务和广告营销服务等方式。在综合、全面考察数据资产运用获利途径基础上剔除其他业务、资产收益，才能更准确测算数据资产的真实收益。在对数据资产收益和其他资产收益区分的同时，要得到较为有效的数据资产收益，还需综合考量数据资产价值影响的数量、质量、应用、风险因素，以评估其实际价值。

3. 改良市场法

市场法是基于已有公开、活跃市场，类比相关交易数据，进行一定修正，评估资产价格的方法，需要有较为完善有效的数据资产交易市场。

具体计算公式为：

$$\text{数据资产评估价值} = \text{可比数据资产价值} \times \sum \text{修正系数}$$

其中，可比数据资产价值表示在公开活跃市场上，已有类似数据资产的交易价值，评估时需考虑数字资产交易条件、自身特点、所在行业以及获得、使用途径等情况。修正系数表示所求数据资产与可比数据资产交易案例的差异，用修正系数进行价值修正，需要充分考察影响数据资产价值的各类因素、可比案例发生时期与现期差异以及其他可修正维度。一般包括数量修正系数、质量修正系数、应用维度修正系数、风险修正系数、日期修正系数以及其他修正系数。

二、不同来源数据资产应采取不同初始计量方法

对企业内部经营活动所形成的数据资产，应以历史成本法进行计量。在资料的收集、整理、筛选和其他初始阶段产生的一切成本支出都应予以费用化处理并将其列入“管理费用”；把数据分析、数据发掘、数据应用和其他阶段产生的技术、设备和人力成本等计入其入账价值。另外，对企业并购中取得的数据资产，由于在涉及掌握大量数据的企业的并购中，收购的目的极有可能就是通过收购来获取有关企业已形成的有关本地用户行为的数据网络，由此产生协同效应。因此，第三方评估机构需要合理地把企业并购过程中产生的溢价部分拆解为企业的数据资产和商誉，并且科学评估其商誉价值；同时合并方需按并购成本与商誉评估价值的差额倒挤出相关数据资产的入账价值。

三、数据资产计量方法的相关研究

会计上的计量是指借助货币计量单位，将经济活动形成的会计要素表述为统一的货币单位，以便于会计信息的汇总、分解、分析和比较。会计上的计量包括初始计量和后续计量。初始计量是指首次确认会计要素时选择适当的计量属性对会计要素的货币价值进行计量；后续计量是指在首次确认会计要素后的会计期间内选择适当的计量属性对会计要素的价值变动进行再计量。商业模式不仅关系到初始计量和后续计量所选择的计量属性的恰当性，而且关系到后续计量价值变动的处理方式。就初始计量而言，不论是以外部出售还是以内部使用为商业模式的数据资产，均应当按获取或开发该数据资产的历史成本计量。此时，数据资产的历史成本与公允价值没有本质的差异。就后续计量而言，计量属性的选择理应与实现数据价值的商业模式联系在一起。对于以外部出售为商业模式且转移所有权并被确认为存货的数据资产，应按“历史成本＋减值测试”的方式进行后续计量，如果减值测试表明已确认为存货的数据资产发生了减值，则应计提存货跌价准备，否则账面上的历史成本在终止确认前保持不变，并在转移数据资产的所有权时将账面上的历史成本结转至营业成本。对于以外部出售为商业模式但仅授予使用权并被确认为无形资产的数据资产，应当按公允价值进行后续计量，并将公允价值的变动计入当期损益。对于以内部使用为商业模式且被确认为无形资产的数据资产，后续计量有两种方案可供选择：一是按“历史成本＋减值测试”的方式进行后续计量；二是按重估价值（重置成本或公允价值）进行后续计量，并把重估价值的变动计入其他综合收益或资本公积。

（一）数据资产的初始计量

数据资产计量采用的计量方法一般是历史成本法、现值法和公允价值法，在将数据资产分类后，针对不同类型的数据资产采用不同的计量方法。

依据现行会计准则，当前的资产初始计量，要求以完全成本作为入账基础，存货类资产还需要分摊入库前的合理损耗。这一会计处理方法，同样适用于与数据存货、数据无形资产、数字技术、数据设备设施相关支出的资产化。依据《暂行规定》，“通过外购方式取得确认为存货的数据资源，采购成本包括购买价款、相关税费、保险费，以及数据权属鉴证、质量评估、登记结算、安全管理等所发生的其他可归属于存货采购成本的费用。”这体现了准则上的完全成本，也即一切可归属于该项资产的对价总和。还有两个情况需要辨析。一是学术文献、国家标准中都提到成本法、市价法、收益法计量模型，主要指向数据资产存续期间的价值估计。在准则层面，对于新取得资产的初始计量，无论国内还是国际，除非某些特殊项目可用重置成本法或市价法作为估值基础，并不鼓励采用除实际取得成本以外的其他计量方式。二是现有文献中多有提到博弈论。博弈论主要指向数据资产的交易价格，可以采用联邦计算或隐私计算的方式实现，它是会计核算的业务基础，而非用于会计核算。

根据《暂行规定》的规定，数据资源应当按照成本进行计量。基于成本的评估思路指通过核算计量对象产生过程中的各项成本实施估值，聚焦供给端，基于数据开发的历史成本，并且扣减价值损耗。生产数据的成本包含数据收集与获取、存储与管理、分析及应用各阶段所产生的设备服务成本、中间投入、人力成本、间接费用等相关支出。相比预期收益与风险的估计，资产的历史成本测算相对准确，会计处理简单。这意味着企业必须以获取、生产、加工和维护数据资源所发生的历史成本为基础作为入表金额。但由于数据具有非排他性、高重塑性的特点，导致企业利用内部使用的数据资源对外提供服务时，不同的业务线、产品线之间，数据资源存在重复调用、重复组合的情形，企业一般根据对外提供的业务线或产品种类平均分摊，但不同业务种类的数据资产在资产价值、使用方式、服务对象、利用频次等方面可能均存在显著差异，数据成本平均分摊可能导致成本归集不准确，从而收入成本不能匹配，不能真实反映数据资源的经济利益实现方式。因此，公司可结合历史情况，如数据调用频次情况、对外提供服务的频次、服务收费规则、预计对外提供服务的频次、形成数据资产的价值等多维度对重复使用的数据资源成本进行更加合理的分摊。历史成本计量方法以事实交易为基础，成本客观真实，在归集成本时较简单，但是会低估数据资产自身的价值，导致数据资产交易过程价格失真。

《暂行规定》丰富了披露内容，企业可以根据实际情况自愿披露数据资源（含未作为无形资产或存货确认的数据资源）的应用场景、对企业创造价值的影响方式等。在这部分披露内容里，企业可以补充对数据资源进行收益法评估下价值的体现。收益法是指以数据资源未来可能产生的收益为基础来计算其价值的方法，主要适用于数据资源有明确商业模式和长期稳定收益的情况，可以更准确地反映数据资源的商业价值和潜在收益。此外，企业在将其数据资源作为产品进行出售或交易的情形下，以及将数据资源作为抵质押融资等用途的场景下，用于定价目的的估值也可以采用收益法。同时，如果需要对确认为无形资产或者存货的数据资源进行减值测试时，也有可能采用收益法来确定其公允价值或者估计售价。在使用现值法时需要考虑三个问题，一是数据资产未来预计收益；二是折现率的选取；三是数据资产可使用年限的评估，为现值法使用提供充分且可靠的依据。现值法能反映数据资产真实的价值，但是未来现金流估计会随着技术和新评估模型的出现发生较大变化，且数据资产的价值具有较高的不确定性，比如法律风险、数据安全风险等都会对数据资产的价值造成影响。使用公允价值法可以较公允地反映数据资产的现实价值，但前提是存在一个活跃的交易市场，我国数据交易市场仍处于培育阶段，且数据资产的特殊性使得很难找到与其类似的产品。

通过对数据资产进行分类，可分别运用不同的计量方法。而数据资产分类规则需与数据资产特征属性及企业业务模式相关。数据资产计量应采用混合计量模式，大量采用公允价值和估值技术。成本计量模式不适用于数据资产的后续计量，因为数据资产价值实现需要智能技术支持，算法技术、数据质量等复杂因素影响其经济价值，与成本模式计量范畴不相关。以大数据企业为例，大数据企业数据资产可根据用途分为交易型数据资产和自用型数据资产，进而根据是否具备应用公允价值的市场环境判断应用公允价值计量或现值计量。其中，交易型数据资产若满足应用公允价值的市场环境，即存在公开活跃的交易市场，应采用公允价值计量。对于自用型数据资产以及不存在公开活跃的交易市场的交易型数据资产，若可产生持续稳定的收益，应采用现值法来计量；若不能产生较为持续稳定的收益，不具备采用现值法计量的条件，则应采用历史成本法计量。

除企业在持有确认为无形资产的数据资源期间，利用数据资源对客户提供服务的情形外，企业利用数据资源对客户提供服务的，应当按照收入准则等规定确认相关收入，符合有关条件的应当确认合同履约成本。随着经济的发展，数据作为生产要素，数据资产在市场中发挥的作用越来越大。数据资产作为一个新的名词，成为当前经济增长的焦点。建议出台对数据资产资本化与费用化的区分标准，为企业执行《企业数据资源相关会计处理暂行规定》提供更详细的应用指南。数据资源的开发性支出具有普遍性。数据资源开发活动，如同土地资源的开发，是从数据要素到数据资产的生产性活动。通常包括两类支出：一是企业通过外购方式取得数据采集、脱敏、清洗、标注、整合、分析、可视化等服务所发生的支出，其本质是研发数据产品和（或）数据服务的生产性支出。二是企业内部生产、经营、管理活动中生成的数据资源，它具有伴生性和附属性。这两类支出在《暂行规定》出台之前，通常无差异化地计入损益。但在《暂行规定》的规范下，自 2024 年 1 月开始，可以遵照无形资产准则和存货准则的要求进行资产化管理。因此，各相关企业需要围绕数据要素资产化的核心关切问题进行研讨。它有可归属于某项数据资源的开发性支出和用于生成数据资源的基础设施建造费用两个基本类别。从《资本论》的视角来看，第一类是劳动的对象和产出，第二类是劳动的工具和设施。这两类数据相关支出是必须区分开来的，当前《暂行规定》的规范范畴是第一类支出，是否涉及第二类支出并不明确，但企业需要加以完善实施。第二类支出是用于生成数据产品的基础设施，它通常指向软件、云服务设施、大模型服务平台等基础设施。其中，软件是运行数据、标识数据、保障数据安全、加密解密等特定生产活动的数字技术，可归入“无形资产”类别，但又不同于“无形资产”。

用于生产和加工数据资源的专利，本质上是数字技术，功能上类似于工厂流水线上的机器设备，将来可考虑增设“数字技术”资产项目。进一步，假定这些数字技术建构在云端，它们就构成了软性“固定资产”。倘若还有实体设施，相应的建造费用需要以组合资产的方式计入“固定资产”，至于如何核算其中可单独计价的软件资产，这一系列复杂问题还需要专门研究。总体来说，数据相关支出涉及的资产项目较多，既有《暂行规定》要求的“无形资产”“存货”“开发支出”，也会涉及“固定资产”“在建工程”等其他资产项目。

若将数据资产类比金融资产计量入账存在理论上的不合理性。以金融数据资产为例，金融数据使用场景较为特殊，企业需要每天输入当日市场交易、报价等数据，通过前期研发的数据产品输出估值报价结果。金融数据产品的时效性较一般产品更强，数据价值呈现更强的边际效用递减的特征，与资产“能够长期带来稳定收入”的确认条件不符。以大量数据输入和模型研发作为开发基础的数据产品本质是企业在后期形成数据使用结果的“数据产品生产线”，其使用和交换价值明确，符合资产确认条件。因此，对这种数据研发和使用存在显著差异的场景，从产品研发角度和使用角度去区分数据资源的投入成本是有必要的。建议将企业开发数据产品模型的部分计入数据资产，而日常输入的数据资源购入成本计入主营业务成本。借鉴《企业会计准则第 22 号——金融工具确认和计量》进行数据资产分类不具备现实基础。因为数据资产不具有金融资产的现金流量特征，且两者概念内涵不可比，数据资产是多种类资产集合，金融资产是单一类别。此外，数据资产的采集、存取和流通具有场景和技术依赖性，而金融资产大多是标准化产品和标准化交易。

（二）数据资产的后续计量

1. 数据资产更新增值计量

数据资产具有区别于其他资产的特殊性：时效性，指数据资产价值不随资产使用消耗，而是随时间波动较大，经历一段时间后如数据不更新其价值将会大幅度下降，甚至耗散到无价值。因此企业为维持数据资产时效性将会对数据资产进行定时更新，使数据资产在较长时间内保值。数据资产更新支出是为维护数据资产原价值在环境稳定的情况下不出现过度波动，对数据资产价值或未来可产生现金流不造成影响，因此应该将更新数据资产支出计入当期损益。对数据资产更新不影响数据资产价值说法存在相反意见，认为数据资产更新是一个无限持续的过程，每一次更新都会增加数据资产附加值。但是出于谨慎性考虑，由于资产增值在资产不出现投资、交易等活动不重新进行计量。将数据资产后续过程支出细分为维护和更新两项支出，提出数据价值增长来源于数据量的增多，因此增加数据量并提高数据利用率的更新投入，如为提高数据收集水平而购买的软件或者人工，才计入数据资产成本，其他计入当期损益。而维护数据资产时效性的支出提高的是数据资产在不同应用场景中的价值，应该计入当期损益。如果不对这些用户数据进行不断更新，数据的价值只能在短期内产生作用。通过更新，数据资产才能在市场环境不发生剧烈变化的情况下在较长的周期内保值。数据的存储、维护、更新等支出是企业为实现数据资产的利用，不得不花费的支出，并不会使数据资产增值，或对未来现金流入产生较大影响，因此应该将其费用化计入当期损益。针对大数据技术进行改进和创新的研发性后续支出，由于数据资产的市场仍然在不断被探索、不断扩张，通过改善数据挖掘技术、探索新的市场应用、增加新的数据合作，可使数据资产的价值得到提升。大数据企业的研发部门不断对大数据技术进行改进和创新，以增加大数据资产的应用价值，或开发出创新性的市场应用，这部分支出会从根本上影响数据资产的盈利能力和交易价值，进而影响未来现金流入的情况，因此，应视其为“改良型支出”，进行资本化。

2. 摊销和减值

摊销方法有三种观点：第一，数据资产在使用过程中不出现实质性损耗，会随着宏观和微观环境变化而出现不确定性波动，数据资产价值随着数据应用过程中量的增加而提高，即数据价值变动并无固定规律可循，若对数据资产进行摊销则表示数据资产价值逐年减少，因此不需要进行摊销。第二，考虑到数据资产的经济利益流入依赖于市场供求关系，属于预期实现方式无法可靠确定的无形资产，应当采用直线法摊销。第三，考虑到数据更新较快，对于使用者具有一定程度的时效性，建议采用年数总和法、双倍余额递减法等加速折旧的方法进行摊销。各种摊销方法均具有其合理性，企业应当根据不同业务的特点和市场情况，选择最适用于本企业业务的摊销方法，并一致地运用于不同会计期间。

数据资产的摊销主要根据使用年限的不同，分为使用年限确定和使用年限不确定两种。如果使用年限确定，应当将其价值在使用年限范围内进行合理摊销，直至资产不能达到使用状态为止。针对使用年限确定的数据资产，目前税法上规定无形资产的摊销年限不得低于 10 年。公司根据自身经营特点和业务模式合理约定数据授权期限，并在授权期限到期前，预留足够年限与公共部门协商续约事项，避免由于数据授权期限不确定对公司日常经营及数据资产摊销年限的影响。如果为外部购入的数据资产，其使用寿命及残值率应当按照购买协议、合同中的规定进行处理；如果为内部研发挖掘数据，交易平台有类似数据的相关摊销年限的，可以参照数据交易平台进行确认；如果交易平台无此类数据资产相关信息的，企业应当结合对外提供数据资产服务时涵盖历史数据的期数或客户期望使用的历史数据期数等情况合理估计。一般情况下，如果没有第三方承诺在使用寿命结束后购买该资产，或者在交易平台上没有相似资产残值信息的，数据资产的残值应当视为零。另外，公司应当每年年终对数据资产的使用年限进行复核，如果有明确证据证明使用年限发生重大变化的，应当按照会计评估结果对使用年限进行调整。在确定无形资产使用寿命时，企业应当考虑以下因素：（1）该资产通常的产品寿命周期、可获得的类似资产使用寿命的信息；（2）技术、工艺等方面的现实情况及对未来发展的估计；（3）以该资产生产的产品或服务的市场需求情况；（4）现在或潜在的竞争者预期采取的行动；（5）为维持该资产产生未来经济利益的能力预期的维护支出，以及企业预计支付有关支出的能力；（6）对该资产的控制期限，使用的法律或类似限制，如特许使用期间、租赁期间等；（7）与企业持有的其他资产使用寿命的关联性等。

企业应当在每一会计期末对数据资产进行减值测试。数据的价值易变性与自生性等特性使数据资产价值可能在短时间内发生较大变化，因此，对减值迹象的判断应该是最为重要的问题。后续计量如果采用公允价值，那么当数据资产的市价大幅度下跌时即可认为出现减值迹象。在运用现金流折现模型时，如果模型所运用的折现率或期限参数出现明显变化，可作为减值迹象的依据。除此之外，还应该考虑到数据资产的价值与特定应用场景密切相关，如果应用场景发生重大变化，有证据表明数据资产已经陈旧过时，即可认为出现减值迹象。

目前的情况是企业无法提供较为合理的无形资产摊销期限依据，主要是数据资产具有价值时变性，数据价值会随时间推移而衰减，导致数据价值变小，但无法确定其于哪个时点彻底丧失价值。企业数据资产的减值具有独特模式，并且价值依据场景而变化多样，采用成本思路进行估值主要存在以下问题：首先，数据资产的期望收益价值与生产成本具有较大差距，成本法仅能保守地反映数据资产的价值下限，倾向于低估数据资产在财务报表上的价值；其次，在缺乏成熟数据市场的条件下，数据的质量与其成本往往并不对应，并非总是生产成本更高的数据资产使用价值越高；最后，由于数据资产不随使用而贬损，却因时间而降值，具有独特减值模式，在测算资产损耗一项时需作出特别评估。需要注意到，数据资产的价值产生可能依赖于其他资产，此类数据资产在判断减值迹象时需要纳入资产组评估其现金流量。

由于目前不存在活跃的数据资产市场，对数据资产进行减值测试存在诸多困难。部分数据资产不进行摊销，对外提供服务并不会减少其在供方财务报表中的账面价值，需方购买后又会在需方财务报表中体现，从而容易导致整体经济层面数据资产价值总量虚增，当公司业务发展不及预期或受外部负面因素影响时，数据资产将会面临非常大的减值压力。

像数据资产计价这样的世界性难题，是不可能从现有准则中得到处理方法的。明确数据产品为数据资产的计量载体，形成以数据产品开发投入为主要构成的初始计量方式和以数据产品使用场景为主要依据的后续计量方式。以此为基础推动数据要素交易市场的发展，推动标准化数据产品的价格生成、清结算等核心交易环节，探索数据产品公允价值形成与入表模式，并开展数据资产凭证服务及应用探索。明确数据资产的确认时点和条件，它们也是数据生产要素的特有问题，与无形资产准则和存货准则的相关性不大。

第二节　数据资产的估值方法

数据作为一项新型的生产要素，被称为数字时代的“石油”。越来越多的企业已经意识到自身拥有的大量数据资产具有价值，数据资产交易和流通的兴起，推动数据资产市场开始高速发展，政府部门和监管机构也开始重点关注并积极推动数据资产市场相关研究和规范制定。2020 年，中共中央、国务院发布的《关于构建更加完善的要素市场化配置体制机制的意见》指出，要加快培育数据要素市场；2021 年，中国信息通信研究院政策与经济研究所在发布的《数据价值化与数据要素市场发展报告》中提出“数据价值化”的概念；2022 年 12 月，“数据二十条”进一步提出发展数据资产评估、登记结算、交易撮合、争议仲裁等市场运营体系，稳妥探索开展数据资产化服务。数据资产成为核心生产要素的前提就是价值计量与交易流转，同时数据资产要想真正赋能实体经济发展，真实、高效、合规的数据资产流通和交易市场至关重要。

由数据交易需求产生的数据资产价值评估供给具有强大生命力，厘清数据资产权属、构建数据资产的定价和交易体系、促进数据要素市场发展也具有不可替代的作用。数据资产估值结果对企业自身发展而言可以更加直观、丰富地展现数据资产为企业带来的业务和财务价值，进而推动企业提高对数据资产管理的关注度和积极性，加大对数据资产管理的投入，完善企业使用数据辅助决策的效率。对社会经济发展而言，数据资产价值评估有序开展将引导数据资产流通和交易健康有序发展，从而极大丰富数据应用场景，加快社会各界对数据资产价值属性的认同。数据资产价值评估成为推动数据资产交易中不可或缺的重要环节，因此数据资产价值评估是数据资产研究的重中之重。2023 年 9 月 8 日，中国资产评估协会发布《数据资产评估指导意见》作为数据资产评估执业人员的行动准则，规范评估人员的实务操作，为专业资产评估机构提供数据资产评估工作提供指引。该意见通过推进数据资产价值计量充分反映数据资产对实体经济的赋能作用，同时为数据资产的交易和流通建立基础，助力全国大统一数据要素市场的发展建设。目前，各地数据交易所如雨后春笋纷纷设立，这将进一步推动数据资产价值评估的研究与发展。

结合数据资产的基本属性以及边际成本接近于零、共享性、时效性、价值易变性、业务附着性等特殊属性，充分考虑当前市场环境发展对数据资产评估的需求，接轨主流理论和具体实践阐述数据资产评估的不同方法。数据资产形成和价值实现与传统资产基本类似，因此数据资产价值评估方法主要集中于传统价值评估方法和考虑数据资产特殊属性从而对传统价值评估方法进行修正和改进上。

一、传统价值评估方法

传统价值评估主要基于三大路径，即成本途径、收益途径和市场途径。形成成本法、收益法、市场法三大基本方法（见表7－2）。

表7－2　　传统价值评估方法对比

方法	核心思路	优势	劣势
成本法	通过重新制造数据资产的成本加上合理利润并减去贬值，得到数据价值	数据指标相对客观且便于财务管理；能衡量数据资产建设的成本	无法体现数据资产可以产生的收益，不符合数据资产能够增值的特征
收益法	估计未来数据资产产生的业务收益，并考虑资金的时间价值，将各期收益加总获得数据价值	能比较准确地反映数据资产的价值，体现数据盈利能力	收益额较难准确预测，会受到主观判断影响
市场法	根据市场已有数据交易价格，以数据特征的差异作为修正评估数据价值	能够反映资产目前的市场情况，较为客观，在数据交易中更容易被交易双方接受	评估可行性受可比交易可获得性影响，即市场上需要有可见的可比交易，对市场要求严格

资料来源：光大银行《商业银行数据资产估值白皮书》(2021)。

1. 成本法在数据资产估值中的运用

成本法是从数据资产重置角度考虑待估资产实际成本的一种估值方法，部分估值模型未考虑数据资产的时间损耗，因此通过充分考虑数据资产特有属性对成本法模型进行修正。德勤、阿里研究院通过构建数据资产重置成本扣除折旧模型评估数据资产价值，提出贬值因素主要来源于数据资产时效性丧失时带来的经济性贬值，结合数据资产的特性对模型进行进一步的合理细化，将折旧区分为数据资产时效性带来经济价值折旧和数据使用场景发生突变带来的功能性折旧，并构建相应的折旧模型。

评估价值＝重置成本－贬值因素，或＝重置成本×成新率

重置成本为形成数据资产的合理成本、税费和利润。对于公司内部产生和收集的数据资产，显性成本主要有收集、存储、处理数据的人力成本、设备成本等，隐性成本主要为数据所附着业务的研发成本、人力成本等；对于外购数据资产，重置成本为在现行市场条件下，重新取得同样一项数据资产所需支付的金额。传统成本法评估中，实物资产的贬值因素主要分为经济性贬值、实体性贬值和功能性贬值，但对于不具有实物形态且不作为功能性使用的数据资产而言，贬值因素主要来源于数据资产的时效性丧失带来的经济性贬值。

中国资产评估协会综合考虑数据资产的成本与预期使用溢价，加入数据资产价值影响因素，构建了成本法修正基本公式，即：

评估值 = 数据资产总成本 ×（1 + 数据资产成本投资回报率）× 数据效用

普华永道将数据资产价值形成的过程划分为三个阶段，初探应用场景和进一步深度开发实现商业价值的数据被定义处于数据价值势能向动能转化的阶段。基于数据系统的构建成本，通过潜在经济价值呈现因子、潜在社会价值呈现因子进行修正。

成本法具有一定的先天不足，利用成本法对数据资产价值评估时，需基于形成数据资产的历史成本开展，因此所评估结果显示的是在对全部数据资产进行管理过程中的成本花费，难以评估某一个特定数据产品的价值。造成数据资产的成本和价值具有弱对应性，其成本具有不完整性。数据资产对应的成本不易区分，数据资产为生产经营中的衍生产物，对于部分数据资产来说，没有对应的直接成本，且间接成本的分摊不易估计。比如，用户在搜索引擎留下的查询信息等数据资产，其数据搜集成本包括网站建设成本、搜索引擎市场推广费用及管理、运营人员薪酬等，但这些成本中有多少应归属于“数据资产”，这一分摊比例难以估计；数据资产的贬值因素不易估算，造成各类数据资产贬值的因素各不相同。比如交通数据的时效性、司机驾驶信息的准确性，这些贬值因素的价值影响很难量化；无法体现数据资产可以产生的收益，虽然在成本的归集中需要按照成本加成的方式考虑一定的合理利润。传统资产评估的利润率可以参考实际利润率，例如房屋建造的利润率，而数据资产业务的利润率并没有行业通识或惯例，难以简单地选择一个合理利润率，由此导致成本法难以体现数据资产应用所带来的价值。

2. 收益法在数据资产估值中的运用

收益法下，数据资产的价值由其投入使用后的预期收益能力体现，是基于目标数据资产预期应用场景，对未来产生的经济收益进行求取现值的一种估值方法。它是基于数据的应用场景，通过数据资产预期带来的经济效益并考虑相关风险后折现计算其价值。收益法又细分为权利金节省法、多期超额收益法和增量收益法。权利金节省法又称许可使用费节约法，是基于因持有该项资产而无需支付特许权使用费的成本节约角度的一种估值方法。这种方法反映了数据资产的经济价值和数据资产与相关收入的对应关系。但是许可使用费不易估计，数据资产的许可使用费率在市场上尚未形成明确的行业标准，估计过程存在难度。同时由于数据资产是动态的，导致确定数据资产的使用期限成为又一难点。多期超额收益法是通过计算该项无形资产所贡献的净现金流或超额收益的现值的一种估值方法。该方法下，需要对因持有该项无形资产产生的收入增加额或成本减少额进行合理估计。多期超额收益法在数据资产评估中得到充分的应用，如某通信企业创造性地结合客户留存率参数对数据资产的价值进行修正。在互联网企业中也较多地使用多期超额收益法，同时针对互联网金融行业企业数据资产的特征、价值来源及价值影响因素等要点充分应用层次分析法提出互联网金融企业数据资产价值变化系数及影响权重，并引入了熵权法对层次分析法得出的因素进行二次修正，以尽可能减少层次分析法的不足。利用收益法对数据资产价值评估时，需要预计数据资产带来的收益进而估计其价值。这种方法在实际中比较容易操作，在目前数据资产价值评估实践中比较易于落实。但是这种方法也具有一定的局限性。目前实践中使用数据资产直接取得的收益进行价值估计比较少见，但是，根据业务计划获得的间接收益，在一定程度上有助于把握部分企业数据资产的收益。增量收益法是通过比较该项数据资产使用与否所产生现金流差额的一种估值方法。但是无法准确测算不应用数据资产情景下的现金流。增量收益法通过对比使用某些数据资产和不使用该数据资产两种情景下成交额的差异来计算该数据资产产生的收益贡献。但在实际操作上，由于市场情况在不断变化，很难准确测算在其他条件不变的情况下，不使用该数据资产所产生的现金流。

3. 市场法在数据资产估值中的运用

市场法是基于相同或相似数据资产的市场可比交易案例的一种估值方法。利用市场法对数据资产价值评估时，需根据相同或者相似的数据资产的近期或者往期成交价格，以对比分析结果为基础评估数据资产价值。根据数据资产价值的影响因素，比如数据有效性、稀缺性、场景经济性等因素，对比和分析调整可比数据资产的价值，进而反映被评估数据资产的价值。因数据要素交易市场尚不完善，评估中难以获得公开的价值参数，基于市场法的研究较为少见，目前在贵州、江苏多地相继成立了数据资产交易平台，线上有 Hex Bin、东湖等数据资产交易所，但目前交易所、交易平台尚未成熟，数据交易成交量较少，尚无法提供大量全面的交易数据信息。数据资产的价值需要根据交易背景不同进行具体分析，比如在分析用于美妆行业的女性客户数据时，可比案例为用于妇幼行业的女性客户数据，虽为同样的数据资产，但两种应用场景下价值不具可比性，也较难修正。

传统资产评估方法在数据资产价值评估过程中受到了或多或少的限制，数据资产相比其他资产而言，活跃程度、灵活性和时效性明显更强，在实际应用中需要对数据要素和数据资产的特殊性进行全面评估，对传统估值方法进行灵活创新，才能真实反映数据资产的经济价值。假设企业相关数据产品满足《暂行规定》资产确认的条件，那么对于生命周期阶段区分比较明确的数据产品，不同阶段的数据资产评估应该选取不同的方法。导入期的数据产品更适合选择成本法进行估值；对于成长期的数据产品，顾客群相当稳定、销售量持续上升、企业相关的费用投入也出现明显下降，企业应该结合各个渠道产品的销售情况来合理预计数据产品给企业带来经济利益流入的情况，并采用收益法或者市场法进行数据资产估值；企业在成熟期可能采用的市场策略有市场开发、产品应用场景开发，等等。综合来看，企业如果要评估处于成熟期的数据资产，应该优先选择收益法或者市场法；衰退类型产品预期流入原企业的现金流是明确可计量的，因此对企业来说采用收益法评估更合理。

二、数据资产的价值评估方法

中国资产评估协会于2020年1月发布了《资产评估专家指引第9号——数据资产评估》，在传统资产评估三种方法（成本法、收益法和市场法）的基础上进行了优化，提出了数据资产评估方法。

1. 用货币度量数据资产价值

光大银行于2022年发布的《商业银行数据资产会计核算研究报告》中从数据资产入表的视角出发提出了货币度量数据资产价值的方法。光大银行构建了优化成本法、优化市场法、优化收益法三种数据资产估值模型。

（1）优化成本法。该方法通过核算数据资产的重置成本，并结合合理利润率与利润调节系数两类参数进行修正，估计得出数据资产的现行成本价值。

具体公式为：

$$PV = HC \times S \times (1 + R \times U)$$

其中，PV为数据资产的价值评估结果，HC为数据资产的历史成本（包括数据获取成本、数据存储成本、数据加工成本与数据管理成本），S为重置系数，R为该项数据资产的合理利润率，U为利润调节系数。当缺乏活跃的外部交易市场以及难以确定价值贡献时，数据资产适宜用优化成本法评估其内部投入价值。因此，该方法适用的估值对象包括原始类、过程类与统计支持类三类数据资产。

（2）优化市场法。该方法根据市场同类数据资产的交易价格，加入一系列关键估值参数，以修正待估数据资产与可比案例的特征差异进而评估数据资产价值。

具体公式为：

$$PV = \sum_{j=1}^{N} \sum_{i=1}^{Y} \frac{(n_j \times q_j \times P_{0j} \times U_J) \times (1 + g_j)^{i-1}}{(1 + r_f)^{i-1}} \times k$$

其中，基于交易市场中可比案例的数据资产种类（n）、平均交易量（q）、产品价格（P_0）、价格修正系数（U）、市场年平均收益增长率（g），用于估计同类数据资产在有效交易年限内（Y）的未来市值总量；经过折现率（r_f）期日修正系数（k）的调整，可得出优化市场法下自有数据资产的外部交换价值。由于市场法相对真实、公允地反映了交易流通场景下数据资产的供需关系，因此该估值方法适用于公开市场上存在可比案例的所有类型数据资产。

（3）优化收益法。该方法是在综合增量收益法和收益提成法的基础上，估计未来数据资产产生的业务收益折现到评估时点的价值。

具体公式为：

$$PV = \sum_{t=1}^{n} \frac{(F_{1,t} - F_{0,t}) \times f(Q,D)}{(1+i)^t}$$

其中，$F_{1,t}$和$F_{0,t}$分别为使用数据资产前后经济业务在未来第 t 个会计期间的收益，n 为数据资产的预期使用寿命，Q 为质量调节系数，D 为使用期限调节系数，f（Q，D）为综合调节系数，i 为折现率。

优化收益法要求精准锚定数据资产的价值来源，并通过反事实模拟方式回测（Back testing）出其在具体应用场景中直接相关的增量收益。因此，该估值方法仅适用于存在明确应用场景的营销。光大银行各类数据资产估值方法中均在指标体系里通过层次分析法与专家打分法加入了价值修正系数。

（4）未来的（负）收益折现评估方法。WVI、RVI 本质上都是对未来的（负）收益折现的方式。WVI 模型描述了数据质量低对企业造成的可避免的实际额外成本。数据质量低可能会造成企业运行中出现重大意外事件、操作流程执行不佳，产生业务损失与商机损失、监管罚款、声誉损失等，以上情况所造成的额外成本均可以看作 WVI 模型的影响因素。此外，在企业运营中，某些数据的缺失可能尚未造成实质性损失，但已经对业务带来了潜在的业务风险和负面影响。对于此类情况，可以使用 RVI 模型补充评估数据资产的价值。确定上述两种方法的可用性时，需要考虑待评估数据资产的缺失带来的直接或间接损失是否易于衡量（见表 7－3）。

表 7－3　　未来的（负）收益折现评估方法

	核心思路	优势	劣势
WVI 模型	从避免由于企业数据质量低下导致业务绩效差或者产生负债的角度，对数据的价值进行反向论述	模型充分考虑了数据机会成本，反向论证了数据资产对于企业的重要性与价值	部分评估因素易受主观判断影响；对数据价值的反向论证思路，需要与其他方法相结合使用
RVI 模型	强调某些数据的缺失可能尚未对其造成实质性损失，而只是对其业务造成潜在的风险和负面影响	强调现代企业运营中对数据风险的重视，对可预见风险进行相关损失的量化评估，帮助企业规避量化风险	风险因素的判断易受主观判断影响，不同评估方法对于风险的量化方式会出现较大差异，从而影响模型结果

资料来源：光大银行《商业银行数据资产估值白皮书》（2021）。

2. 全生命周期的数据资产价值评估法

数据产品具有传统产品生命周期的特征，叠加数据价值时变性的特点，数据产品的生命周期可能会呈现阶段跳跃性或者各个阶段生命周期更短的特征。基于数据资产的生命周期探讨分析不同阶段的数据资产适用的评估方法，将数据资产划分为开发阶段、赋能阶段、活跃交易阶段和处置阶段，结合数据资产评估目的和实现价值的商业模式探索分析各种评估方法的适用性。

$$V_{t(k)} = (\sum_{n=1}^{N} D_{cost(n)}) \times f(\sum_{j=1}^{j} \alpha_j M_j) \times (1 + \overline{R_K})$$

其中，$V_{t(k)}$代表在业务域 K 的单资产表的价值，$D_{cost(n)}$是通过血缘成本分摊算法得到的基础成本，α 是数据管理要素的系数，M 是数据管理要素的分数，R 是归属业务域 K 的市场投资回报率，和行业属性紧密相关。

该公式来自资产价值 = 成本 ×（1 + 收益率），因此对于所有表的数据管理要素的期望值 $E[f(\sum_{j=1}^{j} \alpha_j M_j)]$ 应该为 1，即采用对应的函数 f（x）变化 $\sum_{j=1}^{j} \alpha_j M_j$ 项，使整体数据管理要素满足对应分布的期望值为 1。

该资产价值评估基础公式也展示出数据资产价值由数据成本计算因子和价值调节因子共同确定，其中，数据成本为成本计算因子，数据管理要素和数据市场投资回报率为价值调节因子。成本计算因子由数据资产评估的核心技术实现，即采用血缘分析方法（血缘继承具有时效性和自更新特性）完成对数据整体建设成本到单一数据表建设成本的分摊计算。价值调节因子包含企业数据管理水平及市场交易等其他要素，以对成本计算结果进行优化调整。血缘成本分摊和破圈算法用来解决数据血缘对数据成本的影响问题。数据是通过企业内部采集、存储、加工、应用等一步步加工链路完成价值的逐步积累与释放，而血缘关系则准确地记录了数据在企业内部的价值传递链路。因此，通过血缘分析视角，可完整、清晰地为企业揭示每一项数据从源端直至应用过程中成本价值积累至释放的详细过程，进而帮助企业有针对性地识别、分析高价值、高成本流程或节点，进一步优化企业内部的数据资源配置。同时，利用血缘分摊的思路，也可以实现以场景价值为输入的数据资产评估场景。通过记录、分析参与到每一类具体应用场景中的数据血缘关系，可以将应用场景中的总价值逐层、逐步地分摊至各项数据节点，进而为企业提供以应用收益为主视角的数据资产价值。通过进一步结合成本分摊结果，可最终帮助企业评估每一项数据资产的净收益情况，开展更多维度的分析与评价。

数据资产最终价值除去已经投入产生的成本外，还与企业自身数据管理水平及市场交易现状相关。企业在具体选择数据管理要素指标集合时，主要受两大因素影响：一方面应结合企业当前的数据基础设施的成熟水平，确保所选取的要素指标均可被计算；另一方面，应结合企业当前的经营状况和行业属性，选取与数据资产价值高度关联的评价指标。可通过参考《数据管理能力成熟度评估模型》（GB/T 36073—2018）这一国家标准并考虑指标获取难易程度，确定数据管理要素评价体系框架。

3. 区分经济行为的数据资产价值评估方法

不同的数据资产经济行为会对数据资产产生不同的影响，因此可以通过划分不同的数据资产经济行为评估数据资产的价值。数据资产评估涉及的经济行为类型主要包括转让、许可使用、出资、质押融资、企业清算、司法诉讼、司法执行财产处置、财务报告、资产证券化。在计算数据资产的经济价值过程中仍需要结合应用场景，计算场景价值中的可货币化收益，并拆分出归属数据资产的部分。因此在估算数据资产价值时，成本价值方面，需要考虑数据从采集到应用的生命周期中所发生的成本，可以对数据资产形成中的采集、清洗加工、开发、运维、管理等过程的成本进行归集，以测算其成本价值。业务价值方面，通过业务关键绩效指标计算数据资产的增量效益，衡量数据资产对业务的赋能效果。其计算因子有交易量、成交额、客户总数等。例如，可通过产品销售额，即“推荐位引流成交金额×产品费率”计算出业务价值。数据资产效能中的可以用货币化计量的部分，体现为数据资产的经济价值；服务型数据资产/数据产品在开放市场中进行交易所获得的实际经济收益，体现为数据资产的市场价值。

4. 非货币性的数据资产价值评估法

当前理论和实践中，非货币类度量法通常根据特定的资产评估目的，选择相关评估维度构建评估体系，并最终以无量纲的形式展现评估结果。此类方法中，目前 Gartner 提出的 IVI、BVI 和 PVI 三类评估模型较为完善（见表 7－4）。三类方法分别从数据的客观特征、数据应用前后企业 KPI 指标的变化等方向构建评估模型，重点考虑数据资产在企业中如何推动业务效率提升。

表 7－4　　非货币价值评估法

	核心思路	优势	劣势
IVI 模型	根据数据的客观特征（正确率、完整度等）衡量数据内部的价值，不涉及业务判断	较简单的数据评估模型；数据内部特征可由数据管理相关指标计算，较适合数据管理人员使用，相对较客观	并未考虑数据与业务或实际商业目标的相关性，评估值对管理决策参考价值较低
BVI 模型	核心是衡量数据对业务的价值（业务相关性、及时性），同时也考虑数据内部的价值（正确、完整）	较综合的模型，将数据价值密度纳入考虑现有的和未来计划的业务中的应用，体现数据的业务支持能力	业务相关性的分析较为主观，而且需要进行耗时较长的数据用途分析才能判断数据能够支撑的功能或业务
PVI 模型	衡量数据应用前后 KPI 的变化，即通过数据对企业目标的作用评估数据价值	使用实际产生业绩指标评估数据资产，说服力强；评估值可以体现数据业务价值；不需要进行数据用途分析	难以控制外部变量，获得精确结果，评估值受环境影响较大且只能在数据实际应用后评估

续表

	核心思路	优势	劣势
综合法	充分结合企业自身数据资产估值目的和相关特点，构建估值模型	能够充分结合企业自身数据指标的丰富度及企业对数据的关注点和管控重点，对模型进行调整和优化	模型影响因子和权重的选择受主观因素影响较大

资料来源：光大银行《商业银行数据资产估值白皮书》（2021）。

IVI 模型重点考虑了信息的内在价值，强调信息的正确性、完整性、其他竞争者获取该数据资产的可能性以及数据可使用的时长。IVI 模型的优势在于其重视数据本身的相关因素，且模型中所需的正确性和完整性的指标相对容易获得，能够快速计算出客观的资产价值。但由于 IVI 模型缺少业务视角，因此其也忽略了对数据资产价值密度的考量，其适用于快速比较应用相似的数据资产的价值潜力，以明确提升数据资源投入方向。

相比之下，BVI 模型纳入了数据资产与业务相关性的指标，体现了数据资产对公司业务和收益的支撑，但“业务相关性”指标的确定方式较为主观。不同使用者评估的相关性不一定具有可比性，因此 BVI 的评估结果可能存在较大波动。BVI 模型适用于探索发掘目前未被分析使用的数据业务价值，或评估尚无具体应用的数据价值，合理管理现有的低价值数据。尽管这两种评估方式与传统方式参数不同，但其仍可被划归为收益法范畴。

PVI 模型从企业绩效因子（KPI）的角度来衡量数据资产与业务的相关性，通过观测目标企业 KPI 的前后变化来差异化对比数据资产在企业中发挥的作用。PVI 模型能够直观地体现数据资产在企业中发挥的作用，但其强调企业 KPI 的前后对比并纳入时间维度的评估因子，因此只能用于数据应用的后评估环节，无法在数据被使用之前或者使用过程中对其价值进行评估。同时，PVI 模型的应用过程中，难以剔除企业中其他因素对企业 KPI 的影响，因此数据资产对 KPI 的直接影响力度并不能可靠衡量。PVI 模型主要适用于评估已使用的资产对企业关键目标的价值，例如，在数据应用试点过程中分析数据对业务的价值。

综合法模型，即通过确定评估对象，针对自身数据资产估值目的和相关特点构建相应的估值模型。综合法模型没有固定的公式或影响因子，使用者可以结合企业自身数据指标的丰富度以及企业对数据的关注点和管控重点，对模型因子和权重进行调整和优化，定制化地构建评估模型。其适用于无法直接使用现有模型的企业，特别是对数据资产的价值有较为特殊的定义，需要用特定因子进行衡量的企业。

5. 数据资产的其他价值评估法

中国信息通信研究院与浦发银行在 2021 年联合发布了《商业银行数据资产管理体系建设实践报告》，结合浦发银行数据资产管理实践，提出了内在价值、成本价值、业务价值、经济价值和市场价值的五大估值维度，围绕数据潜能、效能和产能对基础型数据资产和服务型数据资产进行评估。结合价值应用场景设计指标，适应数据资产的多维度价值评估，了解数据资产真正的潜能、效能和产能，需要定制具体的价值维度、价值指标和价值计算方式：评估内在价值，支持潜能评估企业所累积的海量基础型数据资产，即使未被积极地使用，我们仍需对其潜在价值进行“潜能发掘”与“价值勘探”。“场景”是“数据+算法”的价值出口。在评估数据资产的真实效能时，重点关注：（1）场景分析，选定某一既定应用场景，并评估数据资产在其中的综合效能；（2）以终为始，从应用场景的提升反推数据资产的价值；（3）变量控制，分析仅由数据资产产生的增量效益；（4）综合考量，结合数据资产的收益及所产生的各项成本，评估数据资产的综合效能。

数据资产的潜能评估体系首先考虑的是数据所蕴含的信息量、其反映现实世界的能力，称为数据资产的内在价值。内在价值需要评估数据质量，即数据的完整性、准确性、规范性、时效性；数据规模，即数据内容的规模；使用频度，即数据在一定时间内被使用的次数；服务质量，即数据对数据使用者需求的覆盖程度。评估业务价值、成本价值，支持效能评估。

斯坦福大学的研究者提出了基于市场价值的数据估值方法，主要基于数据资产带来的消费者剩余价值，并研究生产者的市场表现等因素；英国的金融科技公司和数据服务提供商根据自身在数据交易市场中的实践，开发了基于数据流量、数据质量和数据影响力等指标的数据资产估值模型。

数据资产估值体系的实践经验将加速数据要素市场整体发展的速度，为未来数据资产核算入表、市场交易定价等数据流通场景提供丰富而关键的理论基础和实践参考，真正实现数据资产的变现与流通。同时，未来的数据资产估值体系也将超越企业的视角，立足于社会、国家乃至国际的视野，通过评估数据资产要素在社会生产经营活动中的具体价值，确保国家和社会可以更好地把握数据资产的经济规律，为人类社会的发展提供更加高效且长效的动力支持。总体而言，数据资产价值评估市场有着巨大的潜力和发展空间。随着技术的进步和监管环境的改善，这个市场将继续壮大并提供更多创新的解决方案。未来，将会有更多企业和个人积极地参与到这个市场中，以实现数据资产最大化利用的价值。

综上所述，数据资产在估值方法层面与传统评估不存在重大差异，主要还是基于成本法、收益法及市场法进行测算。其中，市场法由于现有数据资产的研究还处于初期阶段，目前形成的市场交易主要针对的还是单一数据产品或是特异性很高的数据资产相关合同权利等，因此短期内无法提供流通性较强的市场案例作为对比。此外，成本法及收益法的适用性均较为充分。成本法从历史投入归集的角度，分析相关的数据标注、整合、分析、可视化加工等生产过程，汇总其前期规划成本、建设成本、运维成本和其他成本，此外，还需包括与数据资产直接相关的或者可进行合理分摊的软硬件采购、基础设施成本及公共管理成本，合理利润和相关的税费。收益法可根据数据资产未来的收益期限和收益预计，确定合适的折现率，选用收入分成法、利润分成法或多期超额收益法等评估模型进行计算。

数据资产价值的评估，不仅是财务测算的过程，数据质量的技术评价也相当重要，《数据资产评估指导意见》就把数据资产质量评价单独作为一章，提出数据质量评价的结论可用于数据资产评估测算过程中，数据质量评价的成果可以是第三方专业机构出具的专业报告，或者是其他形式的专业意见。即这个评价是由专业机构给出的技术性评价，评估报告可以引用评价结论。指导意见还提出了准确性、一致性、完整性、规范性、时效性和可访问性等方面的量化指标。

综上，理论层面，当前数据资产价值评估方法主要划分为成本法、收益法和市场法三种基本方法及其衍生方法。虽然目前对数据资产价值评估有大量学术研究、行业报告等理论沉淀，但是由于数据资产评估在具体实践中与其他资产评估具有较大不同，数据资产强调数据资产应用场景，应用场景的变化会引起数据资产价值的变化。因此数据资产价值评估体系理论与实践之间仍然存在鸿沟，如何在数字经济浪潮下建立健全数据资产估值方法成为促进数据要素流通的关键因素。

第八章

数据资产的列报与披露

第一节　关于数据资产列报与披露的争论

随着数字经济的发展，数据资产日益受到重视，对管理决策中的信息情境、决策主体、理念假设和方法流程等决策要素产生着巨大影响。管理决策正在从关注传统流程变成以数据为中心，管理决策中各参与方的角色和信息流向更趋于多元和交互，使新型管理决策范式呈现出大数据驱动的全景式特点，具体体现为“跨域转变”“主体转变”“假设转变”与“流程转变”。大量的账外资产未计入财务报表，会使企业的账面价值与实际市场价值存在差距，影响报表使用者的决策，甚至可能会出现“劣币驱逐良币”的现象。当前，企业对数据资产的列报和披露尚未受到高度重视，只有极少数企业意识到披露数据资产相关信息的重要性，仍有许多企业尚未具备在财务报告中列报、披露数据资产的意识，这导致信息使用者难以从企业财务报表中获取数据资产信息。并且在财务报告中披露相关信息的企业披露的信息内容较少，涉及的信息也不全面。这种状况不但导致企业真实的资产价值难以充分反映，也极大地影响着企业未来的发展。

部分企业目前所持有的数据资产暂未被列入财务报表，也没有在报表附注中进行披露。虽然少部分企业将其数据资产的购置、储存及利用的相关情况在报表附注中予以披露，但没有对数据资产在后续加工处理过程中存在的风险性以及相关支出如何进行资本化或费用化处理的情况进行列示。这导致投资者对企业持有的数据资产的预计价值以及可能存在的风险一无所知。尤其是在数据积累阶段，企业只有较小的概率能够挖掘出有价值的信息。因此一旦研发失败，企业管理层和投资者将遭受突发性损失。由于当前会计准则体系在数据资产会计处理方面的缺失，企业缺乏进行规范的数据资产计量和合理列报的规则指导，从而导致缺乏适当的信息披露，造成信息不对称的严重性问题。数据资产未能被反映在财务报表中，使投资者无法准确识别企业的实际价值。国内外学术界越来越重视数据资产“入表”问题，围绕现有会计准则对“资产”定义和确认标准，学术研究领域存在三种主要观点，即表内披露观、表外披露观和无须披露观。

一、无须披露观

无须披露观认为，利润表可以间接确认信息资源等无形资产的价值，避免资产负债表表内确认、计量的不确定性，因而无须再次在资产负债表内确认。又因为利润是企业有形资产和无形资产综合产生的经济增加值，企业无须辨认、确认和计量包括数据这种独特的无形的资产。利润表和资产负债表相互勾稽、互为补充，投资者可根据利润表的数据预计企业可产生的未来现金流量从而作出决策，且规避数据资产计量的不确定性。但是，数据资产满足“资产”的确认条件却不对其进行表内确认，势必会降低资产负债表的相关性。目前，学界对数据资产的会计处理尚未达成统一看法，但是在实务中，少数企业根据现实需要已经在报表中对未能在表内确认的数据资产进行自愿披露，这主要是一些难以量化的、与企业利益相关者决策相关的重要数据资产信息，如数据资产的基本情况、来源、预计使用年限、未来可能带来的经济利益、价值创造能力等。当前，我国并没有统一的数据资产披露框架，多样化的数据资产披露形式并不符合会计信息质量要求的可比性原则。此外，数据资产关乎企业的核心价值创造能力，考虑到数据资产的私有性、排他性、安全性，部分企业为了保护数据资产，可能不愿进行计量和披露。

二、数据资产相关信息必须进行披露

加强会计信息披露，提供更多有用的会计信息是目前世界各国普遍采取的短期改进路径，例如，澳大利亚 2022 年 3 月发布的研究报告建议针对内部产生的无形资产增加信息披露，来满足信息需求；欧洲财务报告咨询组 2021 年发布的讨论稿，也建议通过报表附注等适当方式披露数据等无形资源给未来业绩带来的风险或机会等。

（一）表内披露观

表内披露观认为，基于会计逻辑的统一性，信息资源应与其他资源采用一致标准确认为资产，不能基于稳健性原则对信息资源确认设置过高的标准。企业数据资产如果满足资产的定义，同时满足资产的确认标准，就可以在资产负债表中确认为资产。数据资产的确认可以为财务报告使用者提供对其决策有用的信息，比如提高资产负债表的完整性、重新评估新经济企业的财务状况、提高利润表的相关性、降低企业市净率等。企业对数据资产进行确认是有必要的，因此应坚持表内确认观，同时定期披露数据资产的相关信息，做到定性和定量相结合。表内确认近几年类似同花顺这样的数据交易公司频繁出现市净率超高的现象，公众认为可能是投机炒作的结果。之所以出现这种现象是因为目前没有统一的数据资产会计处理规范，这类数据交易公司的大量数据资产无法进行表内确认，导致市净率虚高。因此，基于会计信息的重要性原则和决策相关性原则，应坚持数据资产“入表”。根据数据资产的来源进行初始确认，对外购的有成交价格的数据资产，参照传统无形资产的会计处理方式，按买价和其他相关费用计入该项数据资产，再按预期使用期限进行摊销；对自创的数据资产，用未来现金净流量进行初始计量可能更符合数据资产的特性，能够较为合理、真实地反映数据资产的经济价值，并定期对其进行减值测试。

（二）表外披露观

表外披露观认为，信息资源在会计计量方面具有不确定性，如权属不够明确、边际成本低、存在多个竞争性获取渠道等，因此，更主张绕过财务报表的限制，以更加灵活多样的方式向财务报告使用者提供相关信息。表外披露观认为由于数据资产所有权或控制权的不确定性、计量的不确定性、公允价值难以获取、存在减损风险等，因此主张数据资产可以在管理层讨论和分析部分予以披露。

三、数据资产列报和披露的重要性

数据规模大、迭代速度快、数据多样化是数据资产最突出的特点，足够的数据资产使管理决策能够以数据开采所取得的客观证据为基础，而不是以管理层直觉为依据。为了向企业利益相关者直观反映企业拥有的数据资产所具备的巨大价值，进而充分了解企业价值，有必要将数据资产纳入报表披露，以提高报表信息质量，特别是在轻资产的数据驱动型企业中，管理者更加关注无形资产质量而非账面价值。因此数据资产列报可以增强投资信息透明度，缓解资本市场信息不对称问题。列报和披露是数据资产会计处理的最后环节。随着数字经济的发展，数据资产逐步成为企业提升综合实力与综合竞争力的关键因素，准确、真实、完整、可靠的财务信息对企业数据资产的管理及财务信息使用者的相关决策都发挥着举足轻重的作用。企业需要谨慎采取科学合理的会计方法，完整真实地记录与企业持有的数据资产相关联的交易或事项，并在会计期末将所有相关的信息在企业财务报表中进行准确且真实的披露。这将有助于企业投资者、企业管理层及其他财务报表使用者通过分析数据资产可能带来的价值和可能存在的风险，合理规划和实施数据资产的投入与使用管理。数据资产作为企业价值创造的关键资源，对其进行核算是必要的。对数据资产完整地确认、计量、记录、披露有助于企业预测并控制其未来价值变化，以便提供相关会计信息给企业的利益相关者。企业应专注于数据资产列示与披露的目标和原则。对于符合资产确认要求的数据资产，应当在企业的财务报表上进行列报与披露，并在财务报告附注部分详细说明数据资产来源、类别、摊销年限及方法、减值理由、公允价值变动的原因及其他相关信息。

在列示与披露数据资产相关信息时，企业既要发挥一定的灵活性，也要保证信息的可比性，并着重于特有信息而不是标准化信息的披露。关于披露的灵活性，除强制要求披露的信息之外，企业还可根据自身实际情况，在应用场景、数据来源、加工维护、具体应用、资产失效、权利限制以及数据资产的重要性和特殊性等方面对数据资产进行详细、灵活的披露。关于披露的可比性，不论是同一企业的不同期间，还是不同企业的同一期间，企业均应遵循《企业会计准则》和《暂行规定》等规定，采用同一标准披露信息，保证数据资产列示与披露的可比性。关于特有信息的披露，企业应重视数据资产不同于其他资产的特点，着重披露数据资产与其他资产的差异及特殊之处。

企业应通过将类似项目归类、将不相似项目分开的方式，对数据资产进行分类。根据《暂行规定》，由于其自身性质和价值创造方式不同，数据资产可分类为无形资产或存货。因此在进行数据资产列示与披露时，企业应当依据数据资产的不同特性，结合自身生产经营状况，在无形资产与存货项目下分别增设数据资产项目。进一步地，对于无形资产类数据资产，企业可将其细分为外购无形资产、自行开发无形资产等类别；对于存货类数据资产，企业也可将其细分为外购存货、自行加工存货等不同类别。企业应根据数据资产的特性，将具有类似特性的数据资产信息归为一类披露，将具有不同特性的数据资产信息分类披露。另外，企业应以既不过度概略、也不过于细致的方式，对数据资产信息进行汇总。企业在披露数据资产时，对于必要信息不可过度概略。例如，对于无形资产类数据资产，企业需详细披露其使用寿命、开发支出以及资产减值与摊销。对于存货类数据资产，企业需详细披露其成本确认方法、存货可变性净值以及存货跌价准备的计提与转回。对于能对企业财务报告产生重大影响的或使用权和所有权存在限制的数据资产，企业也需对其具体内容和账面价值单独进行重点披露。同时，数据资产列示与披露也不必过于细致。企业无需披露数据资产的每一项信息，而仅需披露财务报告使用者所关注的信息。财务报表是会计信息的载体，通过财务报表中数字列示和表外附注的文字，可以根据基于决策有用观的理论，帮助报表使用者作出正确的决策。

第二节 数据资产列报与披露要求

数据资产列报应该基于决策有用观理论，财务报表反映会计信息，进而帮助报表使用者作出正确决策。数据资产列报的位置在一定程度上会影响管理层的决策，因此，数据资产如何进行正确列报是解决数据资产账务处理最后且至关重要的一步。一旦企业管理层决定进行与数据相关的信息披露，就应保持数据资源类及费用类信息披露的完整性和整体性，不宜做选择性披露，否则会产生重大信息缺失和误导投资者。保持表内外信息披露的一致性、对应性，以及将损益类支出与资产类支出进行同步披露和明确勾稽关系，这样才能给报表使用者以完整、可用、高可靠的信息，实现企业信息披露的报告目标。

一、数据资产在资产负债表中列报

近年来，在探索企业数据资源相关会计问题当中，有一些企业和学者认为，按照现行准则，数据资源可能会分别列示在无形资产、存货等资产类别当中，资产负债表等于没有针对数据资源的专门列示项目，不能够有效地去反映数据资源的价值，并建议可以将数据资源单独作为一类资产在报表中列示，或者是在无形资产、存货等资产类别下设数据资源的子类别来更加直观反映其价值，便于报表使用者更好理解其经济资源的情况。考虑到报表列报准则规定的资产负债表的列示原则是按照流动性的顺序由强到弱来列示。存货等属于流动资产，无形资产等属于非流动资产。如果将分别可能属于无形资产和存货等资产类别的数据资源，笼统地作为单独的一类资产列示，既违反了资产负债表按照流动性列示的原则，也不利于报表使用者去获得这些数据资源的流动性、经济利益、消耗方式等有关的信息。

（一）数据资产在资产负债表中的具体列示位置

我国对资产负债表中资产与负债的排列顺序遵循“流动列前”的原则，资产负债表项目应按流动性顺序列示，流动性越强的资产和负债项目排列在越靠前的位置。采用这种排列方式可以帮助财务报表使用者了解企业资产构成，更好地分析企业是否面临偿债压力或者破产重组的风险，正确分析企业的经营压力，从而判断企业偿债能力，以评估相应的投资或决策，衡量自身投资的安全性。数据资产的列示也因遵循流动性原则。一般而言，资产的流动性主要取决于其变现能力与变现速度，资产的交易速度越快、成本越低，变现能力越强，则交易成功的可能性越大，其流动性就越强。

（二）以无形资产列报的数据资产

数据资产与现有无形资产具有较强相关性，例如，没有实物形态、能够创造潜在经济利益、数据资产价值规模与企业竞争力存在较强正相关。因此，将数据资产纳入无形资产列报范围具有一定合理性，明确界定相应会计科目之后，可将其置于无形资产下的二级科目。根据《企业会计准则第 6 号——无形资产》（财会〔2006〕3 号，以下简称“无形资产准则”）规定，披露主体使用的数据资产符合无形资产的定义和确认条件的，应当确认为无形资产，并根据取得方式，按照外购无形资产、自行开发无形资产、其他方式取得的无形资产类别，分别披露相应资产的期初、期末余额，以及报告期内的变动情况。同时披露主体内部数据资产研究开发项目的支出，并区分研究阶段支出与开发阶段支出。研究阶段的支出，应当于发生时计入当期损益。披露主体在对相关无形资产进行后续计量、处置和报废等相关会计处理时，应当充分考虑数据资产相关业务模式、权利限制、数据时效性、有关产品或技术迭代等因素，披露不同类别无形资产后续计量方法：对于使用寿命有限的数据无形资产，企业应当披露其使用寿命的估计情况及摊销方法；对于使用寿命不确定的数据无形资产，企业应当披露其账面价值及使用寿命不确定的判断依据。同时应当按照《企业会计准则第 28 号——会计政策、会计估计变更和差错更正》（财会〔2006〕3 号）的规定，披露数据资产无形资产的摊销期、摊销方法或残值的变更内容、原因以及对当期和未来期间的影响数，并披露所有权或使用权受到限制的数据资产无形资产，以及用于担保的数据资产无形资产的账面价值、当期摊销额等情况。计入当期损益和确认为无形资产的数据资产研究开发支出金额也应该依规披露。根据《企业会计准则第 8 号——资产减值》（财会〔2006〕3 号）的相关规定，对与无形资产——数据资产减值有关的信息需要客观完整地进行披露，并按照《企业会计准则第 42 号——持有待售的非流动资产、处置和终止经营》（财会〔2017〕13 号）等规定，披露划分为持有待售类别的数据资产无形资产有关信息。对企业财务报表具有重要影响的单项数据资产无形资产的内容、账面价值和剩余摊销期限应当单独披露。

（三）以存货列报的数据资产

销售用数据资产主要存在于数据交易中心和提供数据服务等第三方机构，性质与传统资产“存货”类似。数据资产自身的时效性促使数据积累、清洗挖掘、整理分析技术越来越成熟，数据前期积累整理结算逐步缩短。销售用数据资产从产生到符合资产定义再到出售的速度逐渐加快，交易成本逐渐降低，交易市场不断完善，进而使交易的可能性大幅增加。因此符合流动性资产的定义，将其列示在资产负债表“存货”项目之后具有一定的可行性。

披露主体日常活动中持有、最终目的用于出售的数据资产，符合《企业会计准则第 1 号——存货》（财会〔2006〕3 号，以下简称“存货准则”）规定的定义和确认条件的，应当确认为存货，并根据取得方式，按照外购存货、自行开发存货、其他方式取得的数据资产存货类别，分别披露相应资产的期初、期末余额，以及报告期内变化的原因。其中，企业通过外购方式取得确认为存货的数据资产，其采购成本包括购买价款、相关税费、保险费，以及数据权属鉴证、质量评估、登记结算、安全管理等所发生的其他可归属于存货采购成本的费用。企业通过数据加工取得确认为存货的数据资产，其成本包括采购成本，数据采集、脱敏、清洗、标注、整合、分析、可视化等加工成本和使存货达到目前场所和状态所发生的其他支出。

对于存货，披露主体应当披露主要的存货类别及相应金额，如原材料、在研产品等，并披露发出数据资产成本所采用的方法。同时应当披露存货——数据资产可变现净值的确认依据、存货跌价准备的计提方法、当期计提的存货跌价准备的金额、当期转回的存货跌价准备的金额，计提和转回的有关情况以及披露所有权或使用权受到限制的数据资产存货，以及用于担保的数据资产存货的账面价值等情况。对企业财务报表具有重要影响的单项数据资产的内容、账面价值和可变现净值应当单独披露。

（四）单独列报的数据资产

企业数据资产在资产负债表中列示的金额能够直观地反映出企业投入成本、存量和当前市场公允价值，使财务报表更具相关性和有用性。数据资产与无形资产具有一定相似性，但是仍然存在较大差别。数据资产具有电子物理形态和可感知性、复制性、边际成本为零的特性，使其在进行销售后，相关价值并不会随之消失，企业只要拥有数据资产所有权就可以无限制重复销售相同类型的数据资产。然而，无形资产在权属方面具有较强的排他性，一次性完成相关销售行为，相关依附于其的权利和义务也会随之发生转移，销售完成之后就无法再作为企业的资产构成部分，账面价值清零。由于数据资产不同于无形资产，具有特殊性质，不宜简单地归入无形资产类别，更不宜以入表与否来简单判定数据资源的有和无，报表列报准则规定了企业资产负债表应当单独列示存货、无形资产等报表项目。一般报表格式通知指出，企业根据重要性原则，可以对确需单列的内容增加报表项目，因此可将数据资产单独列报。数据资产根据持有目的的不同，可以分为“自用数据资产”和“交易性数据资产”，两者区别较为明显，所以应将二者在资产负债表中分别列示。交易性数据资产是企业以出售或交易为目的而持有的数据资产，变现能力较强，其存在性质类似于企业的存货，符合流动资产的定义。因此，应将其归类为流动资产。但在目前条件下，数据市场的建立和发展尚不完善，活跃而成熟的市场机制尚未充分形成，数据资产在买卖过程中还存在许多制约因素，它在二级市场中流通，交易速度远远落后于传统意义上的存货项目。所以，就当前数据资产流动性而言，应将“交易性数据资产”置于资产负债表“存货”项之后，列为流动资产。自用数据资产是企业以自身经营为目的持有的数据资产，可以提升企业价值和盈利能力。其性质类似于现有的无形资产，并不以交易获利为目的而持有。且其变现能力不强，又因为数据资产具有时效性，其价值会随着时间的推移和互联网发展发生贬值，也会因为企业的更新维护维持或增加其价值。企业长期持有且以自用为目的的数据资产一旦超过保值期，就无法再将其在二级市场上进行出售，只能做毁损报废处理。因此，企业对于该类数据资产应分类为非流动资产。将其归于资产负债表的“非流动资产”类项目，在“数据资产”科目中披露数据资产的账面余额，根据数据资产的流动性设置“交易性数据资产”和“自用数据资产”项目。“交易性数据资产”项目以“数据资产——外源/内源数据资产——交易性数据资产”的期末余额填列；“自用数据资产”项目，应按“数据资产——外源/内源数据资产——自用数据资产”的期末余额填列。

同时，需增加“数据资产减值准备”“数据资产累计摊销”等备抵科目，并在资产负债表非流动资产项目中增设数字资产和数字资产开发支出项目，分别列示数字资产账面净值和资本化数字资产开发支出。根据数据资产与无形资产的变现能力，将“数据资产——自用”置于“无形资产”科目之后、“开发支出”科目之前，作为一项非流动资产进行列示。另外，需增加“数据资产研发支出”项目，用来反映数据资产的研发支出，揭示数据在加工过程中符合资本化条件的支出金额，应当按照“数据资产研发支出——资本化支出”账户的期末余额填列。

无论是自用数据资产还是销售用数据资产，对于企业自制、外购、更新、维护的支出，都可以类比“无形资产”研究阶段和开发阶段进行账务处理。因此，“数据资产开发支出”可以列示于“开发支出”之后，作为非流动资产进行列报。

二、在附注中对数据资产进行披露

数据资产在财务报表中的列示仅单纯展现其金额，无法传达与数据资产有关信息的全貌。企业会计准则要求企业在附注中披露重要的会计政策和会计估计以及相关不确定因素。所以，在报表附注中，应当披露企业与数据资产有关的内容，以便报表使用者全面了解企业财务状况。《暂行规定》要求在报表附注中列表披露计入无形资产和存货的数据资源相关信息，同时还明确了可自愿披露的其他情况。主要包括：数据资源的应用场景或业务模式；用于形成数据资产的原始数据的类型、规模、来源、权属、质量；数据资源加工维护和安全保护情况；数据产品或服务的流通交易、服务计费等应用情况；数据资源转让、许可或应用所涉及的地域限制、领域限制及法律法规限制等；重大交易和价值减损等其他重要相关信息。数据资产表内列示方案研究逐渐成熟，数据资产信息价值部分将更多地列报于财务报表体系中，但是有些信息无法用准确的数据进行表示，因此，更需做好数据资产的表外披露，以满足财务信息使用者的需求。企业在披露时应当在以下几个方面做出重点说明：（1）数据资产基本信息，由于数据资产区别于传统资产，其在权属、价值等确认上存在诸多争议，很有可能面临法律纠纷的风险。因此，企业可以在附注中披露数据资产的取得方式、获得时间、资产化流程与依据等，作为数据资产名片较为明晰地展示给财务报表使用者。(2) 数据资产使用信息类似“无形资产”，企业应当把数据资产的使用寿命、摊销方法、减值测试情况、公允价值变动情况列示于财务报表附注中。另外，数据资产的使用场景、企业所拥有数据资产的总量、构成内容等也需要进行相关披露。(3) 数据资产经济利益，该部分主要披露企业所确认的数据资产如何产生经济利益，毕竟财务信息使用者最为关注数据资产能否为企业带来经济利益、如何产生经济效益以及能产生多少经济利益。因此，企业需要通过文字阐述的方式，反映受数据资产影响的经济利益的情况。诸如最近提到次数较多的“电费贷”，银行等提供贷款的企业可以通过整合客户在国家电网的用电数据，进行风险偏好画像或信用水平评估。

(一)数据资产基本情况披露

面对数据资产愈发普及的趋势，数据资产不能仅在资产负债表中体现，还应在附注中进行详细披露。将数据资产从源头进行归类，并详细披露其摊销年限及方法、减值的原因、造成公允价值增减变动的原因及其他相关因素。相关披露内容还要包括获取数据资产途径、数据资产所携带的信息、数据可应用的范围、数据资产获取收益的方式、数据资源的应用场景或业务模式，对企业创造价值的影响方式，与数据资源应用场景相关的宏观经济和行业领域前景等。同时，披露主体还应当披露所属行业的基本特点、发展状况、公司在行业中的地位等，并结合主体商业模式、竞争优势等进行分析和讨论。因为数据资源的价值与应用场景是紧密相连的，同一数据资源在不同的应用场景下的价值是可能存在差异的。也有一些数据资源在尚未找到适当的应用场景时，它可能无法满足相关资产的定义或确认条件，但仍然是有潜在的商业价值的。通过应用场景相关信息的披露，投资者和潜在投资者能够更好地去理解企业数据资源的经济价值和潜力所在。对于数据交易场所和数据交易的双方，它们可以更清晰地去描述其产品和需求，从而促成数据的交易流通。行业主管部门也可以从中去了解行业产业的发展情况和现实需求，加强政策引导和宏观治理。结合具体的实务来看，企业可以披露内容包括数据资源在交易流通方面的应用场景、应用模式、业务模式等；相关数据业务的经营模式、主要客户特征、服务内容、销售模式、盈利模式等；数据资源、相关产品或服务应用场景的行业发展情况，以及新发布的法律法规等对行业的影响情况。比如在应用场景方面，从事大宗商品贸易的企业，对与行业相关的贸易、生产需求、库存等数据进行系统采编，形成相关的数据资源。那么，在披露应用场景或业务模式方面，具体披露的内容包括上中下游企业会利用其提供的数据作为经营风险控制的参考依据，有关行业协会在产业运行监测当中将其提供的数据作为参考，等等。

(二)数据资源评估的相关信息披露

企业的数据资源本身是一个新生的事物，相关的评估方法等也在不断地完善。在财政部的指导下，中国资产评估协会发布了《数据资产评估指导意见》。其中兼顾到各方信息的需要，同时考虑到重要性和成本效益的原则，规定当企业对数据资源进行评估，而且这个评估结果对企业的财务报表具有重要影响时，应当披露评估所依据的信息来源、评估结论成立的假设前提和限制条件、评估方法的选择、各重要参数的来源、分析比较与测算过程等相关的评估信息，为报表使用者了解数据资源评估相关信息提供支持。需要注意的是，企业的数据资源按照会计准则的要求，都是按照成本进行初始计量和后续计量，所以它并不涉及根据估值技术所取得的公允价值去进行调账处理。但在进行减值和跌价准备相关会计处理时，我们可能会借助评估意见来分析可变现净值，同时企业在进行数据流通交易，或者是在分析数据资源的应用前景、定价策略时，也可能会涉及对数据资源的相关评估。

（三）数据资产的确认与计量状况

数据资产的确认与计量是一项重要的工作，它可以帮助企业管理层更好地理解和利用数据资产，发掘其内在价值，也有助于利益相关者全面了解企业财务状况。披露来源合规性的目的就在于企业本身应当依法依规维护国家安全、公共利益以及个人组织的合法权益。合法性本身也是企业进行相应会计处理的基础前提。通过披露来源合规性的相关信息，企业可以主动地向大家说明有关的合规情况，从而打消投资者和社会公众的疑虑，更好地参与到数据的流通交易当中。结合具体实务来看，企业应当在财务报告附注中详细披露用于形成相关数据资产的原始数据的类型、规模、来源、权属、质量等信息。原始数据的类型可分为结构化数据与非结构化数据，其中结构化数据包括表格、数据库或电子表格形式的数据；非结构化数据包括文本、图像、音频、视频等形式的数据；原始数据规模具体内容可包括数据库个数、数据品种个数、数据指标量、数据条数、数据覆盖范围、存储大小、数据时间跨度等。原始数据的来源可以按照公共数据开放/授权、企业系统生成、交易市场采购三个类别进行说明。公共数据开放/授权是指通过相关公共服务单位数据开放或授权运营获取的数据；企业系统生成是指经营活动中，通过企业的信息化系统采集记录的数据；交易市场采购是指通过数据交易市场采购获取的数据。原始数据质量需说明原始数据质量的管控体系，对于数据来源为公共数据开放/授权的，可披露主体的组织架构、专业人员和设施、行政许可审批或者备案管理等，以及原始数据的采编流程、管理模式、采集平台建设情况等；对于数据来源为交易市场采购的，可描述出售方相关信息，并且要对其可能带来的价值进行全面评估，以使有效地解决由于权属确认存在争议而引发的法律纠纷。原始数据的权属可依照原始数据的来源类别进行说明。我国的数据安全法、个人信息保护法、网络安全法等等有关的法律法规对于数据的来源、内容、处理、授权等做出了一系列的规定，数据资源及其原始数据的合规性也一直是监管部门、投资者、交易对手方以及社会公众普遍关注的问题。数据资产具备价值波动性，所以每年度末都需要进行评估。企业应在财务报表附注中详细描述价值变动的原因和影响，并披露评估依据，以避免将数据资产用作盈余管理工具。

（四）数据资产的使用情况

管理层应当在附注中详细说明各种数据资产的具体应用，包括数据资源在交易流通方面的应用场景、应用模式、业务模式等；数据资源对企业创造价值的影响方式，说明数据资源为企业创造价值的方式，具体包括相关数据业务的经营模式、主要客户特征、服务内容、销售模式、盈利模式等；宏观经济和行业领域前景等，说明数据资源相关产品或服务应用场景的行业发展情况以及新发布的法规对行业的影响情况。以便报表使用者能够更好地理解和利用。除此之外，还应该详细描述公司持有的数据资产的总数量和构成。数据资源的可加工性很强，既可以被维护、更新、补充，从而增加数据量，也可能会出现删除、合并、归集、消除冗余、进行优化的情况，还可能是通过进一步的分析、挖掘、加工，得到更深层次的新的数据资源。披露加工投入情况的相关信息，可以帮助投资者和潜在投资者更好地了解企业的竞争优势，也可以结合相关资产的形成情况等，综合评价相关开发投入与产出情况。在加工投入方面，结合具体实务来看，企业对数据资源的加工维护和安全保护情况，以及相关人才、关键技术等的持有和投入情况应该在附注中进行披露。数据资源的采集和加工情况，具体内容可包括数据采集加工的颗粒度、更新频率、加工技术、采集渠道、采集标准等；企业对数据资源的安全保护情况需说明对数据资源的安全保护情况，具体内容可包括数据安全风险的应对机制、管理模式、软硬件层面情况、相关资质证明等；相关人才和投入情况，说明与数据资源相关的团队建设情况，具体内容可包括团队结构、技术水平、人员数量等；关键技术的持有和投入情况，详细介绍与数据资源相关的关键技术以及专利的基本情况，具体内容可包括在各个环节使用的核心技术以及企业拥有的相关专利。数据资源的应用情况，包括数据资源相关产品或服务等的运营应用、作价出资、流通交易、服务计费方式等；数据资源相关产品或服务的运营情况包括企业可按相关领域通用指标披露数据产品或服务的运营数据，比如产品的使用情况、收入情况、注册用户数量、活跃用户数量、付费用户数量、每用户平均收入等。披露主体需根据数据资源相关产品和服务的用途说明相关产品或服务作价出资的情况；数据资源相关的产品或服务的交易收入情况，并分别披露在数据交易所挂牌的产品或服务收入情况和未挂牌的产品或服务收入情况；数据资源相关的产品或服务的计费方式，计费方式包括但不限于预付款方式、按用量计费、按时间计费等。

（五）数据资产应用现状信息

披露应用现状相关信息的目的在于能够帮助投资者等信息相关者更好地了解数据资源的相关经济利益消耗方式，当前实际的收入、产出能力，也有助于行业主管部门了解业务的现状，加强管理监督，更好地去引导、支持行业发展。包括相关产品、服务等的运营应用、作价出资、流通交易、服务计费方式等。具体来看，企业可能会涉及以下内容，相关的产品或服务的运营情况，比如使用情况、收入情况、注册用户、活跃用户等，还可以根据相关产品或服务的形态进行进一步的细化分类披露。相关产品或服务的作价出资情况以及交易收入情况。相关产品或服务的计费方式，比如按用量计费、按时间订阅计费、按查询次数计费等。

（六）数据资产相关风险

数据资产可能会面临各种风险，其中最主要的是时效性。随着互联网的发展，数据资产可能会出现贬值的情况，因此管理层应该加强对数据资产的监管，确保其有效期限、预期收益增值潜力、价值变动风险、存储位置以及管理方式等信息的准确披露，以确保数据资产的安全性和可靠性。此外，就是重大交易事项中涉及的数据资源对该交易事项的影响及风险分析，重大交易事项包括但不限于企业的经营活动、投融资活动、质押融资、关联方及关联交易、承诺事项、或有事项、债务重组、资产置换等。可以参考审计报告中的披露说明。披露重大交易事项相关信息的目的是因为重大交易事项本身会对企业的生产经营和财务报表造成影响，主动披露相关的信息将有助于投资者和潜在投资者等进一步了解交易情况和相关风险等，从而对企业的价值作出评价。

数据资源相关权利的失效情况及失效事由、对企业的影响及风险分析等，如数据资源已确认为资产的，还包括相关资产的账面原值及数据资源无形资产的累计摊销、失效部分的会计处理等。数据资源转让、许可或应用所涉及的地域限制、领域限制及法律法规限制等权利限制也需要在附注进行披露。披露权利限制情况的相关信息，是因为随着数据权属规则的健全完善，可能会对当前一些数据资源、业务和流通交易等的模式产生相应的影响。披露权利限制情况的相关信息，能够帮助投资者和潜在的投资者、数据交易场所、数据服务和产品用户、行业主管部门等有关各方及时了解权利限制的相关信息和潜在的风险，更好地去评价企业及其数据资源的价值和变动情况。数据资源相关权利的失效将直接影响到相关业务的开展，以及相关数据资源无形资产的可收回金额、数据资源存货的可变现净值等。披露权利失效相关的情况，目的在于为投资者和潜在投资者以及数据服务和产品用户等提供相关的信息，以帮助他们作出投资和经营决策。

（七）企业认为有必要披露的其他数据资源相关信息

在数字经济和实体经济深度融合的背景下，新技术、新业态、新应用不断涌现，并且加速地向各行业、各领域广泛渗透和深度融合。企业可以根据行业、产业的特点和自身的实际情况加强相关的自愿披露，形成充分有效的披露范式，向报表使用者展示自身的数字化能力、数据价值的创造力和数字化发展的前景，等等。

不同行业、不同发展阶段的企业，出于监管上的要求或商业秘密保护等方面的需要，可能存在一些不宜全面披露的数据资源的相关信息。通过自愿披露，既赋予了企业相关附注披露的自主性、灵活性，减轻了企业披露的成本，也指出了各方普遍关注的信息需求所在，能够鼓励、引导企业主动加强数据资源相关信息披露，充分揭示数据资源的价值。根据可比性原则，在一个会计年度内应统一数据资产的披露方式。对于确认为无形资产或存货的数据资产，在资产负债表相关科目予以列报和披露；对于不符合资产确认条件的数据资源，鼓励企业在财务报告的管理层讨论与分析部分以应批尽批为指导原则主动披露，有效支持国家数据要素战略落地。可以重点披露数据资源基本情况和加工情况，包括来源、属性、规模、加工投入等；数据产品的流通交易情况，以上海数据交易所的数据资产凭证为关键依据，通过观察周期内的合约记录形成数据资产公允价格；重点披露数据资产创新应用情况，以及企业涉及数据资产的重大事项，建立健全依法监管体系下数据资产的披露规范。建立日常、重大事项、周期等披露机制，切实保护投资者及其他相关方的权益。

虽然这些披露方式可以提供更多的信息和会计透明度，但仍然存在一些不足之处。包括难以对企业自有数据资产的经济价值作出可靠估计，同时存在资产负债表与利润表的错配问题。因此，建议业界尽早启动数据资产准则的专项研究，将数据资产纳入资产负债表进行表内规范和会计核算，以增进企业核算的完整性、改进资产与收益的适配性、提升会计信息的价值相关性。

第三节　数据资产作为第四张报表披露初探

财务报表反映企业的财务状况、经营成果和现金流量，以其为核心的财务报告可以反映企业管理层受托责任履行情况，有助于财务会计报告使用者作出经济决策，在公司估值、契约设立履行和资本市场监管中发挥了重要的作用。高质量的会计信息不仅可以帮助投资者了解公司价值信息，作出正确的决策，还能提升公司契约设计的科学性和执行效率，从而优化资源配置。现有财务报告概念框架在面对蓬勃发展的新业态、新业务时，水土不服、疲态毕露，大数据时代亟需丰富财务报告的内容和形式。传统会计基本假设、会计要素以及记账方法等会计理论在保证会计信息的真实性、可验证性、可用性以及可比性等方面发挥了重要作用。但不可否认的是，这些假设和规定也在一定程度上限制了财务报表所提供信息的完整性和及时性，从而影响了会计信息在企业估值、契约设立履行和资本市场监管等场景中的功能发挥。例如，在企业估值方面，企业的数字资产、数字化能力以及应用系统，日益成为企业发展和价值创造的核心要素。但传统的会计假设和规定使这些信息难以反映在财务报表中，从而影响投资者对企业价值的判断，降低资本市场的资源配置效率。国际会计准则理事会在国际财务报告准则咨询委员会、欧洲会计大会等会议上多次讨论了大数据技术的发展对财务报告体系的影响。为了应对资产边界拓宽、会计信息相关性下降等挑战，会计师事务所和企业不约而同地在传统三张主要财务报表的基础上，提出企业"第四张报表"的概念。2016 年，德勤与易观、上海国家会计学院联合对"第四张报表"展开研究。德勤第四张报表 2.0 版在 1.0 版的基础上，做了大量的升级和优化，归纳来说，新增数据资产基础层，全面评估企业数据资产价值，从体系成熟度、质量和数量等维度进行分析和评估。在原有用户、产品和渠道三大维度的基础上，融入传统财务主题，形成四大分析维度。融入企业的绩效评估，以四大支柱为脉络，前瞻性、动态化地评估企业绩效。以数据资产为基础，以四大支柱为依据，形成可量化的价值评估体系，更直观地对企业价值进行评估。国际上，随着数据管理行业的成熟和发展，数据资产管理作为一门专业管理领域逐渐被人们广泛研究和总结。根据数据资产管理相关理论指导体系 DAMA - DMBOK 的经典理论，数据资产管理一般包括：体系架构数据资产管理的十大职能——数据治理；数据架构；数据开发；数据运维；数据安全；主数据管理；数据标准；数据质量；元数据管理；数据仓库。海尔集团近年来推出了包含用户资源、增值共享、收入、成本，以及单个用户边际收入五大要素的"第四张报表"——共赢增值表。构建企业"第四张报表"，为信息使用者提供更加完整和及时的价值信息，必须突破会计基本假设、会计要素、计量模式等传统会计理论的限制。

"第四张报表"主要反映会计要素的非财务信息，以非财务数据为核心，帮助 B 端企业从管理层角度更方便地衡量数据资产价值，完成从 D（Data）到 V（Value）的目标。相对于传统报表，"第四张报表"灵活性更大，企业在编制时无须拘泥于特定格式，可以根据需要反映的非财务信息进行编制。构建大数据下的企业"第四张报表"，首先需要放宽会计主体、会计分期以及货币计量等传统会计理论下的基本假设。传统会计理论主要以企业为会计主体提供相关信息，但随着信息技术在会计领域的应用，引发了经济背景下财务组织的变革，使会计主体逐渐扩大。新经济时代，资源整合成为新的经营理念，企业之间的依存度显著提高，利用微观会计主体假设来界定财务报告的边界，所提供的财务信息显然不足以反映企业的活力、实力和潜力。因此，在大数据时代，企业"第四张报表"的构建，需要放宽会计主体的基本假设，立足于广域会计主体，为信息使用者提供诸如供应商与客户的质量、风险、集中度以及中介机构质量和风险水平等与企业价值紧密相连的生态链细粒度信息。由于网络经济的便捷性，使得及时、快捷地提供会计信息成为现实，会计分期假设存在的意义将大大弱化。大数据时代下，高频动态的信息特征决定了构建"第四张报表"需要弱化会计分期假设，利用高速率的大数据形成细时间粒度的企业价值信息，并利用大数据技术实现实时动态的报表化呈现，为信息使用者提供更及时的信息。随着时代的发展，涌现出大量与企业价值密切相关，却难以用货币准确计量的要素信息，如知识资本、高管人力资源、产品品牌等。在对企业的人力资本、社会资本和环境资本进行货币计量时遇到了重重困难，此时如果利用会计提供的货币信息作为决策依据，就会产生不全面、不可靠、不及时、不灵敏和不相关等会计信息质量问题。同时随着商业模式和商业形态的发展，逐渐形成了大量会对企业价值产生重要影响的资源，如企业的数字资产、应用系统等。但这些资源往往难以被准确地用货币计量，并在报表中确认和列报。因此，构建企业“第四张报表”需要放宽货币计量的假设，提供大数据中难以货币化呈现，却与企业价值紧密相关的信息。以 2016 年在中国香港上市的美图公司为例，该公司在上市时存在约 11 亿元的巨额亏损，但其作为一家新型互联网科技公司，同时拥有 11 亿以上的用户量以及超 4 亿的月活跃客户群体。用户流量作为互联网公司未来收入变现和转化的重要来源，是该公司重要的资源，却由于其并没有在现阶段导致明显的资源流入，难以在财务报表中反映。随着科学的发展和技术的进步，企业所持有的具有科技含量的资产价值难以通过历史成本准确衡量。因此，需要突破历史成本为主的计量模式，利用大数据下同类型公司以及类似资产的大量相关信息，实现对企业资产现行价值的判断，并与基于历史成本的传统报表信息进行有机结合，增加信息的价值相关性。

一、德勤“第四张报表”（2.0 版）

数字时代，企业正面临着数字化和颠覆性技术的巨大影响，企业自身的发展模式和管理模式都在发生很大的变化。市场及利益相关方越来越关注企业的长期发展和长期价值。企业的管理层也在更多关注企业长期价值的实现。而传统的财务报告越来越难以全面反映企业的价值，这是德勤研发和设计第四张报表的原因。德勤第四张报表的基本思路是用数据来对企业的竞争力和价值进行画像。

德勤第四张报表是以数据资产为基础，涵盖用户、产品、渠道和财务四大维度的量化企业价值管理体系，为企业提供更全面的绩效评估和更深入的管理洞见。企业绩效是第四张报表的基础应用，融合四大维度的分析指标，形成业务、财务相结合，内部、外部相结合的企业绩效分析体系。数据资产是第四张报表的基础，全面评估企业数据资产价值，从体系成熟度、质量和数量等维度进行分析和评估。企业利用现有的数据资产创造价值，是第四张报表的一个重要课题（见图 8 - 1）。

德勤第四张报表形成了一套成熟的应用地图：以企业价值为原点，以财务、用户、产品、渠道、数据资源、品牌、生态价值为触点，延伸丰富的价值管理场景。企业可以根据自己的核心管理诉求找到适用的场景，设计个性化的第四张报表。

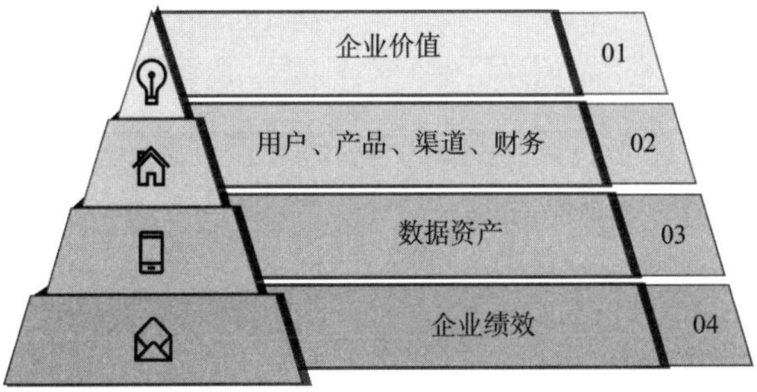

图 8-1 德勤第四张报表 2.0 体系架构

二、基于大数据的企业第四张报表

陈信元（2023）提出构建基于大数据的企业“第四张报表”（见表 8-1）。财务报表作为企业财务状况、经营成果和现金流量的结构性表达，为信息使用者提供了披露形式规范、具有较强可验证性与可比性的企业信息，在公司估值、契约设立履行以及资本市场监管中发挥了至关重要的作用。但是，随着大数据时代的到来，严格的信息审核、会计准则要求以及披露形式和频率的限制，导致三张财务报表在信息的完整性和及时性上遇到了极大的挑战，并提出企业“第四张报表”的要素内容以及数据实现的技术和方法。

表 8-1 基于大数据的企业“第四张报表”

基于大数据的企业第四张报表			
项目	结构化指标	项目	结构化指标
广域经营信息：		环境保护：	
电商信息		温室气体排放	
经营用电信息		有毒有害气体排放	
经营用水信息		废水排放	
海关申报信息		危险废弃物	
企业税务信息		绿色低碳产品/服务	
产品与品牌：		环境认证/表彰	
产品相似度		环境处罚	
产品质量		社会责任：	
产品口碑		社会投入	
客户忠诚度		社区贡献	
无形价值		慈善公益	
质量认证		员工发展	
创新质量：		性别平等	

续表

项目	结构化指标	项目	结构化指标
研发投入		诚信经营	
专利申请		治理水平：	
专利相似度		股东权益	
新产品开发		债权人权益	
科技获奖		董监高履职	
企业风险：		薪酬激励	
资金占用		管理层分析与讨论	
内部控制		中介机构质量	
诉讼处罚		投资者关系：	
关联交易		投资者沟通渠道	
政策冲击		投资者调研情况	
供应商与客户：		投资者评价	
客户质量		投资者保护	
客户集中度		行业与竞争对手：	
供应商质量		产业政策	
供应商集中度		行业风险	
数字化水平：		竞争对手情况	
数据资产			
数字化能力			
应用系统			
更多要素扩展与数据化			

基于大数据的企业“第四张报表”分为基础要素和拓展要素。其中，基础要素主要包括广域经营信息、产品与品牌、创新质量、企业风险、供应商与客户、数字化水平（含数字资产）等，这些信息可以与传统财务报告体系下的三张报表信息相互验证或细化相关信息的颗粒度，从而提供增量信息；拓展要素主要包括环境保护、社会责任、治理水平、投资者关系、行业与竞争对手等，这些要素可以为信息使用者提供更丰富、更及时的增量信息，从而对企业进行多维画像。

虽然“第四张报表”中的少部分信息已在年报附注中有所涉及，但以要素的形式呈现，仍可以通过降低信息使用者的认知成本，提供更细粒度的价值信息，以及通过整合企业不同维度的价值信息，为信息使用者提供增量信息。以供应商客户信息为例，年报附注中主要披露了前几大供应商以及客户的名称、交易金额及所占营业收入比例，而有关供应商及客户的更细颗粒度以及更多维的信息，则需要信息使用者进行收集、整合与分析。而“第四张报表”中“供应商与客户”要素内容不仅包含了年报附注中的供应商及客户的集中度，还包括了供应商与客户的质量、供应商与客户的关联网络、公司供应链一体化程度等重要增量信息。因此，“第四张报表”可以减少信息使用者的认知成本，使其充分认知供应商与客户的整合信息对于其投资决策的重要影响。同时，通过供应商与客户的多维信息等形成客户质量与供应商质量、供应商与客户的关联网络、公司供应链一体化程度等指标，可以有效降低信息使用者获取相关信息的成本，并与企业的其他信息整合，较为全面地反映企业活动。此外，公司相关信息庞杂多元，受到传播媒介以及投资者有限注意的影响，投资者对于年报附注的信息可能关注和解读并不充分。

“第四张报表”对于分散的多元信息的集成表示，一方面使相关信息更容易被投资者关注和获取，从而改善投资者的决策质量；另一方面，重要信息的强化披露，也能够更好地帮助决策者将相关信息融入对公司价值的判断中。“第四张报表”可以为信息使用者提供更全面和更及时的信息。将传统的财务报表信息与“第四张报表”的信息结合，可以为公司估值、契约设计和执行以及资本市场监管等方面赋能创新。“第四张报表”的编制使企业、第三方机构做好数据资产的管理与审计，帮助管理层实时掌握数据资产价值的同时提高数据资产价值评估的效果和效率。

三、数据资产作为第四张报表披露的探讨

数字时代，数据资产已成为企业的战略性资产，数据资产信息披露问题受到会计学术界和社会各界的广泛关注。企业主动披露数据资产信息，可以传递企业良好的数字化能力和综合竞争力。随着数据资产在企业价值创造中的作用日益增强，及时、公开、可靠和全面的数据资产信息披露，对企业管理层和其他利益相关方至关重要。特别是企业数据资产可能面临的质量、安全、隐私、合规等风险，需要建立有效的信息披露机制，来向投资者和监管机构及时传达，以便于他们对企业的风险状况做出准确评估。

2023 年 8 月财政部发布的《企业数据资源相关会计处理暂行规定》创新性提出自愿披露方式，并围绕各方关注对披露重点作出规范和指引。企业应当充分认识自愿披露数据资源信息的重要意义，主动按照企业会计准则和《暂行规定》的披露要求，持续加强对数据资源的应用场景或业务模式、原始数据类型来源、加工维护和安全保护情况、涉及的重大交易事项、相关权利失效和受限等相关信息的自愿披露，以全面地反映数据资源对企业财务状况、经营成果等的影响。但是，《暂行规定》这种在会计报表附注中对数据资源相关信息进行披露的做法，以及数据资源信息采用自愿披露方式可能夸大数据资源价值、掩盖数据合规问题，有待后续进一步完善。

在将数据资产作为“第四张报表”进行列报方面，部分国内学者进行了一些探讨。张俊瑞、危雁麟（2021）提出将资产负债表与“第四张报表”联合进行列报。由于通过资

产负债表列报数据资产信息存在一定的局限性，认为数据资产的信息列报还可以考虑资产负债表与“第四张报表”混合的方法，以资产负债表列报为基础，以“第四张报表”关键指标为补充。具体来说，除了在资产负债表中“数据资产”项目列示其账面金额，还应在“第四张报表”中根据企业数据资产的实际情况，在用户、渠道、产品等相关维度下的对应指标中填列数据资产信息，同时在合规范围内识别是否需要增添能够反映数据资产信息的关键维度和指标并填写相关内容，以期尽可能完整地列示数据资产的相关指标数据，相当于“第四张报表”为资产负债表中“数据资产”项目的补充报表。因此，将资产负债表与“第四张报表”联合进行列报数据资产，不仅可以提供企业数据资产的账面价值信息，还可以全面展示企业数据资源的类型、规模、质量、应用场景等关键信息，统筹兼顾了企业内部与外部各信息使用者与利益相关者对数据资产会计信息的需求。当然，无论采取何种方式来披露数据资产信息，企业都需要在隐私、安全、商业机密以及数据资产的真实价值之间进行权衡。

第九章

《企业数据资源相关会计处理暂行规定》解读

第一节 《企业数据资源相关会计处理暂行规定》发布实施的战略意义

《企业数据资源相关会计处理暂行规定》（以下简称《暂行规定》）的发布实施，标志着我国数据资产入表完成了从 0 到 1 的关键一步，具有里程碑式意义。“数据资产入表”是一种通俗的说法，指通过确认、计量、记录和报告等环节，对满足资产确认条件的数据资源进行记录，以满足内外部决策者所需的会计信息。“数据资产入表”是推动企业将具有经济价值的数据资源入表，真正成为企业“数据资产”的第一步，也是数据要素化和资产化的关键一步。

值得一提的是，此次《暂行规定》使用“数据资源”一词，而没有直接使用“数据资产”的概念，这是一种比较审慎的做法，也与《中共中央　国务院关于构建数据基础制度更好发挥数据要素作用的意见》（以下简称“数据二十条”）保持高度一致。在《暂行规定》出台之前，企业的数据资源并不能进入资产负债表，研发数据所发生的费用也直接费用化，并没有体现出数据资源的应有价值。在《暂行规定》之后，我们应该更多从能否入表的角度，来判断相关数据资源是否可以称之为数据资产。《暂行规定》旨在落实党中央、国务院有关数字经济发展的决策部署，为数字经济健康发展提供制度性支持。《暂行规定》的发布实施对规范和鼓励企业将数据资源确认入表并进行相关会计处理提供了重要指引，尤其在数据资源相关会计信息披露方面具有重要的创新意义。《暂行规定》的发布实施将会加快我国数据资产入表制度探索的进程，对于数据资产的确认、计量、定价和交易等产生重大影响，将进一步提高企业数据资产的管理意识和数据价值化的动力，大力促进数据要素市场化发展。

一、数据资产入表将充分释放数字经济潜力

数字时代，数据已经成为与工业经济时代土地、劳动力、资本、技术同等重要的一种新型生产要素。数据是我国数字经济发展的基础，是其他生产要素的“倍增器”，是数字经济深入发展的“核心引擎”。当前，我国企业的数据量正在以指数级速度快速积累，如何充分开发好这些数据资源所蕴含的商业价值？如何利用数据资源来充分赋能我国数字产业化、产业数字化？如何推动数据交易和数据流动？真正让数据“活起来”“用起来”“火起来”，真正推动实现数据资源的资产化和价值化，已经成为国家大战略，成为刺激经济增长的关键一环。

数据资产入表将发挥会计启动器作用，加快释放数字经济“新动能”。数据资产入表将激活数据资产的交易和利用，为地方财政转型提供新方案，即探索从传统的高度依赖“土地财政”向“数据财政”转型提供新路径。现行地方政府的土地财政难以为继，地方政府只有高度重视并全面激活政府和企业的数据资源，加快做大数字经济，加快推进和全面创新数据资源的合规和确权机制，全面提升政府“数据资产”的运营和变现能力，才能真正破解土地财政难题，实现经济的高质量发展和财政的可持续。当前，已经有一些地方政府在探索对政务数据开展授权运营，并尝试通过政务数据的评估开放、数据招商、数据交易和数据税收等途径，来转化为地方财政收入，从而加快推动实现“数据财政”落地。

二、数据资产入表将加速数字化转型和产业升级

数据资源的高价值和对数字经济发展的重要性，尤其对赋能企业数字化转型和产业升级具有战略意义，这已经具有了高度共识。数据作为数字经济的基础要素，在数字产业化和产业数字化方面，关键是通过不断开发新的应用场景来产生效益，并通过重复使用和加快数据流通产生新价值。值得重视的是，数据作为新型生产要素，与传统生产要素相比，具有供给充裕性、使用共享性、价值多变性等很多价值新特征，特别是数据容易复制、可重复使用，其价值增量与数据的重用度正相关。因此，数据将深刻改变经济发展规律，深度影响政府和企业的行为和决策方式，以及居民的消费方式。从产业发展角度来看，数据是一个无穷无尽亟待挖掘的“大宝藏”，数据资源的产业化是一片蓝海，是新型经济加快发展的关键引擎。

与此同时，大数据、人工智能、区块链等数字技术的加速发展和全面应用，正在全面重塑产业发展规律和企业商业逻辑，并最终推动企业战略、组织结构以及管理方式的转变。以数据为核心驱动力发展数字经济，不仅将加快推动数字产业化和产业数字化的发

展，还将深度赋能企业的数字化转型和传统产业升级，并有效带动数据要素相关产业进一步发展。同时，数据资产确认能够有效带动数据清洗、数据标注、存储计算、质量评价、资产评估等数据服务产业发展，深化数字技术创新应用，激发数字经济发展活力。促进数据生产要素为数字经济赋能、提质和增效，营造繁荣的数字生态，使我国从数据大国迈向数据强国。因此，推动数据资产入表，引导数据要素有序流动，着力激活数据交易，有助于加快培育一批数据产业链头部企业和权威性高的数据服务商，从而加速赋能企业数字化转型和产业升级，加快打造我国经济高质量发展“新优势”。

三、数据资产入表有助于深入探索数据价值化路径

数据资产入表不仅有助于激活数据市场供需主体的积极性，还将进一步增强数据开放共享和数据的开发利用意愿，为企业和地方政府深入探索数据价值化路径提供新的动力。同时，数据资产只有真正入表，才可能基于市场化原则进行利益分配，即数据资产的会计核算体系是实现按市场贡献分配的前置条件，是实现数据要素市场化配置的关键所在。数据交易和流动更是数据要素市场体系的核心环节，激活数据交易，推动数据流动，是做优做大数字经济和加快释放经济新动能的重要前提。

值得关注的是，数据资产入表，也为地方财政转型提供了新思路和新方案，推动地方政府逐步从“土地财政”向“数据财政”转型。目前，部分地方已经开始积极探索数据资源的财政化。“数据财政”是以数据作为关键要素，驱动经济提质增效，发展新型经济和新质生产力，产生增量财政收入的一种财源建设新逻辑。在现行“土地财政”难以为继情况下，地方迫切需要加快发展数字经济，开放利用“数据资源”，将政府数据资源优势转化为经济发展优势，将企业数据资源转化为数据资产，数据资产转化为数据资本，最终转化为财政资金。未来地方政府在做好土地文章的同时，还要做好数据资源大文章，全面创新公共数据授权运营和交易机制，提升数据资源开发利用和数据资产运营能力。

四、数据资产入表有助于推动建立数据相关标准

数据资产确认是“逆推”企业层面数据相关标准体系完善，展现企业真实价值、体现企业竞争优势的重要途径。随着数据积累规模呈指数级增长、数据产品质量和应用水平不断提高，数据对企业生产经营重要性日益提升并成为企业特别是数据驱动企业的核心资源，数据资产确认符合会计质量要求中的相关性和重要性原则。建立数字经济下企业数据资产的核算体系，深入推进数据资产化进程，推动企业数据资源价值显性化，能够“逆推”数据产权交易规则体系的建立健全。“数据二十条”提出按照“谁投入、谁贡献、谁

受益”原则，着重保护数据要素各参与方的投入产出收益，依法依规维护数据资源资产权益。通过数据资产化疏通数据交易路径，建立科学合理的市场评价机制，能够促进劳动者贡献和劳动报酬相匹配，实现“由市场评价贡献，按贡献决定报酬”，能够最大限度地激发数据交易各方参与数据流通交易的积极性。而成熟且活跃的数据市场可以加速数据价格的发现，为构建完善的数据资产评估方法创造基础环境。数据资产确认有助于构建企业资产计量和价值评估体系，促进统一、合规的数据产品和服务市场的建立，促进数据的交易和流通，建立健全数据作为要素按贡献分配的制度，实现更广范围数据要素市场构建的重要驱动力。

五、数据资产入表有助于提高企业数据管理意识

在现行的经济和会计核算制度下，数据要素型和平台型企业出现市值远大于净资产的特征，如 2021 年《财富》杂志榜单公布腾讯公司的账面价值为 1710 亿元，同期腾讯公司的市场价值为 4.7 万亿元。说明传统的资产负债表未能准确反映公司实际资产情况，数据要素的价值被市场“视而不见”或严重低估。近年来，国际会计领域对无形资源会计处理的改进日益关注，其中也涉及数据资源会计问题，目前普遍认同加强信息披露是短期内务实的解决路径。《暂行规定》首次从政策角度将数据资产确认入表，使原先只能费用化处理的数据资源开发成本在满足一定条件后得以确认为资产，为报表使用者提供决策有用的信息。

数据资产化的本质是实现数据要素的社会化配置，数字资产确认是企业作为现代经济运行的基础单元、数据创造应用与流通交易的核心，推动数据作为一项企业资产在会计层面进行一般化的有效计量并纳入企业报表的关键一环。支持企业数据资产开展抵押、融资、租赁等金融行为，形成数据交易流通的“放大效应”。同时数据资产确认能够更为有效地缓解现代企业，特别是互联网企业在表资产与市场价值之间的巨大差距，更为清晰有效地展现企业价值与竞争优势。对于由数据要素驱动的企业，需要探索数据资产的会计确认、计量和报告，提高数据要素型企业现有会计报表资产的信息和质量，推动资本市场发现企业潜在价值。

明确数据资产确认的条件和确认路径，有利于推动企业树立数据管理意识，有利于推动企业建立数据治理和数据资产入表机制，也有利于增强企业数据流通和开放共享意愿，从而为企业对数据进行深度开发利用提供动力。

第二节 《企业数据资源相关会计处理暂行规定》核心内容解读[①]

一、《暂行规定》的制定背景

随着大数据等信息技术、互联网等基础设施的不断演进，数字经济和产业得到飞速发展，并持续推动生产方式、生活方式和社会治理方式的深入变革，数字产业化和产业数字化日趋成为新技术、新业态、新模式发展的新动力。顺应这一发展趋势，财政部制定印发《暂行规定》，有以下三方面的背景考虑。

第一，贯彻党中央、国务院决策部署，服务数字经济的健康发展。

党的十八大以来，党中央高度重视发展数字经济，将其上升为国家战略。2017 年 12 月 8 日，习近平总书记在十九届中央政治局第二次集体学习时指出，要构建以数据为关键要素的数字经济，发挥数据的基础资源作用和创新引擎作用，加快形成以创新为主要引领和支撑的数字经济。党的二十大报告提出，加快建设数字中国，加快发展数字经济，促进数字经济和实体经济深度融合。

2022 年 6 月 22 日，习近平总书记主持召开中央全面深化改革委员会第二十六次会议，审议通过了《关于构建数据基础制度更好发挥数据要素作用的意见》（以下简称“数据二十条”）。数据二十条对数据的产权、流通、交易、治理、安全等做出了基础制度安排，其中提出了探索数据资产入表新模式。

企业会计准则是会计领域的一项基础制度安排，制定《暂行规定》是贯彻落实党中央、国务院关于发展数字经济的决策部署的具体举措，也是以专门规定规范企业数据资源相关会计处理，发挥会计基础作用的重要一步。

第二，加强企业会计准则实施，服务相关会计实务需求。

目前，行业主管部门、数据相关企业、数据交易场所、中介服务机构等有关各方正在积极推动数据要素市场建设，促进企业数据资源的有效运用和有序流通。在这一过程当中，对于企业数据资源是否可以作为会计上的资产予以确认，作为哪一类资产确认和计量，以及如何进行相关信息披露等相关的会计问题较为关注。在《暂行规定》相关研究起

① 本节解读主要参考了财政部会计司《企业数据资源相关会计处理暂行规定》专题讲解的相关内容。

草过程当中，通过专家研讨、专题调研、公开征求意见等方式，发现部分企业对于数据资源能否作为会计上的资产，企业的资产负债表作为何种资产入表等存在疑虑，希望财政部能够出台专门统一的规定就企业数据资源能否入表、适用的会计处理原则等加强指引。

那么，针对各方对于明确企业数据资源相关会计处理的期待，制定《暂行规定》将有助于进一步推动和规范数据相关企业执行会计准则，准确反映数据相关业务和经济实质，同时也能够从我国数字经济发展以及企业丰富的数据资源应用实践当中不断地获取和提炼企业数据资源相关业务的发展情况和特点。为持续深化相关会计问题研究积累中国经验，有助于在国际会计准则相关研究制定的工作中更好地发出中国声音。

第三，推进会计领域创新研究，服务数字经济治理体系建设。

近年来，国际会计领域对于无形资源会计处理的改进日益关注，其中也涉及了数据资源的会计问题，例如，欧盟、英国等主要经济体分别开展的无形资源研究项目，普遍认同加强信息披露是短期内解决这个问题务实的路径。通过专家研讨、专题调研、公开征求意见等方式发现，有关各方对于企业数据资源均存在一定的信息需求，希望通过会计信息披露的渠道来了解企业数据资源相关的信息，比如来源权属、投入成本、应用场景等。制定《暂行规定》，进一步规范引导企业强化数据资源相关信息披露，将有助于有关各方更好了解企业数据资源的相关情况，为有关的监管部门完善数字经济治理体系，加强宏观管理提供会计信息的支撑，也为投资者等报表使用者了解企业数据资源价值、提升决策效率，提供有用信息。

二、《暂行规定》的适用范围

《暂行规定》适用于企业按照《企业会计准则》相关规定确认为无形资产、存货等资产类别的数据资源，以及企业合法拥有或控制的，预期会给企业带来经济利益的，但由于不满足企业会计准则相关资产确认条件而未确认为资产的数据资源的相关会计处理。

（一）什么是数据?

《中华人民共和国数据安全法》第三条对数据作出的定义是，本法所称数据是指任何以电子或者其他方式对信息的记录。一些专业研究机构等从业务的角度也对数据做出了不同的界定。比如中国信息通信研究院作出的定义是，数据是对客观事件进行记录并存储在媒介物上的可鉴别符号，是对客观事物性质、状态以及相互关系等进行记载的物理符号或物理符号的组合，是一种客观存在的资源，实务中往往根据不同的管理和利用方式、适用场景等进一步分类描述。从不同的业务角度出发，也提出了多种分类维度。比如根据数据结构，可以分为结构化数据、半结构化数据、非结构化数据等。结构化的程度影响到后续对数据利用分析的难易度。按照数据存储的维度可以分为基础层、数据中间层、数据应用层。数据的不同层次对于数据的集成性、灵活性要求不同。按照对数据加工程度的维度，可以分为原始数据、衍生数据、产品数据，加工者在其中的劳动和贡献程度是存在差异的。数据安全法按照数据安全的维度分为一般数据、重要数据、核心数据等，一些部门的相关规定也做出了进一步的要求，比如，工业和信息化部对于工业和信息化领域数据的分类分级管理要求，就是通过《工业和信息化领域数据安全管理办法（试行）》，做出进一步的界定。还有的根据数据生成方式将数据划分为自行采集记录客观现象所得到的数据、采集与用户的交互记录所得到的数据、基于已产生的数据在赋予全新的价值过程当中所得到的数据，等等。

数据分类维度和方法的这种多样性也反映出数据在存储、加工、应用、安全等过程和场景中的复杂性。相关的学术研究也提出，相比于常见的自然资源和社会资源，数据资源存在着多种特征，比如说无形性、权属的复杂性、时效性、依附性、价值易变、非标准性、非均质化、可复制性、非竞争性与弱排他性，等等。数据资源作为新生事物的这些特征，也激发了广大的企业积极投身数字经济发展浪潮，通过对数据资源的归集、整理、加工等过程，发挥数据资源对生产的独特贡献。

（二）《暂行规定》规范哪些数据资源?

概括地说，《暂行规定》既适用于按照准则规定确认为资产的数据资源，也适用于按照准则规定尚不能确认为资产的数据资源。同时，对于后者，还要强调企业合法拥有或控制的预期会给企业带来经济利益的条件。这样的适用范围是基于我国现行的企业会计准则规定，并对当前业务模式下企业数据资源的业务情况作出分析界定。

《企业会计准则——基本准则》规定，资产是指企业过去的交易或者事项形成的由企业拥有或者控制的，预期会给企业带来经济利益的资源。同时，符合资产定义的资源还需要同时满足与该资源有关的经济利益很可能流入企业，该资源的成本或者价值能够可靠地计量的确认条件方可作为资产确认。

会计上的资产定义和确认条件是会计准则的一贯规定，其限定是较为严格的。《暂行规定》印发实施并没有放宽准则关于资产定义和确认条件的有关要求，同时基于会计信息的可靠性、谨慎性等质量要求，企业在进行会计处理时不应当高估资产或者收益，低估负债或者费用。对于企业所持有或运用的数据资源，我们从会计准则的角度可以分为三个部分。

第一，有些数据资源并不符合会计上资产的定义，从而不能作为资产确认，即图 9－1 中的相关区域。要说明的是，图 9－1 是一个示意图，只是用来大致地表示可能存在的部分和相关的内容。

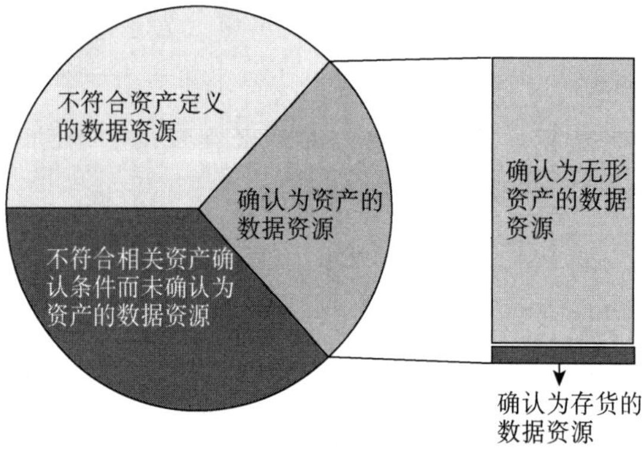

图 9－1　《暂行规定》的适用范围

有些数据资源不符合会计上资产的定义，从而不能作为资产确认。例 1，A 企业利用“撞库”的黑客手段，获取了某社交网站大量用户的手机号、身份证号、家庭住址、网银信息等个人信息，并打包后出售给 B 企业。例 2，C、D 企业通过相关开源数据平台，免费下载了某国家法律条文、法律判决等数据集，用于司法人工智能研究。例 3，E 企业订阅了某宏观经济数据库的普通会员，可在 2023 年全年实时登陆数据库查询有关数据，该数据库对其 5000 家普通会员提供相同的查询服务。

在例 1 中，A 企业利用“撞库”的黑客手段获取了某社交网站大量用户的手机号、身份证号、家庭住址、网银信息等个人信息，并且打包后出售给 B 企业。那么，在这种情况下，对于 A 企业获取和后续转让相关数据的行为，可能涉及违反个人信息保护法甚至刑法等法律法规，对相关数据的拥有或控制并不具有合法性。对于购买方 B 企业，其购买的个人信息数据来源并不正当，而且也没有按照个人信息保护法的相关规定取得个人用户的授权，在合法性方面同样存在瑕疵。因此，在例 1 中，A、B 企业的上述数据均不符合会计上资产的定义，不属于《暂行规定》的适用范围。

在例 2 中，C、D 两个企业通过相关的开源数据平台免费下载了某个国家的法律条文、法律判决等数据集，用于司法人工智能研究。在这个情形下，尽管 C、D 企业可以利用下载的该数据集开发相关的数据产品、提供数据相关服务等，预期能够产生经济利益，但是由于这个平台是一个开源的、免费的平台，其他组织或个人同样可以免费下载相关的数据集。因此，C、D 两个企业均没有对该数据集实现拥有或控制，同时也没有发生相关的支出，从而不应将该数据集作为自己的资产予以确认。

在例 3 中，E 企业订阅了某宏观经济数据库的普通会员，可以在 2023 年全年内实时登录数据库去查询有关的数据。该数据库拥有 5000 个普通会员，它对所有的普通会员提供的都是相同的查询服务。在此情形下，E 企业只是获得了与其他会员相同的查询数据库的权利，而非排他性地直接获取该数据库的全部内容，E 企业不能将整个数据库作为自己的资产予以确认，而只能就其获得的查询权利是否属于资产进行判断。

第二，有些数据资源虽然符合资产的定义，但是不能够同时满足企业会计准则“与该资源有关的经济利益很可能流入企业，以及该资源的成本或者价值能够可靠计量”等资产确认条件，因此也不能作为资产确认。例 1，A 企业从事数据产品开发服务，其对轨道交通领域某细分行业和相关区域数据进行汇聚，形成相关分析工具，用于出售给轨道交通行业企业。但由于该细分行业仍在发育初期，缺乏统一的行业规范标准，行业认可度也不够高，导致难以找到需求方，因此在相关成本发生时不能满足“与该资源有关的经济利益很可能流入企业”的资产确认条件。例 2，B 制造企业在过往生产重型设备过程中收集了一系列生产数据并做了初步的清洗整理，但由于当时内部数据治理基础薄弱，未能对该生产数据的清洗整理成本等进行可靠计量，而是已在生产过程中计入当期损益或计入相关产品成本。对这部分生产数据，由于不符合“该资源的成本能够可靠地计量”的资产确认条件，B 企业不能将其作为资产单独确认，但这并不影响 B 企业运用生产数据继续支持生产经营活动。

在例 1 中，A 企业从事数据产品的开发服务，其对轨道交通领域的某细分行业和相关区域的数据进行汇聚，并形成了相关的分析工具，未来拟用于出售给轨道交通行业企业。但是由于该细分行业目前仍在发育初期，缺乏统一的行业规范标准，行业认可度也不够高，导致 A 企业目前难以找到这个相关分析工具的需求方。因此，即使满足了合法拥有或控制该分析工具，并且对发生的相关成本进行了可靠计量的条件，但是由于不能满足“与该资源有关的经济利益很可能流入企业”的资产确认条件，仍不能作为资产确认，相关的成本应当做费用化处理。

在例 2 中，B 制造企业在过往生产重型设备的过程当中，收集了一系列的生产数据，并做了初步的清洗整理。但是由于当时企业内部的数据治理基础相对薄弱，未能对该生产数据的清洗整理等成本进行可靠的计量，而是已经在整个设备的生产过程当中计入了当期损益或是相关产品成本。那么对于这一部分生产数据，由于不符合“该资源的成本能够可靠地计量”的资产确认条件，B 企业并不能够将其作为资产去单独确认，但是这并不影响 B 企业运用生产数据继续去支持它自己的生产经营活动。

第三，符合企业会计准则相关资产定义和确认条件，可按照企业会计准则的规定确认为企业的资产。当相关的数据资源符合资产定义，并且同时满足与该资源有关的经济利益很可能流入企业，该资源的成本或者价值能够可靠地计量的确认条件时，企业方可将其作为一项资产予以确认，而当其不再符合资产的定义和确认条件时，则不再确认为企业的资产。对于符合资产的定义和确认条件，从而确认为资产的数据资源，按照其经济实质，当符合无形资产或者存货的定义和确认条件时，分别适用于无形资产准则和存货准则，即《暂行规定》所称的企业按照企业会计准则相关规定确认为无形资产或存货等资产类别的数据资源，由于受到数据权属、流通、市场建设、主要业务模式等相关因素的影响，目前确认为存货类别的数据资源极为少见。

三、《暂行规定》的适用原则

企业数据资源可能有多种形成方式，例如，从其他方获取、自行收集或积累等，在具体应用当中也有多种方式，例如，与其他资源相结合，利用数据开发相关服务或产品进一步加工后出售，等等。在不同的业务模式下，企业数据资源的运用方式和经济业务实质可能存在差异。《暂行规定》在企业会计准则规定的基础上，结合数据资源相关业务特点作了进一步说明。

在具体的实务操作当中，企业应当按照企业会计准则相关规定，根据数据资源的持有目的、形成方式、业务模式以及与数据资源有关的经济利益的预期消耗方式等，对与数据资源相关的交易事项进行会计确认、计量和报告。同时，《暂行规定》对当前较常见的企业数据资源业务模式下如何进行会计处理，分别指明了适用的会计处理原则。

具体到资产的类别，在现行的企业会计准则框架下，企业数据资源可能属于无形资产和存货。《暂行规定》对于确认为无形资产和存货的数据资源，结合数据资源的特点和业务流程等，在初始计量、后续计量、处置等方面做了进一步的指引。

四、数据资源无形资产的会计处理

在数据资源无形资产的初始计量方面，《企业会计准则第 6 号——无形资产》应用指南以及有关的企业会计准则解释等，就无形资产的相关会计处理作出了全面规范。企业对于符合无形资产定义和确认条件的数据资源，应当确认为无形资产，并进行相应的会计处理。那么在成本方面，无形资产准则规定，无形资产应当按照成本进行初始计量，同时对于不同方式形成的无形资产的成本以及哪些支出应当费用化都做出了规范。企业应当根据数据资源无形资产的形成方式，重点关注企业成本确定问题。

对于企业通过外购方式取得的数据资源无形资产，按照无形资产准则的规定，其成本包括购买价款、相关税费以及直接归属于使该项资产达到预定用途所发生的其他支出，从数据资源形成的业务流程来看，外购取得的数据资源有的已经经过了初步的脱敏清洗，也有的可能是较为原始状态，要达到预定用途，需要经过脱敏清洗、标注、整合、分析、可视化等一系列工作，还可能会发生数据权属鉴证、质量评估、登记结算、安全管理等相关的费用。对于这些支出，如果它是直接归属于使该项数据资源无形资产达到预定用途而发生的，则可以按照无形资产准则的规定计入数据资源无形资产的成本当中。如果这些支出并不符合无形资产的定义和确认条件，则不应当计入到资产成本当中，而是应当做费用化的处理，根据用途计入当期损益。

例 1，A 银行从外部购买一批数据，拟与行内自行采集的其他数据整合，从而形成一项数据库用于精准营销分析。A 银行按照企业会计准则的规定，判断相关数据符合无形资产定义和确认条件，从而将该外购数据按照无形资产进行核算。在对外购数据进行质量评估的时候，发现该外购数据需要按照金融监管相关的规则要求去做进一步的脱敏处理，并且聘请了专门从事数据脱敏的机构去完成相应的脱敏处理。

在这个情形下，A 银行分析认为它在质量评估以及脱敏处理过程当中发生的支出都是为了使外购数据达到预定用途所发生的相关支出，在满足无形资产确认条件时，计入无形资产的成本中。

对于企业内部通过研究开发形成的数据资源无形资产，按照无形资产准则的规定，其成本包括开发阶段同时满足无形资产准则第九条规定的有关资本化条件的支出。无形资产准则规定，企业内部研究开发项目的支出区分为两个阶段，即研究阶段和开发阶段，其中只有开发阶段的支出在符合资本化条件时可以计入无形资产成本中。资本化条件具体包括以下 5 项：

（1）从技术上讲，完成该项无形资产以使其能够使用或出售具有可行性；

（2）具有形成该无形资产并使用或出售的意图；

（3）无形资产产生未来经济利益的方式，如果无形资产将在内部使用，应当证明其有用性；

（4）有足够的技术、财务资源和其他资源支持，以完成该无形资产的开发，并有能力使用或出售该无形资产；

（5）归属于无形资产开发阶段的支出能够可靠计量。

对于研究阶段的支出以及开发阶段不符合上述资本化条件的支出，应当费用化处理。《暂行规定》进一步强调，企业对于内部数据资源研究开发项目的支出，同样应当按照上述无形资产准则的相关规定进行相应的会计处理。只有满足无形资产准则第九条规定的资本化条件，相关支出才可以计入无形资产成本之中。

需要进一步强调的是，企业对于开发阶段的支出，并不应当出于增加数据资源、无形资产规模等考虑，将不符合资本化条件的支出计入数据资源无形资产的成本，同时也不应当不加判断，将开发阶段的所有支出一概做费用化处理。正确的做法是严格按照无形资产准则规定的资本化条件，综合考虑所有实施的情况作出判断，并做出相应的会计处理，以正确反映有关数据资源无形资产的相关情况。

例 2，B 企业主要从事大宗商品贸易领域的数据服务。2024 年 1 月 1 日，B 企业开始一项数据库的研究开发，具体内容是基于其自行收集、采编的数据和外部购买的相关数据，经过数据的清洗、标注、整合、分析等必要流程之后形成数据库，未来将以订阅的方式向客户提供有关大宗商品贸易的供给需求、库存、物流等的数据查询服务。B 企业在这个项目的研究阶段发生相关支出 200 万元，在开发阶段发生支出 800 万元，其中按照无形资产准则相关规定，符合资本化条件的是 300 万元。截至 2024 年 12 月 31 日，该数据库完成了开发，并且达到了预定用途，B 企业根据准则规定将其确认为一项无形资产，在确认成本的时候，B 企业按照准则的要求，将符合资本化条件的开发阶段的 300 万元支出确认为无形资产，在该数据库完成开发并且形成无形资产之后，后续每年还会发生一定的数据维护、安全管理等支出，由于该数据库已经达到了预定用途，并且确认为无形资产，其初始成本已经确定，就是 300 万元。B 企业分析认为，后续虽然发生了一系列的支出，但是这些数据维护、安全管理等支出并没有增加企业未来的经济利益流入，B 企业在这些支出实际发生时将其计入了当期损益。在具体的实务操作当中，对于企业相关的数据资源，特别是生产经营过程中形成的数据资源，企业需要结合业务发展的目标，构建完善的数据管理体系，在建立确权管理机制和明确应用场景等基础上，通过强化内部数据治理，优化数据资源相关的成本归集与分摊机制、完善与数字化要求相适应的内部控制体系和信息系统等，去实现对数据资源成本的合理准确计量。

在数据资源无形资产的后续计量当中，需要注意摊销和减值两个问题。无形资产的后续计量本身是以其使用寿命为基础的。无形资产准则规定企业应当于取得无形资产时分析判断其使用寿命，对于使用寿命有限的，应当估计该使用寿命及其应摊销的金额。在使用寿命内，系统合理的摊销无法预见无形资产为企业带来经济利益期限的，应当视为使用寿命不确定的无形资产。考虑到数据资源在运用过程当中，是与应用场景高度相关的，而且一些数据具有较强的时效性。数据的这些特点也决定了企业在估计数据资源的使用寿命时需要额外考虑一些因素。《暂行规定》指出企业在对数据资源无形资产的使用寿命进行估计时，应当重点关注数据资源的相关业务模式、权利限制、更新频率和时效性、有关产品或技术迭代以及同类竞品等相关的因素。

例 3，C 企业主要从事 App 营销推送服务，由于该行业对于客户的数据实时性的要求比较高。C 企业基于历史数据，根据业务模式、市场同类产品功能等因素分析，发现其在提供服务过程当中有一些数据的使用寿命是两年，对于这些相关的数据，C 企业如果判断认为符合无形资产的定义和确认条件，并将其作为无形资产予以确认，由于它的使用寿命是两年，未来应该按照两年的使用寿命进行摊销。

D 企业利用拥有的数据产品为客户提供产业链、供应链等企业图谱的查询服务，该数据产品符合无形资产的定义和确认条件。D 企业将其确认为无形资产。D 企业根据历史情况、市场竞品、技术发展等因素分析，发现该数据产品在未来的 5 年内具有市场竞争力，能够形成稳定的收入，其使用寿命按照 5 年做估计。同时还发现有关数据的时效性是逐年递减的。无形资产的摊销方法应当反映与该无形资产有关的经济利益的预期消耗方式。对于受技术陈旧因素影响较大的专有技术等无形资产，可以采用类似于固定资产加速折旧的方法进行摊销。D企业考虑到数据时效性逐年递减的因素，在综合判断之后，按照准则的相关规定，选择采取年数总和法作为摊销的方法。后续计量中，还涉及对数据资源无形资产的减值要求。按照《企业会计准则第8号——资产减值》等有关规定，在资产负债表日，从外部信息来源和内部信息来源两个方面，企业需要判断资产是否存在可能发生减值的迹象。对于使用寿命不确定的数据资源无形资产，无论是否存在减值迹象，每年都应当进行减值测试，并且进行相应的会计处理。企业应当根据数据资源的类型和特点，对相关的减值迹象以及具体的减值情况等做出相应的判断和会计处理。

例4，E企业在过往生产某产品的过程中，积累了关于某生产工艺中原料投入、化学反应和产品精炼等流程的一系列数据，并进一步加工形成一个数据模型，按照企业会计准则的规定，当时确认为资产，因为其未来是用于优化生产的。目前由于技术更新迭代，E企业将在一年内改用其他生产工艺，基于这个判断，预计全行业都将淘汰原来的生产工艺，原来所形成的相关的生产数据以及相关的数据模型未来将不再适用。虽然E企业的相关数据模型目前仍能够发挥作用，但是由于预计一年内将改用其他生产工艺，该数据模型不再能够内部使用，对于其他企业也不具有应用价值。E企业针对该减值迹象，应当按照资产减值准则的要求进行减值测试，并进行相应的会计处理。

对于确认为无形资产的数据资源进行后续计量时，还需要注意以下两点：第一，在具体实践中，企业要基于数据资源的类型和特点，对数据资源无形资产的使用寿命进行合理估计，并持续关注减值情况。对于一些较为基础的数据资源，可能用于多种应用场景，其使用寿命可能相比更长。而用于营销推荐、风险管理等的数据资源可能时效性更强，使用寿命也相应较短，还可能由于市场因素等导致减值，企业需要综合考虑所有事实和情况进行合理的判断。第二，由于数据的价值易变，还可能出现数据资源无形资产的现实估值会高于它的成本，按照会计准则的要求，不能够以评估增值为理由去调增无形资产的成本和账面价值。

在利用数据资源对外提供服务中，可能涉及两类情形：一是在持有确认为无形资产的数据资源期间，利用数据资源无形资产为客户提供服务。此时，如果企业对于其提供服务所利用的数据资源无形资产，属于使用寿命有限的，相应的摊销金额应当根据受益原则计入当期损益或者相关的资产成本。同时，企业对于从客户获取的对价金额应当按照《企业会计准则第14号——收入》的相关规定确认相关的收入。二是除上述情形之外，企业还可能会利用不符合相关资产定义或确认条件的数据资源为客户提供服务。一些数据资源可能由于应用场景不清晰，是否能够带来预期经济利益难以确定、无成本、无法可靠计量等原因，没有作为会计上的资产予以确认，但是这并不影响企业在开展相关的业务中加以运用。这种情况下也要按照收入准则的相关规定确认相关收入。符合有关条件的还应当确认它的合同履约成本。

例 5，F 通信运营企业在过往经营中形成相关的数据，包括客户的月通话费用、缴费金额等，其利用相关的数据形成用户画像产品，客户通过授权给金融机构向 F 企业查询相关数据为金融机构提供征信的支持。尽管由于当时数据治理、基础信息系统建设等限制，F 企业未能够准确可靠地计量相关数据的成本，从而未能将其单独确认为一项资产，但是这并不影响它开发相关的数据产品，并且利用产品形成相关的服务收入。这种情况下，F 企业应当按照收入准则规定确认收入，同时还应当按照收入准则的要求，对于符合有关条件的，为履行与客户的合同而发生的成本，作为合同履约成本予以确认，并进行相应的会计处理。

五、数据资源存货的会计处理

对于数据资源存货，在初始计量时应当重点关注成本确定问题。《企业会计准则第 1 号——存货》及其应用指南，对存货的相关会计处理作出了全面的规范。企业对于符合存货定义和确认条件的数据资源，应当确认为存货，并且按照成本去进行初始计量。对于企业所持有的数据资源存货，它可能是从专门的数据采集企业等处采购取得的。对于通过外购方式取得的确认为存货的数据资源，采购成本应包括购买价款、相关税费、保险税费以及为了数据权属鉴证、质量评估、登记结算、安全管理等所发生的其他可归属于存货采购成本的费用。为了更好地实现出售目的，有的时候还可能根据业务和市场的需要去做进一步的加工处理，或者是通过自行的合法采集和加工形成相关的数据资源。

对于企业通过数据加工取得确认为存货的数据资源，其成本包括采购成本以及数据的采集、脱敏、清洗、标注、整合、分析、可视化等加工层面成本，以及使存货达到目前场所和状态所发生的其他支出。

例如，G 企业的日常活动和主要业务模式是在合规的前提下进行语料的收集和加工，并且出售给其他企业，该企业根据客户的委托，从有关的数据交易场所直接购买了一批数据，准备进一步加工后，直接出售给下游企业。假定 G 企业根据企业会计准则的相关规定，判断这批数据符合存货准则有关存货的定义和确认条件，并作为存货进行会计核算。在采购过程中，为了核实原始数据的权属、质量是否符合要求等，G 企业借助第三方机构提供的权属鉴证、质量评估等服务，对于其中可以归属于存货采购成本的费用可以计入存货成本中。

存货准则关于后续计量方面。企业在资产负债表日，需要对存货按照成本与可变现净值孰低进行计量。当存货成本高于其可变现净值时，则需要计提存货跌价准备，计入当期损益。有关的规定同样适用于数据资源存货。企业在资产负债表日，应当按照存货准则及其应用指南等有关规定以确凿证据为基础确定数据资源存货的可变现净值。发生跌价的，应当按照可变现净值计量，同时按照其成本高于可变现净值的差额计提跌价准备，并计入当期损益。

在出售数据资源存货时，企业也应当按照收入准则等规定确认相关的收入，同时按照存货准则的要求，需要将其成本结转。此外，对于一些因为不符合存货的定义和确认条件而未予确认的数据资源，同样可能因为客户需要等待去实现出售。在这种情况下，符合收入准则有关规定的，企业应当按照收入准则确认相关的收入。

六、《暂行规定》的列示和披露要求

（一）数据资源相关列示要求

《暂行规定》围绕有关各方的信息需求，重点在财务报表列报准则以及 2019 年度一般企业财务报表格式通知等报表格式的基础上，进一步细化了数据资源相关列示和披露的要求，以更好地反映企业数据资源有关定量和定性信息，帮助有关的报表使用者，比如投资者、监管部门等，更好地了解数据资源的有关情况。

首先是资产负债表的相关列示。财务报表列报准则规定企业资产负债表应当单独列示存货、无形资产等报表项目。一般报表格式通知指出，企业根据重要性原则，并结合本企业的实际情况，可以对确需单列的内容增加报表项目。

近年来，在探索企业数据资源相关会计问题中，有一些企业和学者认为，按照现行准则对于资产负债表的有关规定，数据资源可能会分别在无形资产、存货等资产类别中列示，资产负债表没有针对数据资源的专门列示项目，不能够有效地反映出数据资源的价值，并建议可以将数据资源单独作为一类资产在报表中列示，或者是在无形资产、存货等资产类别下设数据资源的子类别来更加直观反映其价值，便于报表使用者更好理解其经济资源的情况。考虑到财务报表列报准则规定的资产负债表的列示原则是按照流动性的顺序由强到弱来列示。存货等属于流动资产，无形资产等属于非流动资产。如果我们将分别可能属于无形资产和存货等资产类别的数据资源，笼统地作为单独的一类资产列示，既违反了资产负债表按照流动性列示的原则，也不利于报表使用者获得这些数据资源的流动性、经济利益、消耗方式等有关的信息。

《暂行规定》在听取大家意见的基础上，明确了数据资源在资产负债表中应该如何列示。企业在编制资产负债表时应当根据重要性原则，并且结合本企业的实际情况在有关报表项目下增设其中项来更加直观地反映企业数据资源相关资产价值的情况，其中就包括以下方面：第一，在存货项目下增设数据资源项目用以反映资产负债表日确认为存货的数据资源的期末账面价值；第二，在无形资产项目下增设数据资源项目，反映资产负债表日确认为无形资产的数据资源的期末账面价值。第三，在开发支出项目下增设数据资源项目，反映资产负债表日正在进行数据资源研究开发项目满足资本化条件的支出金额。

需要注意的是，对于按照收入准则有关规定，对数据资源确认了合同履约成本的企业，应当根据“合同履约成本”科目的明细科目初始确认时摊销期限是否超过一年或者一个正常的营业周期，在存货或者其他非流动资产项目中去分析填列。如果涉及已计提减值准备的，还应当减去“合同履约成本减值准备”科目中的相关期末余额，之后按照减去后的金额填列。

其次是相关的披露要求，相较于会计报表所提供的定量信息，报表附注以定量、定性信息相结合，并且采用文字和数字描述相结合的方式来披露有关报表项目的信息。这些信息通过与报表列示项目的相互参照，能够帮助报表使用者更好地从整体上去理解《暂行规定》。在相关企业会计准则规定的基础上，充分发挥附注的上述特点，创新采取强制披露加自愿披露的方式，规范和引导企业加强对数据资源相关信息在附注中的披露。

（二）数据资源的其他披露要求

为更好地反映企业数据资源的价值，兼顾各方的信息需求，企业的成本效益和商业秘密保护等，《暂行规定》提出了两方面的其他披露要求：一是对数据资源评估相关信息的披露要求，二是企业数据资源相关信息的自愿披露。

1. 数据资源评估的相关信息披露

企业的数据资源本身是一个新生的事物，相关的评估方法等也在不断地完善。在财政部的指导下，中国资产评估协会发布了《数据资产评估指导意见》。《暂行规定》中兼顾到各方的信息需要，同时考虑到重要性和成本效益的原则，规定当企业对数据资源进行评估，而且评估结果对企业的财务报表具有重要影响时，应披露评估所依据的信息来源、评估结论成立的假设前提和限制条件、评估方法的选择、各重要参数的来源、分析比较与测算过程等相关的评估的信息，从而为报表使用者了解数据资源评估相关信息提供支持。

需要注意的是，企业的数据资源无形资产和数据资源存货，按照会计准则的要求，都是按照成本进行初始计量和后续计量，所以它并不涉及根据估值技术所取得的公允价值去对数据资源无形资产和数据资源存货进行调账处理。但在进行减值和跌价准备相关会计处理时，我们可能会借助评估意见来分析可变现净值，我们会利用到专家成果，同时在企业进行数据流通交易，或者在分析数据资源的应用前景、定价策略等时，也可能会涉及对数据资源的相关评估。

比如，A公司从事商品贸易领域的数据服务，基于自行收集采编的数据和外部购买的数据，经过清洗、标注等必要流程后，形成一个数据库，用于对外提供查询服务。其他一些商贸企业会订阅这个数据库，从而利用数据库所提供的交易历史信息、市场供需等相关数据作为交易的结算依据和参考标准。相关的行业协会可能也会订阅这个数据库作为行业有关信息监测的信息来源。

A 公司在 2×24 年 9 月 30 日完成了数据库的研究开发。按照企业会计准则的规定，符合无形资产的定义和确认条件等，从而确认为无形资产进行会计核算。其入账的成本是历史成本 360 万元。在 2×24 年 10 月 1 日到 12 月 31 日期间，A 公司利用该数据库对客户提供相应的服务并取得收入。A 公司在确认收入的同时，将该数据库的摊销金额 9 万元计入当期损益。

那么，在 2×24 年 12 月 31 日，这个数据库作为一项无形资产，它在会计上的账面价值是 351 万元，就是我们的历史成本 360 万元减去摊销金额 9 万元。A 公司目前是想与有关的金融机构就数据资源的质押融资开展相关的探索合作。为了了解相关的价值，聘请了有关的资产评估机构对数据库的价值进行评估。该资产评估机构按照资产评估准则和数据资产评估指导意见的相关规定，根据评估的目的、对象、价值类型、资料收集等情况，选择采用收益法对该数据库进行评估。我们假定评估基准日为 2×24 年 12 月 31 日，数据库的评估价值是 500 万元。在报表列示方面，在 2×24 年 12 月 31 日的资产负债表中，A 公司对这个数据库，应当按照期末账面价值 351 万元进行列示。

虽然我们看到该数据库的资产评估价值 500 万元较它的账面价值有所增加，但是由于我们在企业会计准则中明确规定采用成本计量的模式，对于该数据库的评估价值的结果并不改变它会计上的账面价值，A 公司不能调增该数据库的账面价值。

在附注披露方面，A 公司分析认为，基于其拟开展的数据资源质押融资相关评估活动的评估结果，预计对企业未来的财务状况、现金流量等会具有重要影响，同时按照《暂行规定》的有关要求，在报表附注中相应地披露了评估的相关信息，就是我们《暂行规定》所提到的包括评估依据的信息来源、评估结论成立的假设前提、限制条件等相关信息。

2. 数据资源的自愿披露

在数字产业化和产业数字化的浪潮中，企业对于数据资源的运用、流通持续在蓬勃发展，其中既包括符合相关资产定义和确认条件，从而可以作为无形资产或存货在资产负债表中反映的数据资源，也包括未作为无形资产或存货确认的资源。

尽管不能作为会计上的资产予以确认，但是企业凭借这些数据资源仍然可以去积极地拓展应用场景、开发数据产品、参与流通交易等，去充分发挥这些数据的价值。同时，不同行业、不同发展阶段的企业，出于监管上的要求以及商业秘密保护等方面的需要，可能存在一些不宜全面披露的数据资源的相关信息。基于这些方面的需要，《暂行规定》在广泛地听取意见，会同有关行业主管部门和不同类型企业深入研讨的基础上，提出了自愿披露的要求。

通过自愿披露，可以说既赋予了企业相关附注披露的自主性、灵活性，减轻了企业披露的成本，也指出了各方普遍关注的信息需求所在，能够鼓励、引导企业主动加强数据资源相关信息披露，充分揭示数据资源的价值。

具体来看，企业可以根据实际情况自愿披露数据资源，包括未作为无形资产或存货确认的数据资源下列八个方面的相关信息。

（1）应用场景描述和分析。披露这方面相关信息的目的是什么？因为数据资源的价值与应用场景是紧密相连的，同一数据资源在不同的应用场景下价值可能存在差异。也有一些数据资源在尚未找到适当的应用场景时，它可能无法满足相关资产的定义或确认条件，但我们认为它仍然可能有潜在的商业价值。

通过应用场景相关信息的披露，投资者和潜在投资者能够更好地理解企业数据资源的经济价值和潜力所在。对于数据交易场所和数据交易的双方，它们可以更清晰地去描述其产品和需求，从而促成数据的交易流通。行业主管部门也可以从中了解行业产业的发展情况和现实需求，加强政策引导和宏观治理。为了满足以上需要，《暂行规定》要求企业自愿披露的内容包括数据资源的应用场景或业务模式、对企业创造价值的影响方式、与数据资源应用场景相关的宏观经济和行业领域的前景，等等。结合具体的实务来看，企业可以披露的内容包括数据资源在交易流通方面的应用场景、应用模式、业务模式，等等；相关数据业务的经营模式、主要客户特征、服务内容、销售模式、盈利模式等；数据资源、相关产品或服务的应用场景的行业发展情况，以及新发布的法律法规等对行业的影响情况；等等。

（2）来源的合规性。我国的数据安全法、个人信息保护法、网络安全法等等有关的法律法规对于数据的来源、内容、处理、授权等做出了一系列的规定，数据资源及其原始数据的合规性也一直是监管部门、投资者、交易对手方以及广大的社会公众普遍关注的问题。

披露来源合规性的目的在于企业本身应当依法依规维护国家安全、公共利益以及个人组织的合法权益。合法性本身也是企业进行相应会计处理的基础前提。通过披露来源合规性的相关信息，企业可以主动地向大家说明有关的合规情况，从而打消投资者和社会公众的疑虑，更好地参与到数据的流通交易当中。

在来源合规性方面，要求披露的内容包括用于形成相关数据资源的原始数据的类型、规模、来源权属、质量等信息，结合具体实务来看，企业可以披露以下内容，比如它的原始数据类型，包括涉及哪些结构化数据，还有哪些是非数、非结构化的数据？原始数据的规模方面，包括数据库的个数、品种、数据的指标量、条数、覆盖范围等。原始数据的来源，比如说是企业自己系统生成的，还是外部采购取得的，等等。原始数据的权属可以按照数据的来源、类别等分别说明。原始数据的质量方面，比如对照及时性、真实性、精确性等质量指标做一些披露说明。

（3）加工投入方面。数据资源的可加工性很强，既可以被维护、更新、补充，从而增加数据量，也可能会有删除、合并、归集、消除冗余、进行优化的情况，还可能通过进一步的分析、挖掘、加工，得到更深层次的新的数据资源。披露加工投入情况的相关信息，可以帮助投资者和潜在投资者更好了解企业的竞争优势，也可以结合相关资产的形成情况等，综合评价相关开发投入与产出情况以及企业对于数据资源价值的开发能力；等等。加工投入方面，《暂行规定》要求披露企业对数据的加工维护和安全保护情况，以及相关人才、关键技术等的持有和投入情况。结合具体实务来看，企业可能会披露采集和加工情况，例如采集加工的颗粒度、更新频率、加工的技术、采集的渠道等。安全保护方面，包括对数据安全风险的应对机制、管理模式、软硬件的相关情况，取得的相关资质证明等。相关人才方面，比如人员数量、人才团队的结构、技术水平、能力等。关键技术的持有和投入方面，比如说在各个环节所使用的核心技术，企业拥有的相关专利，等等。

（4）应用现状的相关信息。披露应用现状相关信息的目的是能够帮助投资者等更好地了解数据资源的相关经济利益消耗方式，当前实际的收入、产出能力，也有助于行业主管部门了解业务的现状，加强管理监督，更好地去引导、支持行业产业发展。在应用现状方面，《暂行规定》要求披露数据资源的应用情况，包括相关产品、服务等的运营应用、作价出资、流通交易、服务计费方式，等等。具体来看，企业可能会涉及以下内容，相关的产品或服务的运营情况，比如使用情况，收入情况，注册用户、活跃用户的情况，等等，还可以根据相关产品或服务的形态进行进一步的细化分类披露。根据相关产品或服务的用途说明相关产品或服务的作价出资情况，以及相关产品或服务的交易收入情况。还有就是相关产品或服务的计费方式，比如说预付费的方式，按用量计费、按时间订阅计费、按查询次数计费；等等。

（5）重大交易事项。披露重大交易事项相关信息的目的是因为重大交易事项本身会对企业的生产经营和财务报表造成影响，主动披露相关的信息将有助于投资者和潜在投资者等进一步了解交易情况和相关风险等，从而对企业的价值做出评价。在重大交易事项方面，《暂行规定》要求披露重大交易事项中所涉及的数据资源对该交易事项的影响及风险分析。重大交易事项包括但不限于企业的经营活动、投融资活动、质押融资、关联方及关联交易承诺事项、或有事项、债务重组、资产置换，等等。

（6）自愿披露相关权利失效情况的相关信息。数据资源相关权利的失效将直接影响到相关业务的开展，以及相关数据资源无形资产的可收回金额、数据资源存货的可变净值等。披露权利失效相关的情况，目的在于为投资者和潜在投资者以及数据服务和产品用户等提供相关的信息，以帮助他们相应地作出投资和经营的决策。在这方面，《暂行规定》要求披露数据资源相关权利的失效情况及失效事由对企业的影响及风险分析。如果说数据资源已经确认为资产的，还包括相关资产的账面原值及累计摊销、减值准备或跌价准备、失效部分的会计处理等。

（7）权利限制的情况。披露权利限制情况的相关信息，是因为随着数据权属规则的健全完善，可能会对当前一些数据资源业务和流通交易等模式产生相应的影响。通过披露权利限制情况的相关信息，能够帮助投资者和潜在投资者、数据交易场所、数据服务和产品用户、行业主管部门等有关各方及时去了解权利限制的相关信息和潜在的风险，更好地去评价企业及其数据资源的价值和变动情况。在权利限制情况方面，《暂行规定》要求披露数据资源转让许可或应用所涉及的地域限制、领域限制及法律法规限制等。

权利限制，例如，国家互联网信息办公室出台的数据出境安全评估办法、个人信息出境标准、合同办法等，对有关的重要数据和个人信息出境活动做出了规范。因为权利限制的情况本身不仅限于企业，还需要结合自己的实际情况进行相应的披露。

（8）其他自愿披露。在数字经济和实体经济深度融合的背景下，新技术、新业态、新应用不断涌现，并且加速向各行业、各领域广泛渗透和深度融合。企业可以根据行业、产业的特点和企业自身的实际情况加强相关的自愿披露，形成充分有效的披露范式，从而向报表使用者更好地说明其数据资源，以展示自身的数字化能力、数据价值的创造力和数字化发展的前景，等等。

第三节　数据资产入表的难点与建议

一、企业对数据资产入表的高度关注

企业对数据资源是否可以作为会计上的资产予以确认，如何确认和计量，以及如何进行相关信息披露等会计相关的问题较为关注。但《暂行规定》还不是真正意义上全新的“数据资产会计标准”，而是在现行会计准则基础上，给出的企业数据资源会计核算和列报的一个补充规定，也就意味着目前的数据资源入表实际上是在现行规则下的有序的、稳妥的入表，虽然没有实质性的大变革，却有积极的战略意义，会给数据驱动型企业，从事数据加工、研发的企业带来重要的影响。《暂行规定》的正式发布，引起了社会各界的广泛关注。数据资产入表将给数据要素市场带来巨大想象空间。未来将有大量企业开始重视数据资产，参与到数据要素的流通交易中，这将极大地激活数据要素的活力，数据要素产业市场有望迎来井喷式发展。除此之外，数据要素流通应用专家还提到，数据资产入表也为

数据要素市场的衍生产品提供了新的可能性，例如数据资产估值的金融产品等。除资产自身入表之外，后续也可以通过债券、股权等形式实现资产价值化。不过，这一过程中需要金融机构、资产评估机构等介入，机构与企业之间如何协调等还有待探索。与此同时，相关团队的专业性和经验仍需要积累，资产评估的相关人员与机构的从业资质也需要统一。

实务界在高度评价《暂行规定》的同时，也提出《暂行规定》的发布对它们是机遇也是挑战。数据要素属性的企业受到这一新政策的鼓舞，积极备战数据资源入表的业务端及财务端的各项准备工作，资本市场也给出了积极的信号。非数据要素型企业，并且已经处于数字化转型进程中，积累了海量数据资源的机构，特别是金融、先进制造等行业，对数据资源入表必要性、认定范围、数据权属、价值评估、会计依据、信息披露方法和内容等提出了一系列问题，寻求解决方案。这表明数据要素在各行业得到广泛关注，数据资产化深入人心。北京一名注册会计师表示，“数据入表”有助于有效反映企业在数据要素方面的投入和收益，增厚企业资产，满足融资需求，并辅助国家加强对数据要素市场的统筹管理。“以前企业融资一般抵押物都是固定资产，无形资产这一块比较薄弱，尤其是数据资产这一块，很难衡量，现在写入资产负债表，对于企业的融资来说无疑又多了一个方向。数据入表只是第一步，数据的价值要真正体现出来还需要相关的配套措施跟上。比如数据确权、数据的定价以及流通机制，只有数据的产出、定价、流通顺畅了，形成闭环，数据的价值才能被真正发掘。”民生证券称，此次政策落地有望推动行业加速发展，在会计准则上明确了数据是一种“资产”并存在自身的明确价值。数据对外交易的会计基础不断完善，为打开数据要素交易市场奠定了非常重要的基础。同时可以看到，数据作为一种资产，计入资产负债表的同时也需要披露大量相关信息，说明数据安全仍是重中之重，数据的合规性将成为发展过程中的重点。西南证券表示，数据要素政策密集出台，地区补贴将推动行业进入快速成长期。国盛证券指出，入表意味着数据完成了从自然资源到经济资产的跨越，作为数字经济时代的第一生产要素，数据有望成为政企报表及财政等收入的重要支撑。后续数据要素确权、定价、交易流通、收益分配、试点等进展有望陆续推出。东吴证券指出，数据资产市场潜在总规模数十万亿元，有能力接力土地财政。根据相关测算，全国数据资产市场总规模 8.6 万亿元，带动相关产业数字化潜在受益 34.4 万亿元，叠加数据资产衍生市场，其潜在总规模可能超过 60 万亿元。从长远看，数据要素将为下一个 30 年的黄金发展期打开一扇战略性的大门。

《暂行规定》明确了数据资源会计处理的适用范围、准则及披露要求，进一步丰富了数据要素市场基础性制度供给，并为未来可定价的数据资产时代奠定了基础，有利于助力我国数字经济高质量发展。工信部新基建重大项目评审专家、北邮科技园元宇宙产业协同创新中心执行主任陈晓华提出“当前，数据作为第五大生产要素，已成为数字经济时代的核心增长引擎。但目前大量企业数据资源在流通过程中面临着权益体系不完善、分级分类机制缺失、保障体系不健全等一系列问题，制约了数据要素市场的流通和健康发展，相关制度规则亟须进一步完善。”中央财经大学会计学院教授李晓慧认为“由于目前存在财务报表之外的大量数据资产是各个组织运行中形成的数据库，不同组织在运行中会形成海量数据，这些数据资产不经过确权，无法初次确认成为财务报表中的要素。同时，单个的数据价值并不大，数据不断积累，并深度挖掘才能为业务赋能，才有价值。而且其价值会随着数据规模和维度扩大而增大，这是数据资产的后续计量问题，这种后续计量不应当涉及摊销、折旧、减值，而是如何确认价值增值，这需要在《暂行规定》中明确规定。”而深圳市信息服务业区块链协会会长郑定向则表示，数字经济的根本，在于挖掘数据要素的价值。近年来，各界的焦点集中在数据所有权的归属问题上，这使数据价值的激活受到制约。目前来看，倾向于采用分置的产权运行机制，让数据先流通起来。各地也是将数据资产“入表”作为解决问题的根本途径，北京、深圳、上海等地都对数据资产化做了一些探索。

同时，也要看到《暂行规定》是在现行企业会计准则体系下的细化规范，对数据资产的确认和会计计量没有实质性突破，与现行无形资产、存货、收入等相关会计准则是一致的，不属于国家统一的会计制度要求变更会计政策，需要在后续应用中进一步发展和完善。乔亲旺也指出，当前围绕数据资产入表的相关探索和实践仍处于早期阶段。目前在会计处理操作细则方面，对于数据资产入表会计科目归属、基础会计处理准则、财务报表列报、信息披露内容已初步明确，但仍缺乏在数据资产确认、初始计量、后续计量、处置和报废方面的具体处理方法。此外，数据资产入表的操作规程尚不够清晰，基础工具和专业服务体系尚不完善，仍有诸多难题需要攻克，例如，在价值确认方面，数据资产价值如何得到公允客观度量、如何得到金融证券机构的认可；在安全治理方面，如何解决数据资产会计信息披露和商业秘密及个人隐私保护的冲突；在资产管理方面，如何构建与之相适应的公共数据资产管理体系，满足公共数据资产保值增值的要求，等等。数据资产入表伴随着数字经济的发展应运而生。数据要素市场在有条不紊建设的同时，数据资产入表的核算方法亦在同步研究论证阶段，但目前企业对数据资产的定义，数据资产入表范围、入表的路径、入表计量方法、信息披露等方面均存在不同的理解。不少企业同时指出《暂行规定》中对于企业“数据资源”的定义不明确，对于实务操作存在一定困惑，不利于企业辨认相关数据资源；如果确认“无形资产：数据资源”，相关成本和费用分摊、后续计量都会成为技术难点；数据资产评估的方法和依据都有待更多的理论和实务探索。由于《暂行规定》明确未来适用法，目前大部分调研企业尚未开展数据资源相关的实质性会计处理。其中所提数据资源是一种广义的概念，可以代表所有具有使用价值的数据或者基于数据形成的数据产品。对于可以纳入资产负债表具体科目的数据资源，企业在实践操作中以“数据产品”作为载体，完全符合《暂行规定》的要求。百度、京东等公司反映，因公司属于境外上市企业，考虑到国际会计准则没有数据资产入表的规定，若按照财政部 2023

年 8 月发布的《企业数据资源相关会计处理暂行规定》入表，对数据资产的审计风险和国际投资者的认可情况较难把握，目前处在观望状态。因此提出，国家需要培养一批数商去为企业提供相关审计、评估等的服务。

数据资源的入表、估值、交易、权益管理是一个全球性难题，需要理论界加强前瞻性研究和跨学科融合研究，主动应对新经济的挑战和适应新经济的发展。通过将数据资源入表核算，建立数据治理和管理体系，准确反映数据相关业务和经济实质，一方面可为持续深化数据资源相关会计问题研究积累中国经验，在国际会计准则相关研究制定中提供中国方案；另一方面，可规范和促进数据要素市场的流通和交易，释放出前所未有的数字经济动能。

二、企业数据资源入表存在的主要难点

数据资产入表意味着企业可以将数据资源确认为企业资产负债表中的“资产”。对于拥有丰富数据资源的企业来说，有望在财务报表中体现其真实价值和业务贡献，进而提升企业财务报表质量、提高企业价值估值。与此同时，数据资源入表也在倒逼企业完善数据管理相关制度，加快盘活数据资源价值。当前，很多企业对数据资产的认知有限，对数据资产形成路径理解不足，面临数据资产价值化路径不清晰等一系列难题和挑战。为此，建议准备开展数据资产入表的企业，近期应加快推动数据资源相关制度的建立，特别是成本费用分摊机制的建立，有条件的企业可成立独立的数据管理部门或者任命首席数据官。只有这些基础制度和机制工作做到位，才能保证企业数据资源入表的有序开展。

1. 数据成本费用归集和分摊难

通过企业真实数据推进数据资产入表模拟研究发现，企业虽然在数据资源的开发利用方面投入很多，形成满足资产确认条件的数据资产，但是由于组织架构不合理，部门之间资源重复利用或者人员调配复杂，导致数据资产成本归集存在困难，即数据资产确认条件中的成本与价值可靠计量这一条不能满足。为了顺利形成报表的数据资产，企业应针对数据资产的采集、编制（或加工）、发布部门建立相关组织架构、规定数据资产相关部门人员的职责。

2. 数据资产收入和成本匹配难

数据具有非排他性、高重塑性的特点，导致企业利用内部使用的数据资源在对外提供服务时，不同的业务线、产品线之间，数据资源存在重复调用、重复组合的情形，在归集不同种类业务数据资产的成本时，存在如何将通用数据资源成本合理分摊到各个业务中的问题。实务中，企业一般根据对外提供的业务线或产品种类平均分摊，但不同业务种类的数据资产在资产价值、使用方式、服务对象、利用频次等方面可能均存在显著差异，数据

成本平均分摊可能导致成本归集不准确，导致收入成本不能匹配，不能真实反映数据资源的经济利益实现方式。

3. 数据资产资本化与费用化的区分标准统一难

根据《企业数据资源相关会计处理暂行规定》，企业内部数据资源研究开发项目的支出，应当区分研究阶段支出与开发阶段支出。研究阶段的支出，应当于发生时计入当期损益。开发阶段的支出，满足无形资产准则第九条规定的有关条件时，才能确认为无形资产。除企业在持有确认为无形资产的数据资源期间，利用数据资源对客户提供服务的情形外，企业利用数据资源对客户提供服务的，应当按照收入准则等规定确认相关收入，符合有关条件的应当确认合同履约成本。目前上市公司，对于自创形成的无形资产核算要求非常严格，市场上通过自创形成无形资产的企业并不多。数据资产入表暂行规定的出台，表明政府支持与鼓励满足条件的数据资产入表。鉴于过去实践中，普遍认为研发费用资本化有着非常严格的规定，原始数据经过采集、简单的加工、整合、排序变成数据资源，是否应作为开发阶段的一部分，目前未有较为明确的指引。如果不满足企业内部数据资源研究开发项目的定义，企业利用数据资源对客户提供服务的，应当按照收入准则等规定确认相关收入，符合有关条件的应当确认合同履约成本。

4. 入表对关键财务指标的影响各不相同

从资产负债表的角度来看，《暂行规定》的出台将会增加一部分资产，从而优化资产和负债的结构。对于部分亏损型企业来说，入表确实有两个方面的有利影响：一方面，研发数据的费用若可以资本化，则企业的盈利能力将得到显著改善；另一方面，数据资源入表增加一定的资产总额，企业的资产负债率指标也将得到一定的优化。此外，数据资产也可以进行市场化交易，或者被用于质押融资、以数据资产出资入股等操作。在数据资产入账后，相当于企业所拥有的数据资产已经被分项整理和打包，这将为未来的其他运作提供便利。例如，如果将来要使用数据资产进行融资、质押融资、交易或对外出资，已经入账的数据资产可以直接被利用，对其进行一次数据资产的估值。数据以资产之名入表，可理解为在商业实践层面为资源或财产确权提供合规依据。即《暂行规定》施行后，企业财报可确认数据资源为资产。这些数据资源无形资产或存货在法律上具有财产属性及功能，企业可用于抵押、偿债等。这是因为遵循国际上通行或国家强制规范的会计制度编制的财务报表被认为真实、公允，且可以及时揭示企业主体的财务状况和经营成果，也是企业在金融或资本市场上募集资金或投资并购的可靠信用基础。但一些企业可能会将原先未能计入的表外数据资源内化为具体的资产形式，以增强自身信用基础，直接改善相关财务指标。

不过，我们在调研中，也有企业反映，对数据资产入表表示担忧而不太愿意推进数据资产入表，比如数据驱动型企业，其数据驱动业务而产生的盈利能力已经充分在利润表中得到了反映，而若推动数据资产全面入表，企业的资产将大幅增加，在盈利没有明显增加的情况下，企业的净资产收益率指标将大幅恶化，会引起投资者的误解和股价波动。当然，值得警惕的是，一些企业可能会将不符合资产确认条件的数据资源通过一定的手段而强行入表，进而达到粉饰财务报表、欺诈投资者和债权人的目的。此外，一些企业可能会利用关联方直接的数据资源交易来粉饰财务报表，从而容易导致数据资产入表形成资产泡沫。

5. 数据资产入表实操难

常规的存货，主要是企业待出售的实物商品等，一般有固定成熟的市场可供出售，而对于数据资产而言，一方面是数据市场才刚萌芽，交易行为还不活跃，数据交易的合法性还有待商榷，另一方面是目前数据出售在企业日常生产经营活动中的占比还很低，部分专业数据提供商采取的也是“数据 + 软件 + 服务”的耦合模式。同时，由于及时向客户更新，数据处于“存货”状态的时间较短。《暂行规定》要求企业对数据资源入表情况作必要说明，或建议对数据资源领域的投入、价值和对数据应用可能存在的风险进行管控的自愿披露。尽管在非“入表”数据资源信息披露方面给予企业一定的空间，但也对披露内容的真实性、相关性和依据充分性提出了更高的要求。建议企业在向外界披露自身数据资源管理和经营成果时，避免夸大，保持客观、合理和谨慎。除此以外，数据质量问题可能影响数据资源的使用效果进而影响入表价值，数据质量需要在管理过程中关注并持续提升；数据资源合规及安全性风险，企业需要遵守相关法律法规和合同协议等规定，定期对数据资源全生命周期的数据安全风险进行评估；等等。总之，企业在进行数据资源管理和利用时，需要建立健全风险管理和控制体系，加强对数据资源的保护和利用，以确保企业的可持续发展和经济利益。

三、对企业有序开展数据资产入表的建议

财政部发布的《暂行规定》，为企业数据资产入表提供了具体的操作指引。通过调研我们也发现，有不少中小科技型企业对数据资产这一“新资产”重视不足，认识不够，管理基础薄弱，也存在一些困惑和现实困难，对数据资产入表尚未做好充足准备，但又急迫想开展数据资产入表。显然，数据资产入表是一项正确而有困难的工作，对企业的组织架构，企业的合规和安全体系，企业的成本费用分摊制度，企业的财务、内审、法务等部门，均构成了一定的挑战，亟需加快组织和制度变革，开展数据梳理、数据合规与治理等前期准备以及相应的培训工作。

因为数据资源具有独特性，其入表和现有的传统资产入表有比较大的差别，企业开展数据资产入表，需遵循以下五个特定步骤：

步骤一：数据合规与确权是数据资产入表的前提。数据不仅量大，而且价值变化多端、来源途径多样，尤其是部分数据会涉及个人隐私和伦理问题，所以企业数据资产来

源、内容、处理、管理和经营均要合法合规。

步骤二：要高度关注数据治理。重数据采集、轻数据治理会给数据资产入表带来一定障碍。因此数据治理要有一套完善的数据治理机制，建立完善的数据管理制度体系，同时要有独立的数据管理部门或业务单元，为数据资产入表夯实管理基础。

步骤三：数据资源要预期带来经济利益的流入。企业可以结合数据应用场景以及数据赋能业务的可能性对数据资产的预期经济效益进行全面评估，也可以借助专业的咨询机构以及审计师的帮助，对预期经济利益流入进行测算和评估，这是未来可以尝试的途径。

步骤四：数据资源的成本要清晰，能可靠计量。数据资产入表不仅要满足资产的定义，还要满足资产的两个确认标准，也就是资产的预期经济利益要能流入，同时与资产相关的成本和费用能可靠计量。我们调研发现，由于一些企业的数据和业务是伴生的，因此没有建立有效的数据成本复用分摊机制，建议企业借助数据资产入表的机会，完善数据资源采集、加工、清洗、开发等成本费用的分摊标准，从而为数据资产准确入表奠定制度基础。

步骤五：对数据资源进行列示和信息披露。入表的数据资产要强制披露，同时鼓励企业自愿披露数据资源的应用场景，对企业创造价值的影响方式等内容，吸引投资者关注。需要注意的是，要平衡好披露的成本与效益，考虑商业机密等。

同时，为企业有序开展数据资产入表提出四个方面的具体建议，一要高度重视数据资产入表的基础工作。企业应尽快着手开展数据资源的盘点工作，以数据资源盘点为起点，梳理现有数据资源，摸清数据资源的家底，形成企业级数据资源目录。同时，应全面建立数据资源管理体系和完善相关业务流程。比如，企业可以设立独立的数据管理部门或数据业务运营子公司（分公司），甚至可以建立“首席数据官”制度，统筹推进企业的数据管理工作。如部分头部数据企业已经设置了“首席数据官”来全权负责企业数据资产管理和运营战略的制定。二要加快建设企业数据合规与治理体系。合规是判断数据资产能否入表的关键前提，企业的数据资产能否顺利入表，迫切需要解决的是数据的合法合规性问题，这就需要企业构建一整套体系化的数据合规治理制度，规范开展数据确权、开发利用等活动，保障数据不侵权及不被侵权，数据资产不流失。现实中不少企业由于缺乏数据合规与治理能力，导致数据来源不合规、数据质量不高等问题，无法满足数据资产的确认条件，直接影响了数据资产的入表和价值释放。三要尽快着手研究并建立数据资产相关会计制度体系。如制定数据资产会计核算制度，数据资产管理目录，数据成本费用归集和分摊制度等；基于用户需求视角和数据生命周期视角，开发不同类型数据资产的价值评估模型。同时，企业应加快探索和开发数据资源的具体应用场景，做好企业数字化转型和数据资源预期收益的管理。四要加快建设数据管理、技术和财务等相关专业人才团队。重视并培养一批既懂数据又懂财务的复合型财会人才，着力引进一批既懂大数据分析又精通公司业务的综合型数据技术人才。

附 录

数据领域关键政策及解读

《中共中央 国务院关于构建数据基础制度更好发挥数据要素作用的意见》

数据作为新型生产要素，是数字化、网络化、智能化的基础，已快速融入生产、分配、流通、消费和社会服务管理等各环节，深刻改变着生产方式、生活方式和社会治理方式。数据基础制度建设事关国家发展和安全大局。为加快构建数据基础制度，充分发挥我国海量数据规模和丰富应用场景优势，激活数据要素潜能，做强做优做大数字经济，增强经济发展新动能，构筑国家竞争新优势，现提出如下意见。

一、总体要求

（一）指导思想。以习近平新时代中国特色社会主义思想为指导，深入贯彻党的二十大精神，完整、准确、全面贯彻新发展理念，加快构建新发展格局，坚持改革创新、系统谋划，以维护国家数据安全、保护个人信息和商业秘密为前提，以促进数据合规高效流通使用、赋能实体经济为主线，以数据产权、流通交易、收益分配、安全治理为重点，深入参与国际高标准数字规则制定，构建适应数据特征、符合数字经济发展规律、保障国家数据安全、彰显创新引领的数据基础制度，充分实现数据要素价值、促进全体人民共享数字经济发展红利，为深化创新驱动、推动高质量发展、推进国家治理体系和治理能力现代化提供有力支撑。

（二）工作原则

——遵循发展规律，创新制度安排。充分认识和把握数据产权、流通、交易、使用、分配、治理、安全等基本规律，探索有利于数据安全保护、有效利用、合规流通的产权制度和市场体系，完善数据要素市场体制机制，在实践中完善，在探索中发展，促进形成与数字生产力相适应的新型生产关系。

——坚持共享共用，释放价值红利。合理降低市场主体获取数据的门槛，增强数据要素共享性、普惠性，激励创新创业创造，强化反垄断和反不正当竞争，形成依法规范、共同参与、各取所需、共享红利的发展模式。

——强化优质供给，促进合规流通。顺应经济社会数字化转型发展趋势，推动数据要素供给调整优化，提高数据要素供给数量和质量。建立数据可信流通体系，增强数据的可用、可信、可流通、可追溯水平。实现数据流通全过程动态管理，在合规流通使用中激活数据价值。

——完善治理体系，保障安全发展。统筹发展和安全，贯彻总体国家安全观，强化数据安全保障体系建设，把安全贯穿数据供给、流通、使用全过程，划定监管底线和红线。加强数据分类分级管理，把该管的管住、该放的放开，积极有效防范和化解各种数据风险，形成政府监管与市场自律、法治与行业自治协同、国内与国际统筹的数据要素治理结构。

——深化开放合作，实现互利共赢。积极参与数据跨境流动国际规则制定，探索加入区域性国际数据跨境流动制度安排。推动数据跨境流动双边多边协商，推进建立互利互惠的规则等制度安排。鼓励探索数据跨境流动与合作的新途径新模式。

二、建立保障权益、合规使用的数据产权制度

探索建立数据产权制度，推动数据产权结构性分置和有序流通，结合数据要素特性强化高质量数据要素供给；在国家数据分类分级保护制度下，推进数据分类分级确权授权使用和市场化流通交易，健全数据要素权益保护制度，逐步形成具有中国特色的数据产权制度体系。

（三）探索数据产权结构性分置制度。建立公共数据、企业数据、个人数据的分类分级确权授权制度。根据数据来源和数据生成特征，分别界定数据生产、流通、使用过程中各参与方享有的合法权利，建立数据资源持有权、数据加工使用权、数据产品经营权等分置的产权运行机制，推进非公共数据按市场化方式“共同使用、共享收益”的新模式，为激活数据要素价值创造和价值实现提供基础性制度保障。研究数据产权登记新方式。在保障安全前提下，推动数据处理者依法依规对原始数据进行开发利用，支持数据处理者依法依规行使数据应用相关权利，促进数据使用价值复用与充分利用，促进数据使用权交换和市场化流通。审慎对待原始数据的流转交易行为。

（四）推进实施公共数据确权授权机制。对各级党政机关、企事业单位依法履职或提供公共服务过程中产生的公共数据，加强汇聚共享和开放开发，强化统筹授权使用和管理，推进互联互通，打破“数据孤岛”。鼓励公共数据在保护个人隐私和确保公共安全的

前提下，按照“原始数据不出域、数据可用不可见”的要求，以模型、核验等产品和服务等形式向社会提供，对不承载个人信息和不影响公共安全的公共数据，推动按用途加大供给使用范围。推动用于公共治理、公益事业的公共数据有条件无偿使用，探索用于产业发展、行业发展的公共数据有条件有偿使用。依法依规予以保密的公共数据不予开放，严格管控未依法依规公开的原始公共数据直接进入市场，保障公共数据供给使用的公共利益。

（五）推动建立企业数据确权授权机制。对各类市场主体在生产经营活动中采集加工的不涉及个人信息和公共利益的数据，市场主体享有依法依规持有、使用、获取收益的权益，保障其投入的劳动和其他要素贡献获得合理回报，加强数据要素供给激励。鼓励探索企业数据授权使用新模式，发挥国有企业带头作用，引导行业龙头企业、互联网平台企业发挥带动作用，促进与中小微企业双向公平授权，共同合理使用数据，赋能中小微企业数字化转型。支持第三方机构、中介服务组织加强数据采集和质量评估标准制定，推动数据产品标准化，发展数据分析、数据服务等产业。政府部门履职可依法依规获取相关企业和机构数据，但须约定并严格遵守使用限制要求。

（六）建立健全个人信息数据确权授权机制。对承载个人信息的数据，推动数据处理者按照个人授权范围依法依规采集、持有、托管和使用数据，规范对个人信息的处理活动，不得采取“一揽子授权”、强制同意等方式过度收集个人信息，促进个人信息合理利用。探索由受托者代表个人利益，监督市场主体对个人信息数据进行采集、加工、使用的机制。对涉及国家安全的特殊个人信息数据，可依法依规授权有关单位使用。加大个人信息保护力度，推动重点行业建立完善长效保护机制，强化企业主体责任，规范企业采集使用个人信息行为。创新技术手段，推动个人信息匿名化处理，保障使用个人信息数据时的信息安全和个人隐私。

（七）建立健全数据要素各参与方合法权益保护制度。充分保护数据来源者合法权益，推动基于知情同意或存在法定事由的数据流通使用模式，保障数据来源者享有获取或复制转移由其促成产生数据的权益。合理保护数据处理者对依法依规持有的数据进行自主管控的权益。在保护公共利益、数据安全、数据来源者合法权益的前提下，承认和保护依照法律规定或合同约定获取的数据加工使用权，尊重数据采集、加工等数据处理者的劳动和其他要素贡献，充分保障数据处理者使用数据和获得收益的权利。保护经加工、分析等形成数据或数据衍生产品的经营权，依法依规规范数据处理者许可他人使用数据或数据衍生产品的权利，促进数据要素流通复用。建立健全基于法律规定或合同约定流转数据相关财产性权益的机制。在数据处理者发生合并、分立、解散、被宣告破产时，推动相关权利和义务依法依规同步转移。

三、建立合规高效、场内外结合的数据要素流通和交易制度

完善和规范数据流通规则，构建促进使用和流通、场内场外相结合的交易制度体系，规范引导场外交易，培育壮大场内交易；有序发展数据跨境流通和交易，建立数据来源可确认、使用范围可界定、流通过程可追溯、安全风险可防范的数据可信流通体系。

（八）完善数据全流程合规与监管规则体系。建立数据流通准入标准规则，强化市场主体数据全流程合规治理，确保流通数据来源合法、隐私保护到位、流通和交易规范。结合数据流通范围、影响程度、潜在风险，区分使用场景和用途用量，建立数据分类分级授权使用规范，探索开展数据质量标准化体系建设，加快推进数据采集和接口标准化，促进数据整合互通和互操作。支持数据处理者依法依规在场内和场外采取开放、共享、交换、交易等方式流通数据。鼓励探索数据流通安全保障技术、标准、方案。支持探索多样化、符合数据要素特性的定价模式和价格形成机制，推动用于数字化发展的公共数据按政府指导定价有偿使用，企业与个人信息数据市场自主定价。加强企业数据合规体系建设和监管，严厉打击黑市交易，取缔数据流通非法产业。建立实施数据安全管理认证制度，引导企业通过认证提升数据安全管理水平。

（九）统筹构建规范高效的数据交易场所。加强数据交易场所体系设计，统筹优化数据交易场所的规划布局，严控交易场所数量。出台数据交易场所管理办法，建立健全数据交易规则，制定全国统一的数据交易、安全等标准体系，降低交易成本。引导多种类型的数据交易场所共同发展，突出国家级数据交易场所合规监管和基础服务功能，强化其公共属性和公益定位，推进数据交易场所与数据商功能分离，鼓励各类数据商进场交易。规范各地区各部门设立的区域性数据交易场所和行业性数据交易平台，构建多层次市场交易体系，推动区域性、行业性数据流通使用。促进区域性数据交易场所和行业性数据交易平台与国家级数据交易场所互联互通。构建集约高效的数据流通基础设施，为场内集中交易和场外分散交易提供低成本、高效率、可信赖的流通环境。

（十）培育数据要素流通和交易服务生态。围绕促进数据要素合规高效、安全有序流通和交易需要，培育一批数据商和第三方专业服务机构。通过数据商，为数据交易双方提供数据产品开发、发布、承销和数据资产的合规化、标准化、增值化服务，促进提高数据交易效率。在智能制造、节能降碳、绿色建造、新能源、智慧城市等重点领域，大力培育贴近业务需求的行业性、产业化数据商，鼓励多种所有制数据商共同发展、平等竞争。有序培育数据集成、数据经纪、合规认证、安全审计、数据公证、数据保险、数据托管、资产评估、争议仲裁、风险评估、人才培训等第三方专业服务机构，提升数据流通和交易全流程服务能力。

（十一）构建数据安全合规有序跨境流通机制。开展数据交互、业务互通、监管互认、

服务共享等方面国际交流合作，推进跨境数字贸易基础设施建设，以《全球数据安全倡议》为基础，积极参与数据流动、数据安全、认证评估、数字货币等国际规则和数字技术标准制定。坚持开放发展，推动数据跨境双向有序流动，鼓励国内外企业及组织依法依规开展数据跨境流动业务合作，支持外资依法依规进入开放领域，推动形成公平竞争的国际化市场。针对跨境电商、跨境支付、供应链管理、服务外包等典型应用场景，探索安全规范的数据跨境流动方式。统筹数据开发利用和数据安全保护，探索建立跨境数据分类分级管理机制。对影响或者可能影响国家安全的数据处理、数据跨境传输、外资并购等活动依法依规进行国家安全审查。按照对等原则，对维护国家安全和利益、履行国际义务相关的属于管制物项的数据依法依规实施出口管制，保障数据用于合法用途，防范数据出境安全风险。探索构建多渠道、便利化的数据跨境流动监管机制，健全多部门协调配合的数据跨境流动监管体系。反对数据霸权和数据保护主义，有效应对数据领域“长臂管辖”。

四、建立体现效率、促进公平的数据要素收益分配制度

顺应数字产业化、产业数字化发展趋势，充分发挥市场在资源配置中的决定性作用，更好发挥政府作用。完善数据要素市场化配置机制，扩大数据要素市场化配置范围和按价值贡献参与分配渠道。完善数据要素收益的再分配调节机制，让全体人民更好共享数字经济发展成果。

（十二）健全数据要素由市场评价贡献、按贡献决定报酬机制。结合数据要素特征，优化分配结构，构建公平、高效、激励与规范相结合的数据价值分配机制。坚持“两个毫不动摇”，按照“谁投入、谁贡献、谁受益”原则，着重保护数据要素各参与方的投入产出收益，依法依规维护数据资源资产权益，探索个人、企业、公共数据分享价值收益的方式，建立健全更加合理的市场评价机制，促进劳动者贡献和劳动报酬相匹配。推动数据要素收益向数据价值和使用价值的创造者合理倾斜，确保在开发挖掘数据价值各环节的投入有相应回报，强化基于数据价值创造和价值实现的激励导向。通过分红、提成等多种收益共享方式，平衡兼顾数据内容采集、加工、流通、应用等不同环节相关主体之间的利益分配。

（十三）更好发挥政府在数据要素收益分配中的引导调节作用。逐步建立保障公平的数据要素收益分配体制机制，更加关注公共利益和相对弱势群体。加大政府引导调节力度，探索建立公共数据资源开放收益合理分享机制，允许并鼓励各类企业依法依规依托公共数据提供公益服务。推动大型数据企业积极承担社会责任，强化对弱势群体的保障帮扶，有力有效应对数字化转型过程中的各类风险挑战。不断健全数据要素市场体系和制度规则，防止和依法依规规制资本在数据领域无序扩张形成市场垄断等问题。统筹使用多渠道资金资源，开展数据知识普及和教育培训，提高社会整体数字素养，着力消除不同区域间、人群间数字鸿沟，增进社会公平、保障民生福祉、促进共同富裕。

五、建立安全可控、弹性包容的数据要素治理制度

把安全贯穿数据治理全过程，构建政府、企业、社会多方协同的治理模式，创新政府治理方式，明确各方主体责任和义务，完善行业自律机制，规范市场发展秩序，形成有效市场和有为政府相结合的数据要素治理格局。

（十四）创新政府数据治理机制。充分发挥政府有序引导和规范发展的作用，守住安全底线，明确监管红线，打造安全可信、包容创新、公平开放、监管有效的数据要素市场环境。强化分行业监管和跨行业协同监管，建立数据联管联治机制，建立健全鼓励创新、包容创新的容错纠错机制。建立数据要素生产流通使用全过程的合规公证、安全审查、算法审查、监测预警等制度，指导各方履行数据要素流通安全责任和义务。建立健全数据流通监管制度，制定数据流通和交易负面清单，明确不能交易或严格限制交易的数据项。强化反垄断和反不正当竞争，加强重点领域执法司法，依法依规加强经营者集中审查，依法依规查处垄断协议、滥用市场支配地位和违法实施经营者集中行为，营造公平竞争、规范有序的市场环境。在落实网络安全等级保护制度的基础上全面加强数据安全保护工作，健全网络和数据安全保护体系，提升纵深防护与综合防御能力。

（十五）压实企业的数据治理责任。坚持“宽进严管”原则，牢固树立企业的责任意识和自律意识。鼓励企业积极参与数据要素市场建设，围绕数据来源、数据产权、数据质量、数据使用等，推行面向数据商及第三方专业服务机构的数据流通交易声明和承诺制。严格落实相关法律规定，在数据采集汇聚、加工处理、流通交易、共享利用等各环节，推动企业依法依规承担相应责任。企业应严格遵守反垄断法等相关法律规定，不得利用数据、算法等优势和技术手段排除、限制竞争，实施不正当竞争。规范企业参与政府信息化建设中的政务数据安全管理，确保有规可循、有序发展、安全可控。建立健全数据要素登记及披露机制，增强企业社会责任，打破“数据垄断”，促进公平竞争。

（十六）充分发挥社会力量多方参与的协同治理作用。鼓励行业协会等社会力量积极参与数据要素市场建设，支持开展数据流通相关安全技术研发和服务，促进不同场景下数据要素安全可信流通。建立数据要素市场信用体系，逐步完善数据交易失信行为认定、守信激励、失信惩戒、信用修复、异议处理等机制。畅通举报投诉和争议仲裁渠道，维护数据要素市场良好秩序。加快推进数据管理能力成熟度国家标准及数据要素管理规范贯彻执行工作，推动各部门各行业完善元数据管理、数据脱敏、数据质量、价值评估等标准体系。

六、保障措施

加大统筹推进力度，强化任务落实，创新政策支持，鼓励有条件的地方和行业在制度

建设、技术路径、发展模式等方面先行先试，鼓励企业创新内部数据合规管理体系，不断探索完善数据基础制度。

（十七）切实加强组织领导。加强党对构建数据基础制度工作的全面领导，在党中央集中统一领导下，充分发挥数字经济发展部际联席会议作用，加强整体工作统筹，促进跨地区跨部门跨层级协同联动，强化督促指导。各地区各部门要高度重视数据基础制度建设，统一思想认识，加大改革力度，结合各自实际，制定工作举措，细化任务分工，抓好推进落实。

（十八）加大政策支持力度。加快发展数据要素市场，做大做强数据要素型企业。提升金融服务水平，引导创业投资企业加大对数据要素型企业的投入力度，鼓励征信机构提供基于企业运营数据等多种数据要素的多样化征信服务，支持实体经济企业特别是中小微企业数字化转型赋能开展信用融资。探索数据资产入表新模式。

（十九）积极鼓励试验探索。坚持顶层设计与基层探索结合，支持浙江等地区和有条件的行业、企业先行先试，发挥好自由贸易港、自由贸易试验区等高水平开放平台作用，引导企业和科研机构推动数据要素相关技术和产业应用创新。采用“揭榜挂帅”方式，支持有条件的部门、行业加快突破数据可信流通、安全治理等关键技术，建立创新容错机制，探索完善数据要素产权、定价、流通、交易、使用、分配、治理、安全的政策标准和体制机制，更好发挥数据要素的积极作用。

（二十）稳步推进制度建设。围绕构建数据基础制度，逐步完善数据产权界定、数据流通和交易、数据要素收益分配、公共数据授权使用、数据交易场所建设、数据治理等主要领域关键环节的政策及标准。加强数据产权保护、数据要素市场制度建设、数据要素价格形成机制、数据要素收益分配、数据跨境传输、争议解决等理论研究和立法研究，推动完善相关法律制度。及时总结提炼可复制可推广的经验和做法，以点带面推动数据基础制度构建实现新突破。数字经济发展部际联席会议定期对数据基础制度建设情况进行评估，适时进行动态调整，推动数据基础制度不断丰富完善。

财政部关于印发《企业数据资源相关会计处理暂行规定》的通知

国务院有关部委、有关直属机构，各省、自治区、直辖市、计划单列市财政厅（局），新疆生产建设兵团财政局，财政部各地监管局，有关单位：

为规范企业数据资源相关会计处理，强化相关会计信息披露，根据《中华人民共和国会计法》和相关企业会计准则，我们制定了《企业数据资源相关会计处理暂行规定》，现予印发，请遵照执行。

执行中如有问题，请及时反馈我部。

附件：企业数据资源相关会计处理暂行规定

财 政 部

2023 年 8 月 1 日

企业数据资源相关会计处理暂行规定

为规范企业数据资源相关会计处理，强化相关会计信息披露，根据《中华人民共和国会计法》和企业会计准则等相关规定，现对企业数据资源的相关会计处理规定如下：

一、关于适用范围

本规定适用于企业按照企业会计准则相关规定确认为无形资产或存货等资产类别的数据资源，以及企业合法拥有或控制的、预期会给企业带来经济利益的、但由于不满足企业会计准则相关资产确认条件而未确认为资产的数据资源的相关会计处理。

二、关于数据资源会计处理适用的准则

企业应当按照企业会计准则相关规定，根据数据资源的持有目的、形成方式、业务模式，以及与数据资源有关的经济利益的预期消耗方式等，对数据资源相关交易和事项进行会计确认、计量和报告。

1. 企业使用的数据资源，符合《企业会计准则第 6 号——无形资产》（财会〔2006〕3 号，以下简称无形资产准则）规定的定义和确认条件的，应当确认为无形资产。

2. 企业应当按照无形资产准则、《〈企业会计准则第62号——无形资产〉应用指南》（财会〔2006〕18号，以下简称无形资产准则应用指南）等规定，对确认为无形资产的数据资源进行初始计量、后续计量、处置和报废等相关会计处理。

其中，企业通过外购方式取得确认为无形资产的数据资源，其成本包括购买价款、相关税费，直接归属于使该项无形资产达到预定用途所发生的数据脱敏、清洗、标注、整合、分析、可视化等加工过程所发生的有关支出，以及数据权属鉴证、质量评估、登记结算、安全管理等费用。企业通过外购方式取得数据采集、脱敏、清洗、标注、整合、分析、可视化等服务所发生的有关支出，不符合无形资产准则规定的无形资产定义和确认条件的，应当根据用途计入当期损益。

企业内部数据资源研究开发项目的支出，应当区分研究阶段支出与开发阶段支出。研究阶段的支出，应当于发生时计入当期损益。开发阶段的支出，满足无形资产准则第九条规定的有关条件的，才能确认为无形资产。

企业在对确认为无形资产的数据资源的使用寿命进行估计时，应当考虑无形资产准则应用指南规定的因素，并重点关注数据资源相关业务模式、权利限制、更新频率和时效性、有关产品或技术迭代、同类竞品等因素。

3. 企业在持有确认为无形资产的数据资源期间，利用数据资源对客户提供服务的，应当按照无形资产准则、无形资产准则应用指南等规定，将无形资产的摊销金额计入当期损益或相关资产成本；同时，企业应当按照《企业会计准则第14号——收入》（财会〔2017〕22号，以下简称收入准则）等规定确认相关收入。

除上述情形外，企业利用数据资源对客户提供服务的，应当按照收入准则等规定确认相关收入，符合有关条件的应当确认合同履约成本。

4. 企业日常活动中持有、最终目的用于出售的数据资源，符合《企业会计准则第1号——存货》（财会〔2006〕3号，以下简称存货准则）规定的定义和确认条件的，应当确认为存货。

5. 企业应当按照存货准则、《〈企业会计准则第1号——存货〉应用指南》（财会〔2006〕18号）等规定，对确认为存货的数据资源进行初始计量、后续计量等相关会计处理。

其中，企业通过外购方式取得确认为存货的数据资源，其采购成本包括购买价款、相关税费、保险费，以及数据权属鉴证、质量评估、登记结算、安全管理等所发生的其他可归属于存货采购成本的费用。企业通过数据加工取得确认为存货的数据资源，其成本包括采购成本，数据采集、脱敏、清洗、标注、整合、分析、可视化等加工成本和使存货达到目前场所和状态所发生的其他支出。

6. 企业出售确认为存货的数据资源，应当按照存货准则将其成本结转为当期损益；

同时，企业应当按照收入准则等规定确认相关收入。

7. 企业出售未确认为资产的数据资源，应当按照收入准则等规定确认相关收入。

三、关于列示和披露要求

（一）资产负债表相关列示。

企业在编制资产负债表时，应当根据重要性原则并结合本企业的实际情况，在“存货”项目下增设“其中：数据资源”项目，反映资产负债表日确认为存货的数据资源的期末账面价值；在“无形资产”项目下增设“其中：数据资源”项目，反映资产负债表日确认为无形资产的数据资源的期末账面价值；在“开发支出”项目下增设“其中：数据资源”项目，反映资产负债表日正在进行数据资源研究开发项目满足资本化条件的支出金额。

（二）相关披露。

企业应当按照相关企业会计准则及本规定等，在会计报表附注中对数据资源相关会计信息进行披露。

1. 确认为无形资产的数据资源相关披露。

（1）企业应当按照外购无形资产、自行开发无形资产等类别，对确认为无形资产的数据资源（以下简称数据资源无形资产）相关会计信息进行披露，并可以在此基础上根据实际情况对类别进行拆分。具体披露格式如下：

项　目	外购的数据资源无形资产	自行开发的数据资源无形资产	其他方式取得的数据资源无形资产	合计
一、账面原值				
1. 期初余额				
2. 本期增加金额				
其中：购入				
内部研发				
其他增加				
3. 本期减少金额				
其中：处置				
失效且终止确认				
其他减少				
4. 期末余额				
二、累计摊销				
1. 期初余额				
2. 本期增加金额				

续表

项　目	外购的数据资源无形资产	自行开发的数据资源无形资产	其他方式取得的数据资源无形资产	合计
3. 本期减少金额				
其中：处置				
失效且终止确认				
其他减少				
4. 期末余额				
三、减值准备				
1. 期初余额				
2. 本期增加金额				
3. 本期减少金额				
4. 期末余额				
四、账面价值				
1. 期末账面价值				
2. 期初账面价值				

（2）对于使用寿命有限的数据资源无形资产，企业应当披露其使用寿命的估计情况及摊销方法；对于使用寿命不确定的数据资源无形资产，企业应当披露其账面价值及使用寿命不确定的判断依据。

（3）企业应当按照《企业会计准则第 28 号——会计政策、会计估计变更和差错更正》（财会〔2006〕3 号）的规定，披露对数据资源无形资产的摊销期、摊销方法或残值的变更内容、原因以及对当期和未来期间的影响数。

（4）企业应当单独披露对企业财务报表具有重要影响的单项数据资源无形资产的内容、账面价值和剩余摊销期限。

（5）企业应当披露所有权或使用权受到限制的数据资源无形资产，以及用于担保的数据资源无形资产的账面价值、当期摊销额等情况。

（6）企业应当披露计入当期损益和确认为无形资产的数据资源研究开发支出金额。

（7）企业应当按照《企业会计准则第 8 号——资产减值》（财会〔2006〕3 号）等规定，披露与数据资源无形资产减值有关的信息。

（8）企业应当按照《企业会计准则第 42 号——持有待售的非流动资产、处置组和终止经营》（财会〔2017〕13 号）等规定，披露划分为持有待售类别的数据资源无形资产有关信息。

2. 确认为存货的数据资源相关披露。

（1）企业应当按照外购存货、自行加工存货等类别，对确认为存货的数据资源（以下简称数据资源存货）相关会计信息进行披露，并可以在此基础上根据实际情况对类别进行拆分。具体披露格式如下：

项目	外购的数据资源存货	自行加工的数据资源存货	其他方式取得的数据资源存货	合计
一、账面原值				
1. 期初余额				
2. 本期增加金额				
其中：购入				
采集加工				
其他增加				
3. 本期减少金额				
其中：出售				
失效且终止确认				
其他减少				
4. 期末余额				
二、存货跌价准备				
1. 期初余额				
2. 本期增加金额				
3. 本期减少金额				
其中：转回				
转销				
4. 期末余额				
三、账面价值				
1. 期末账面价值				
2. 期初账面价值				

（2）企业应当披露确定发出数据资源存货成本所采用的方法。

（3）企业应当披露数据资源存货可变现净值的确定依据、存货跌价准备的计提方法、当期计提的存货跌价准备的金额、当期转回的存货跌价准备的金额，以及计提和转回的有关情况。

（4）企业应当单独披露对企业财务报表具有重要影响的单项数据资源存货的内容、账面价值和可变现净值。

（5）企业应当披露所有权或使用权受到限制的数据资源存货，以及用于担保的数据资源存货的账面价值等情况。

3. 其他披露要求。

企业对数据资源进行评估且评估结果对企业财务报表具有重要影响的，应当披露评估依据的信息来源，评估结论成立的假设前提和限制条件，评估方法的选择，各重要参数的来源、分析、比较与测算过程等信息。

企业可以根据实际情况，自愿披露数据资源（含未作为无形资产或存货确认的数据资源）下列相关信息：

（1）数据资源的应用场景或业务模式、对企业创造价值的影响方式，与数据资源应用场景相关的宏观经济和行业领域前景等。

（2）用于形成相关数据资源的原始数据的类型、规模、来源、权属、质量等信息。

（3）企业对数据资源的加工维护和安全保护情况，以及相关人才、关键技术等的持有和投入情况。

（4）数据资源的应用情况，包括数据资源相关产品或服务等的运营应用、作价出资、流通交易、服务计费方式等情况。

（5）重大交易事项中涉及的数据资源对该交易事项的影响及风险分析，重大交易事项包括但不限于企业的经营活动、投融资活动、质押融资、关联方及关联交易、承诺事项、或有事项、债务重组、资产置换等。

（6）数据资源相关权利的失效情况及失效事由、对企业的影响及风险分析等，如数据资源已确认为资产的，还包括相关资产的账面原值及累计摊销、减值准备或跌价准备、失效部分的会计处理。

（7）数据资源转让、许可或应用所涉及的地域限制、领域限制及法律法规限制等权利限制。

（8）企业认为有必要披露的其他数据资源相关信息。

四、附则

本规定自 2024 年 1 月 1 日起施行。企业应当采用未来适用法执行本规定，本规定施行前已经费用化计入损益的数据资源相关支出不再调整。

中评协关于印发《数据资产评估指导意见》的通知

中评协〔2023〕17号

各省、自治区、直辖市、计划单列市资产评估协会（有关注册会计师协会）：

为规范数据资产评估执业行为，保护资产评估当事人合法权益和公共利益，在财政部指导下，中国资产评估协会制定了《数据资产评估指导意见》，现予印发，自 2023 年 10 月 1 日起施行。

请各地方协会将《数据资产评估指导意见》及时转发资产评估机构，组织学习和培训，并将执行过程中发现的问题及时上报中国资产评估协会。

中国资产评估协会

2023 年 9 月 8 日

数据资产评估指导意见

第一章　总　　则

第一条　为规范数据资产评估行为，保护资产评估当事人合法权益和公共利益，根据《资产评估基本准则》及其他相关资产评估准则，制定本指导意见。

第二条　本指导意见所称数据资产，是指特定主体合法拥有或者控制的，能进行货币计量的，且能带来直接或者间接经济利益的数据资源。

第三条　本指导意见所称数据资产评估，是指资产评估机构及其资产评估专业人员遵守法律、行政法规和资产评估准则，根据委托对评估基准日特定目的下的数据资产价值进行评定和估算，并出具资产评估报告的专业服务行为。

第四条　执行数据资产评估业务，应当遵守本指导意见。

第二章　基本遵循

第五条　执行数据资产评估业务，应当遵守法律、行政法规和资产评估准则，坚持独立、客观、公正的原则，诚实守信，勤勉尽责，谨慎从业，遵守职业道德规范，自觉维护职业形象，不得从事损害职业形象的活动。

第六条 执行数据资产评估业务，应当独立进行分析和估算并形成专业意见，拒绝委托人或者其他相关当事人的干预，不得直接以预先设定的价值作为评估结论。

第七条 执行数据资产评估业务，应当具备数据资产评估的专业知识和实践经验，能够胜任所执行的数据资产评估业务。缺乏特定的数据资产评估专业知识、技术手段和经验时，应当采取弥补措施，包括利用数据领域专家工作成果及相关专业报告等。

第八条 执行数据资产评估业务，应当关注数据资产的安全性和合法性，并遵守保密原则。

第九条 执行企业价值评估中的数据资产评估业务，应当了解数据资产作为企业资产组成部分的价值可能有别于作为单项资产的价值，其价值取决于它对企业价值的贡献程度。数据资产与其他资产共同发挥作用时，需要采用适当方法区分数据资产和其他资产的贡献，合理评估数据资产价值。

第十条 执行数据资产评估业务，应当根据评估业务具体情况和数据资产的特性，对评估对象进行针对性的现场调查，收集数据资产基本信息、权利信息、相关财务会计信息和其他资料，并进行核查验证、分析整理和记录。核查数据资产基本信息可以利用数据领域专家工作成果及相关专业报告等。资产评估专业人员自行履行数据资产基本信息相关的现场核查程序时，应当确保具备相应专业知识、技术手段和经验。

第十一条 执行数据资产评估业务，应当合理使用评估假设和限制条件。

第三章 评估对象

第十二条 执行数据资产评估业务，可以通过委托人、相关当事人等提供或者自主收集等方式，了解和关注被评估数据资产的基本情况，例如：数据资产的信息属性、法律属性、价值属性等。信息属性主要包括数据名称、数据结构、数据字典、数据规模、数据周期、产生频率及存储方式等。法律属性主要包括授权主体信息、产权持有人信息，以及权利路径、权利类型、权利范围、权利期限、权利限制等权利信息。价值属性主要包括数据覆盖地域、数据所属行业、数据成本信息、数据应用场景、数据质量、数据稀缺性及可替代性等。

第十三条 执行数据资产评估业务，应当知晓数据资产具有非实体性、依托性、可共享性、可加工性、价值易变性等特征，关注数据资产特征对评估对象的影响。非实体性是指数据资产无实物形态，虽然需要依托实物载体，但决定数据资产价值的是数据本身。数据资产的非实体性也衍生出数据资产的无消耗性，即其不会因为使用而磨损、消耗。依托性是指数据资产必须存储在一定的介质里，介质的种类包括磁盘、光盘等。同一数据资产可以同时存储于多种介质。可共享性是指在权限可控的前提下，数据资产可以被复制，能够被多个主体共享和应用。可加工性是指数据资产可以通过更新、分析、挖掘等处理方式，改变其状态及形态。价值易变性是指数据资产的价值易发生变化，其价值随应用场景、用户数量、使用频率等的变化而变化。

第十四条 执行数据资产评估业务，应当根据数据来源和数据生成特征，关注数据资源持有权、数据加工使用权、数据产品经营权等数据产权，并根据评估目的、权利证明材料等，确定评估对象的权利类型。

第四章 操作要求

第十五条 执行数据资产评估业务，应当明确资产评估业务基本事项，履行适当的资产评估程序。

第十六条 执行数据资产评估业务，需要关注影响数据资产价值的成本因素、场景因素、市场因素和质量因素。成本因素包括形成数据资产所涉及的前期费用、直接成本、间接成本、机会成本和相关税费等。场景因素包括数据资产相应的使用范围、应用场景、商业模式、市场前景、财务预测和应用风险等。市场因素包括数据资产相关的主要交易市场、市场活跃程度、市场参与者和市场供求关系等。质量因素包括数据的准确性、一致性、完整性、规范性、时效性和可访问性等。

第十七条 资产评估专业人员应当关注数据资产质量，并采取恰当方式执行数据质量评价程序或者获得数据质量的评价结果，必要时可以利用第三方专业机构出具的数据质量评价专业报告或者其他形式的数据质量评价专业意见等。数据质量评价采用的方法包括但不限于：层次分析法、模糊综合评价法和德尔菲法等。

第十八条 同一数据资产在不同的应用场景下，通常会发挥不同的价值。资产评估专业人员应当通过委托人、相关当事人等提供或者自主收集等方式，了解相应评估目的下评估对象的具体应用场景，选择和使用恰当的价值类型。

第五章 评估方法

第十九条 确定数据资产价值的评估方法包括收益法、成本法和市场法三种基本方法及其衍生方法。

第二十条 执行数据资产评估业务，资产评估专业人员应当根据评估目的、评估对象、价值类型、资料收集等情况，分析上述三种基本方法的适用性，选择评估方法。

第二十一条 采用收益法评估数据资产时应当：

（一）根据数据资产的历史应用情况及未来应用前景，结合应用或者拟应用数据资产的企业经营状况，重点分析数据资产经济收益的可预测性，考虑收益法的适用性；

（二）保持预期收益口径与数据权利类型口径一致；

（三）在估算数据资产带来的预期收益时，根据适用性可以选择采用直接收益预测、分成收益预测、超额收益预测和增量收益预测等方式；

（四）区分数据资产和其他资产所获得的收益，分析与之有关的预期变动、收益期限，与收益有关的成本费用、配套资产、现金流量、风险因素；

（五）根据数据资产应用过程中的管理风险、流通风险、数据安全风险、监管风险等因素估算折现率；

（六）保持折现率口径与预期收益口径一致；

（七）综合考虑数据资产的法律有效期限、相关合同有效期限、数据资产的更新时间、数据资产的时效性、数据资产的权利状况以及相关产品生命周期等因素，合理确定经济寿命或者收益期限，并关注数据资产在收益期限内的贡献情况。

第二十二条 采用成本法评估数据资产时应当：

（一）根据形成数据资产所需的全部投入，分析数据资产价值与成本的相关程度，考虑成本法的适用性；

（二）确定数据资产的重置成本，包括前期费用、直接成本、间接成本、机会成本和相关税费等；

（三）确定数据资产价值调整系数，例如：对于需要进行质量因素调整的数据资产，可以结合相应质量因素综合确定调整系数；对于可以直接确定剩余经济寿命的数据资产，也可以结合剩余经济寿命确定调整系数。

第二十三条 采用市场法评估数据资产时应当：

（一）考虑该数据资产或者类似数据资产是否存在合法合规的、活跃的公开交易市场，是否存在适当数量的可比案例，考虑市场法的适用性；

（二）根据该数据资产的特点，选择合适的可比案例，例如：选择数据权利类型、数据交易市场及交易方式、数据规模、应用领域、应用区域及剩余年限等相同或者近似的数据资产；

（三）对比该数据资产与可比案例的差异，确定调整系数，并将调整后的结果汇总分析得出被评估数据资产的价值。通常情况下需要考虑质量差异调整、供求差异调整、期日差异调整、容量差异调整以及其他差异调整等。

第二十四条 对同一数据资产采用多种评估方法时，应当对所获得的各种测算结果进行分析，说明两种以上评估方法结果的差异及其原因和最终确定评估结论的理由。

第六章 披露要求

第二十五条 无论是单独出具数据资产的资产评估报告，还是将数据资产评估作为资产评估报告的组成部分，都应当在资产评估报告中披露必要信息，使资产评估报告使用人能够正确理解评估结论。

第二十六条 单独出具数据资产的资产评估报告，应当说明下列内容：

（一）数据资产基本信息和权利信息；

（二）数据质量评价情况，评价情况应当包括但不限于评价目标、评价方法、评价结果及问题分析等内容；

（三）数据资产的应用场景以及数据资产应用所涉及的地域限制、领域限制及法律法规限制等；

（四）与数据资产应用场景相关的宏观经济和行业的前景；

（五）评估依据的信息来源；

（六）利用专家工作或者引用专业报告内容；

（七）其他必要信息。

第二十七条 单独出具数据资产的资产评估报告，应当说明有关评估方法的下列内容：

（一）评估方法的选择及其理由；

（二）各重要参数的来源、分析、比较与测算过程；

（三）对测算结果进行分析，形成评估结论的过程；

（四）评估结论成立的假设前提和限制条件。

第七章 附 则

第二十八条 本指导意见自 2023 年 10 月 1 日起施行。

国家数据局等部门关于印发《“数据要素 ×”三年行动计划（2024—2026 年）》的通知

国数政策〔2023〕11 号

各省、自治区、直辖市及计划单列市、新疆生产建设兵团数据管理部门、党委网信办、科学技术厅（委、局）、工业和信息化主管部门、交通运输厅（局、委）、农业农村（农牧）厅（局、委）、商务主管部门、文化和旅游厅（局）、卫生健康委、应急管理厅（局）、医保局、气象局、文物局、中医药主管部门，中国人民银行上海总部，各省、自治区、直辖市及计划单列市分行，金融监管总局各监管局，中国科学院院属各单位：

为深入贯彻党的二十大和中央经济工作会议精神，落实《中共中央 国务院关于构建数据基础制度更好发挥数据要素作用的意见》，充分发挥数据要素乘数效应，赋能经济社会发展，国家数据局会同有关部门制定了《“数据要素 ×”三年行动计划（2024—2026 年）》，现印发给你们，请认真组织实施。

“数据要素 ×”三年行动计划（2024—2026 年）

发挥数据要素的放大、叠加、倍增作用，构建以数据为关键要素的数字经济，是推动高质量发展的必然要求。为深入贯彻党的二十大和中央经济工作会议精神，落实《中共中央 国务院关于构建数据基础制度更好发挥数据要素作用的意见》，充分发挥数据要素乘数效应，赋能经济社会发展，特制定本行动计划。

一、激活数据要素潜能

随着新一轮科技革命和产业变革深入发展，数据作为关键生产要素的价值日益凸显。发挥数据要素报酬递增、低成本复用等特点，可优化资源配置，赋能实体经济，发展新质生产力，推动生产生活、经济发展和社会治理方式深刻变革，对推动高质量发展具有重要意义。近年来，我国数字经济快速发展，数字基础设施规模能级大幅跃升，数字技术和产业体系日臻成熟，为更好发挥数据要素作用奠定了坚实基础。与此同时，也存在数据供给质量不高、流通机制不畅、应用潜力释放不够等问题。实施“数据要素 ×”行动，就是要发挥我国超大规模市场、海量数据资源、丰富应用场景等多重优势，推动数据要素与劳动力、资本等要素协同，以数据流引领技术流、资金流、人才流、物资流，突破传统资源要素约束，提高全要素生产率；促进数据多场景应用、多主体复用，培育基于数据要素的新产品和新服务，实现知识扩散、价值倍增，开辟经济增长新空间；加快多元数据融合，以数据规模扩张和数据类型丰富，促进生产工具创新升级，催生新产业、新模式，培育经济发展新动能。

二、总体要求

（一）指导思想

以习近平新时代中国特色社会主义思想为指导，深入贯彻落实党的二十大精神，完整、准确、全面贯彻新发展理念，发挥数据的基础资源作用和创新引擎作用，遵循数字经济发展规律，以推动数据要素高水平应用为主线，以推进数据要素协同优化、复用增效、融合创新作用发挥为重点，强化场景需求牵引，带动数据要素高质量供给、合规高效流通，培育新产业、新模式、新动能，充分实现数据要素价值，为推动高质量发展、推进中国式现代化提供有力支撑。

（二）基本原则

需求牵引，注重实效。聚焦重点行业和领域，挖掘典型数据要素应用场景，培育数据商，繁荣数据产业生态，激励各类主体积极参与数据要素开发利用。试点先行，重点突破。加强试点工作，探索多样化、可持续的数据要素价值释放路径。推动在数据资源丰富、带动性强、前景广阔的领域率先突破，发挥引领作用。有效市场，有为政府。充分发挥市场机制作用，强化企业主体地位，推动数据资源有效配置。更好发挥政府作用，扩大公共数据资源供给，维护公平正义，营造良好发展环境。开放融合，安全有序。推动数字经济领域高水平对外开放，加强国际交流互鉴，促进数据有序跨境流动。坚持把安全贯穿数据要素价值创造和实现全过程，严守数据安全底线。

（三）总体目标

到 2026 年底，数据要素应用广度和深度大幅拓展，在经济发展领域数据要素乘数效应得到显现，打造 300 个以上示范性强、显示度高、带动性广的典型应用场景，涌现出一批成效明显的数据要素应用示范地区，培育一批创新能力强、成长性好的数据商和第三方专业服务机构，形成相对完善的数据产业生态，数据产品和服务质量效益明显提升，数据产业年均增速超过 20%，场内交易与场外交易协调发展，数据交易规模倍增，推动数据要素价值创造的新业态成为经济增长新动力，数据赋能经济提质增效作用更加凸显，成为高质量发展的重要驱动力量。

三、重点行动

（四）数据要素 × 工业制造

创新研发模式，支持工业制造类企业融合设计、仿真、实验验证数据，培育数据驱动型产品研发新模式，提升企业创新能力。推动协同制造，推进产品主数据标准生态系统建设，支持链主企业打通供应链上下游设计、计划、质量、物流等数据，实现敏捷柔性协同制造。提升服务能力，支持企业整合设计、生产、运行数据，提升预测性维护和增值服务等能力，实现价值链延伸。强化区域联动，支持产能、采购、库存、物流数据流通，加强区域间制造资源协同，促进区域产业优势互补，提升产业链供应链监测预警能力。开发使能技术，推动制造业数据多场景复用，支持制造业企业联合软件企业，基于设计、仿真、实验、生产、运行等数据积极探索多维度的创新应用，开发创成式设计、虚实融合试验、智能无人装备等方面的新型工业软件和装备。

（五）数据要素×现代农业

提升农业生产数智化水平，支持农业生产经营主体和相关服务企业融合利用遥感、气象、土壤、农事作业、灾害、农作物病虫害、动物疫病、市场等数据，加快打造以数据和模型为支撑的农业生产数智化场景，实现精准种植、精准养殖、精准捕捞等智慧农业作业方式，支撑提高粮食和重要农产品生产效率。提高农产品追溯管理能力，支持第三方主体汇聚利用农产品的产地、生产、加工、质检等数据，支撑农产品追溯管理、精准营销等，增强消费者信任。推进产业链数据融通创新，支持第三方主体面向农业生产经营主体提供智慧种养、智慧捕捞、产销对接、疫病防治、行情信息、跨区作业等服务，打通生产、销售、加工等数据，提供一站式采购、供应链金融等服务。培育以需定产新模式，支持农业与商贸流通数据融合分析应用，鼓励电商平台、农产品批发市场、商超、物流企业等基于销售数据分析，向农产品生产端、加工端、消费端反馈农产品信息，提升农产品供需匹配能力。提升农业生产抗风险能力，支持在粮食、生猪、果蔬等领域，强化产能、运输、加工、贸易、消费等数据融合、分析、发布、应用，加强农业监测预警，为应对自然灾害、疫病传播、价格波动等影响提供支撑。

（六）数据要素×商贸流通

拓展新消费，鼓励电商平台与各类商贸经营主体、相关服务企业深度融合，依托客流、消费行为、交通状况、人文特征等市场环境数据，打造集数据收集、分析、决策、精准推送和动态反馈的闭环消费生态，推进直播电商、即时电商等业态创新发展，支持各类商圈创新应用场景，培育数字生活消费方式。培育新业态，支持电子商务企业、国家电子商务示范基地、传统商贸流通企业加强数据融合，整合订单需求、物流、产能、供应链等数据，优化配置产业链资源，打造快速响应市场的产业协同创新生态。打造新品牌，支持电子商务企业、商贸企业依托订单数量、订单类型、人口分布等数据，主动对接生产企业、产业集群，加强产销对接、精准推送，助力打造特色品牌。推进国际化，在安全合规前提下，鼓励电子商务企业、现代流通企业、数字贸易龙头企业融合交易、物流、支付数据，支撑提升供应链综合服务、跨境身份认证、全球供应链融资等能力。

（七）数据要素×交通运输

提升多式联运效能，推进货运寄递数据、运单数据、结算数据、保险数据、货运跟踪数据等共享互认，实现托运人一次委托、费用一次结算、货物一次保险、多式联运经营人全程负责。推进航运贸易便利化，推动航运贸易数据与电子发票核验、经营主体身份核验、报关报检状态数据等的可信融合应用，加快推广电子提单、信用证、电子放货等业务应用。提升航运服务能力，支持海洋地理空间、卫星遥感、定位导航、气象等数据与船舶航行位置、水域、航速、装卸作业数据融合，创新商渔船防碰撞、航运路线规划、港口智慧安检等应用。挖掘数据复用价值，融合“两客一危”、网络货运等重点车辆数据，构建覆盖车辆营运行为、事故统计等高质量动态数据集，为差异化信贷、保险服务、二手车消费等提供数据支撑。支持交通运输龙头企业推进高质量数据集建设和复用，加强人工智能工具应用，助力企业提升运输效率。推进智能网联汽车创新发展，支持自动驾驶汽车在特定区域、特定时段进行商业化试运营试点，打通车企、第三方平台、运输企业等主体间的数据壁垒，促进道路基础设施数据、交通流量数据、驾驶行为数据等多源数据融合应用，提高智能汽车创新服务、主动安全防控等水平。

（八）数据要素×金融服务

提升金融服务水平，支持金融机构融合利用科技、环保、工商、税务、气象、消费、医疗、社保、农业农村、水电气等数据，加强主体识别，依法合规优化信贷业务管理和保险产品设计及承保理赔服务，提升实体经济金融服务水平。提高金融抗风险能力，推进数字金融发展，在依法安全合规前提下，推动金融信用数据和公共信用数据、商业信用数据共享共用和高效流通，支持金融机构间共享风控类数据，融合分析金融市场、信贷资产、风险核查等多维数据，发挥金融科技和数据要素的驱动作用，支撑提升金融机构反欺诈、反洗钱能力，提高风险预警和防范水平。

（九）数据要素×科技创新

推动科学数据有序开放共享，促进重大科技基础设施、科技重大项目等产生的各类科学数据互联互通，支持和培育具有国际影响力的科学数据库建设，依托国家科学数据中心等平台强化高质量科学数据资源建设和场景应用。以科学数据助力前沿研究，面向基础学科，提供高质量科学数据资源与知识服务，驱动科学创新发现。以科学数据支撑技术创新，聚焦生物育种、新材料创制、药物研发等领域，以数智融合加速技术创新和产业升级。以科学数据支持大模型开发，深入挖掘各类科学数据和科技文献，通过细粒度知识抽取和多来源知识融合，构建科学知识资源底座，建设高质量语料库和基础科学数据集，支持开展人工智能大模型开发和训练。探索科研新范式，充分依托各类数据库与知识库，推进跨学科、跨领域协同创新，以数据驱动发现新规律，创造新知识，加速科学研究范式变革。

（十）数据要素 × 文化旅游

培育文化创意新产品，推动文物、古籍、美术、戏曲剧种、非物质文化遗产、民族民间文艺等数据资源依法开放共享和交易流通，支持文化创意、旅游、展览等领域的经营主体加强数据开发利用，培育具有中国文化特色的产品和品牌。挖掘文化数据价值，贯通各类文化机构数据中心，关联形成中华文化数据库，鼓励依托市场化机制开发文化大模型。提升文物保护利用水平，促进文物病害数据、保护修复数据、安全监管数据、文物流通数据融合共享，支持实现文物保护修复、监测预警、精准管理、应急处置、阐释传播等功能。提升旅游服务水平，支持旅游经营主体共享气象、交通等数据，在合法合规前提下构建客群画像、城市画像等，优化旅游配套服务、一站式出行服务。提升旅游治理能力，支持文化和旅游场所共享公安、交通、气象、证照等数据，支撑“免证”购票、集聚人群监测预警、应急救援等。

（十一）数据要素 × 医疗健康

提升群众就医便捷度，探索推进电子病历数据共享，在医疗机构间推广检查检验结果数据标准统一和共享互认。便捷医疗理赔结算，支持医疗机构基于信用数据开展先诊疗后付费就医。推动医保便民服务。依法依规探索推进医保与商业健康保险数据融合应用，提升保险服务水平，促进基本医保与商业健康保险协同发展。有序释放健康医疗数据价值，完善个人健康数据档案，融合体检、就诊、疾控等数据，创新基于数据驱动的职业病监测、公共卫生事件预警等公共服务模式。加强医疗数据融合创新，支持公立医疗机构在合法合规前提下向金融、养老等经营主体共享数据，支撑商业保险产品、疗养休养等服务产品精准设计，拓展智慧医疗、智能健康管理等数据应用新模式新业态。提升中医药发展水平，加强中医药预防、治疗、康复等健康服务全流程的多源数据融合，支撑开展中医药疗效、药物相互作用、适应症、安全性等系统分析，推进中医药高质量发展。

（十二）数据要素 × 应急管理

提升安全生产监管能力，探索利用电力、通信、遥感、消防等数据，实现对高危行业企业私挖盗采、明停暗开行为的精准监管和城市火灾的智能监测。鼓励社会保险企业围绕矿山、危险化学品等高危行业，研究建立安全生产责任保险评估模型，开发新险种，提高风险评估的精准性和科学性。提升自然灾害监测评估能力，利用铁塔、电力、气象等公共数据，研发自然灾害灾情监测评估模型，强化灾害风险精准预警研判能力。强化地震活动、地壳形变、地下流体等监测数据的融合分析，提升地震预测预警水平。提升应急协调共享能力，推动灾害事故、物资装备、特种作业人员、安全生产经营许可等数据跨区域共享共用，提高监管执法和救援处置协同联动效率。

（十三）数据要素 × 气象服务

降低极端天气气候事件影响，支持经济社会、生态环境、自然资源、农业农村等数据与气象数据融合应用，实现集气候变化风险识别、风险评估、风险预警、风险转移的智能决策新模式，防范化解重点行业和产业气候风险。支持气象数据与城市规划、重大工程等建设数据深度融合，从源头防范和减轻极端天气和不利气象条件对规划和工程的影响。创新气象数据产品服务，支持金融企业融合应用气象数据，发展天气指数保险、天气衍生品和气候投融资新产品，为保险、期货等提供支撑。支持新能源企业降本增效，支持风能、太阳能企业融合应用气象数据，优化选址布局、设备运维、能源调度等。

（十四）数据要素 × 城市治理

优化城市管理方式，推动城市人、地、事、物、情、组织等多维度数据融通，支撑公共卫生、交通管理、公共安全、生态环境、基层治理、体育赛事等各领域场景应用，实现态势实时感知、风险智能研判、及时协同处置。支撑城市发展科学决策，支持利用城市时空基础、资源调查、规划管控、工程建设项目、物联网感知等数据，助力城市规划、建设、管理、服务等策略精细化、智能化。推进公共服务普惠化，深化公共数据的共享应用，深入推动就业、社保、健康、卫生、医疗、救助、养老、助残、托育等服务“指尖办”“网上办”“就近办”。加强区域协同治理，推动城市群数据打通和业务协同，实现经营主体注册登记、异地就医结算、养老保险互转等服务事项跨城通办。

（十五）数据要素 × 绿色低碳

提升生态环境治理精细化水平，推进气象、水利、交通、电力等数据融合应用，支撑气象和水文耦合预报、受灾分析、河湖岸线监测、突发水事件应急处置、重污染天气应对、城市水环境精细化管理等。加强生态环境公共数据融合创新，支持企业融合应用自有数据、生态环境公共数据等，优化环境风险评估，支撑环境污染责任保险设计和绿色信贷服务。提升能源利用效率，促进制造与能源数据融合创新，推动能源企业与高耗能企业打通订单、排产、用电等数据，支持能耗预测、多能互补、梯度定价等应用。提升废弃资源利用效率，汇聚固体废物收集、转移、利用、处置等各环节数据，促进产废、运输、资源化利用高效衔接，推动固废、危废资源化利用。提升碳排放管理水平，支持打通关键产品全生产周期的物料、辅料、能源等碳排放数据以及行业碳足迹数据，开展产品碳足迹测算与评价，引导企业节能降碳。

四、强化保障支撑

（十六）提升数据供给水平

完善数据资源体系，在科研、文化、交通运输等领域，推动科研机构、龙头企业等开展行业共性数据资源库建设，打造高质量人工智能大模型训练数据集。加大公共数据资源供给，在重点领域、相关区域组织开展公共数据授权运营，探索部省协同的公共数据授权机制。引导企业开放数据，鼓励市场力量挖掘商业数据价值，支持社会数据融合创新应用。健全标准体系，加强数据采集、管理等标准建设，协同推进行业标准制定。加强供给激励，制定完善数据内容采集、加工、流通、应用等不同环节相关主体的权益保护规则，在保护个人隐私前提下促进个人信息合理利用。

（十七）优化数据流通环境

提高交易流通效率，支持行业内企业联合制定数据流通规则、标准，聚焦业务需求促进数据合规流通，提高多主体间数据应用效率。鼓励交易场所强化合规管理，创新服务模式，打造服务生态，提升服务质量。打造安全可信流通环境，深化数据空间、隐私计算、联邦学习、区块链、数据沙箱等技术应用，探索建设重点行业和领域数据流通平台，增强数据利用可信、可控、可计量能力，促进数据合规高效流通使用。培育流通服务主体，鼓励地方政府因地制宜，通过新建或拓展既有园区功能等方式，建设数据特色园区、虚拟园区，推动数据商、第三方专业服务机构等协同发展。完善培育数据商的支持举措。促进数据有序跨境流动，对标国际高标准经贸规则，持续优化数据跨境流动监管措施，支持自由贸易试验区开展探索。

（十八）加强数据安全保障

落实数据安全法规制度，完善数据分类分级保护制度，落实网络安全等级保护、关键信息基础设施安全保护等制度，加强个人信息保护，提升数据安全保障水平。丰富数据安全产品，发展面向重点行业、重点领域的精细化、专业型数据安全产品，开发适合中小企业的解决方案和工具包，支持发展定制化、轻便化的个人数据安全防护产品。培育数据安全服务，鼓励数据安全企业开展基于云端的安全服务，有效提升数据安全水平。

五、做好组织实施

（十九）加强组织领导

发挥数字经济发展部际联席会议制度作用，强化重点工作跟踪和任务落实，协调推进跨部门协作。行业主管部门要聚焦重点行业数据开发利用需求，细化落实行动计划的举措。地方数据管理部门要会同相关部门研究制定落实方案，因地制宜形成符合实际的数据要素应用实践，带动培育一批数据商和第三方专业服务机构，营造良好生态。

（二十）开展试点工作

支持部门、地方协同开展政策性试点，聚焦重点行业和领域，结合场景需求，研究数据资源持有权、数据加工使用权、数据产品经营权等分置的落地举措，探索数据流通交易模式。鼓励各地方大胆探索、先行先试，加强模式创新，及时总结可复制推广的实践经验。推动企业按照国家统一的会计制度对数据资源进行会计处理。

（二十一）推动以赛促用

组织开展“数据要素×”大赛，聚焦重点行业和领域搭建专业竞赛平台，加强数据资源供给，激励社会各界共同挖掘市场需求，提升数据利用水平。支持各类企业参与赛事，加强大赛成果转化，孵化新技术、新产品，培育新模式、新业态，完善数据要素生态。

（二十二）加强资金支持

实施“数据要素 ×”试点工程，统筹利用中央预算内投资和其他各类资金加大支持力度。鼓励金融机构按照市场化原则加大信贷支持力度，优化金融服务。依法合规探索多元化投融资模式，发挥相关引导基金、产业基金作用，引导和鼓励各类社会资本投向数据产业。支持数据商上市融资。

（二十三）加强宣传推广

开展数据要素应用典型案例评选，遴选一批典型应用。依托数字中国建设峰会及各类数据要素相关会议、论坛和活动等，积极发布典型案例，促进经验分享和交流合作。各地方数据管理部门要深入挖掘数据要素应用好经验、好做法，充分利用各类新闻媒体，加大宣传力度，提升影响力。

财政部关于印发《关于加强数据资产管理的指导意见》的通知

财资〔2023〕141 号

各省、自治区、直辖市、计划单列市财政厅（局），新疆生产建设兵团财政局：

为深入贯彻落实党中央关于构建数据基础制度的决策部署，规范和加强数据资产管理，更好推动数字经济发展，根据《中华人民共和国网络安全法》《中华人民共和国数据安全法》《中华人民共和国个人信息保护法》等，我们制定了《关于加强数据资产管理的指导意见》。现印发给你们，请遵照执行。

财政部

2023 年 12 月 31 日

关于加强数据资产管理的指导意见

数据资产，作为经济社会数字化转型进程中的新兴资产类型，正日益成为推动数字中国建设和加快数字经济发展的重要战略资源。为深入贯彻落实党中央决策部署，现就加强数据资产管理提出如下意见。

一、总体要求

（一）指导思想。

以习近平新时代中国特色社会主义思想为指导，全面深入贯彻落实党的二十大精神，完整、准确、全面贯彻新发展理念，加快构建新发展格局，坚持统筹发展和安全，坚持改革创新、系统谋划，把握全球数字经济发展趋势，建立数据资产管理制度，促进数据资产合规高效流通使用，构建共治共享的数据资产管理格局，为加快经济社会数字化转型、推动高质量发展、推进国家治理体系和治理能力现代化提供有力支撑。

（二）基本原则。

——坚持确保安全与合规利用相结合。统筹发展和安全，正确处理数据资产安全、个人信息保护与数据资产开发利用的关系。以保障数据安全为前提，对需要严格保护的数据，审慎推进数据资产化；对可开发利用的数据，支持合规推进数据资产化，进一步发挥数据资产价值。

——坚持权利分置与赋能增值相结合。适应数据资产多用途属性，按照“权责匹配、保护严格、流转顺畅、利用充分”原则，明确数据资产管理各方权利义务，推动数据资产权利分置，完善数据资产权利体系，丰富权利类型，有效赋能增值，夯实开发利用基础。

——坚持分类分级与平等保护相结合。加强数据分类分级管理，建立数据资产分类分级授权使用规范。鼓励按用途增加公共数据资产供给，推动用于公共治理、公益事业的公共数据资产有条件无偿使用，平等保护各类数据资产权利主体合法权益。

——坚持有效市场与有为政府相结合。充分发挥市场配置资源的决定性作用，探索多样化有偿使用方式。支持用于产业发展、行业发展的公共数据资产有条件有偿使用。加大政府引导调节力度，探索建立公共数据资产开发利用和收益分配机制。强化政府对数据资产全过程监管，加强数据资产全过程管理。

——坚持创新方式与试点先行相结合。强化部门协同联动，完善数据资产管理体制机制。坚持顶层设计与基层探索相结合，坚持改革于法有据，既要发挥顶层设计指导作用，又要鼓励支持各方因地制宜、大胆探索。

（三）总体目标。

构建“市场主导、政府引导、多方共建”的数据资产治理模式，逐步建立完善数据资产管理制度，不断拓展应用场景，不断提升和丰富数据资产经济价值和社会价值，推进数据资产全过程管理以及合规化、标准化、增值化。通过加强和规范公共数据资产基础管理工作，探索公共数据资产应用机制，促进公共数据资产高质量供给，有效释放公共数据价值，为赋能实体经济数字化转型升级，推进数字经济高质量发展，加快推进共同富裕提供有力支撑。

二、主要任务

（四）依法合规管理数据资产。保护各类主体在依法收集、生成、存储、管理数据资产过程中的相关权益。鼓励各级党政机关、企事业单位等经依法授权具有公共事务管理和公共服务职能的组织（以下统称公共管理和服务机构）将其依法履职或提供公共服务过程中持有或控制的，预期能够产生管理服务潜力或带来经济利益流入的公共数据资源，作为公共数据资产纳入资产管理范畴。涉及处理国家安全、商业秘密和个人隐私的，应当依照法律、行政法规规定的权限、程序进行，不得超出履行法定职责所必需的范围和限度。相关部门结合国家有关数据目录工作要求，按照资产管理相关要求，组织梳理统计本系统、本行业符合数据资产范围和确认要求的公共数据资产目录清单，登记数据资产卡片，暂不具备确认登记条件的可先纳入资产备查簿。

（五）明晰数据资产权责关系。适应数据多种属性和经济社会发展要求，与数据分类分级、确权授权使用要求相衔接，落实数据资源持有权、数据加工使用权和数据产品经营权权利分置要求，加快构建分类科学的数据资产产权体系。明晰公共数据资产权责边界，促进公共数据资产流通应用安全可追溯。探索开展公共数据资产权益在特定领域和经营主体范围内入股、质押等，助力公共数据资产多元化价值流通。

（六）完善数据资产相关标准。推动技术、安全、质量、分类、价值评估、管理运营等数据资产相关标准建设。鼓励行业根据发展需要，自行或联合制定企业数据资产标准。支持企业、研究机构、高等学校、相关行业组织等参与数据资产标准制定。公共管理和服务机构应配套建立公共数据资产卡片，明确公共数据资产基本信息、权利信息、使用信息、管理信息等。在对外授予数据资产加工使用权、数据产品经营权时，在本单位资产卡片中对授权进行登记标识，在不影响本单位继续持有或控制数据资产的前提下，可不减少或不核销本单位数据资产。

（七）加强数据资产使用管理。鼓励数据资产持有主体提升数据资产数字化管理能力，结合数据采集加工周期和安全等级等实际情况及要求，对所持有或控制的数据资产定期更新维护。数据资产各权利主体建立健全全流程数据安全管理机制，提升安全保护能力。支持各类主体依法依规行使数据资产相关权利，促进数据资产价值复用和市场化流通。结合数据资产流通范围、流通模式、供求关系、应用场景、潜在风险等，不断完善数据资产全流程合规管理。在保障安全、可追溯的前提下，推动依法依规对公共数据资产进行开发利用。支持公共管理和服务机构为提升履职能力和公共服务水平，强化公共数据资产授权运营和使用管理。公共管理和服务机构要按照有关规定对授权运营的公共数据资产使用情况等重要信息进行更新维护。

（八）稳妥推动数据资产开发利用。完善数据资产开发利用规则，推进形成权责清晰、过程透明、风险可控的数据资产开发利用机制。严格按照“原始数据不出域、数据可用不可见”要求和资产管理制度规定，公共管理和服务机构可授权运营主体对其持有或控制的公共数据资产进行运营。授权运营前要充分评估授权运营可能带来的安全风险，明确安全责任。运营主体应建立公共数据资产安全可信的运营环境，在授权范围内推动可开发利用的公共数据资产向区域或国家级大数据平台和交易平台汇聚。支持运营主体对各类数据资产进行融合加工。探索建立公共数据资产政府指导定价机制或评估、拍卖竞价等市场价格发现机制。鼓励在金融、交通、医疗、能源、工业、电信等数据富集行业探索开展多种形式的数据资产开发利用模式。

（九）健全数据资产价值评估体系。推进数据资产评估标准和制度建设，规范数据资产价值评估。加强数据资产评估能力建设，培养跨专业、跨领域数据资产评估人才。全面识别数据资产价值影响因素，提高数据资产评估总体业务水平。推动数据资产价值评估业务信息化建设，利用数字技术或手段对数据资产价值进行预测和分析，构建数据资产价值评估标准库、规则库、指标库、模型库和案例库等，支撑标准化、规范化和便利化业务开展。开展公共数据资产价值评估时，要按照资产评估机构选聘有关要求，强化公平、公正、公开和诚实信用，有效维护公共数据资产权利主体权益。

（十）畅通数据资产收益分配机制。完善数据资产收益分配与再分配机制。按照“谁投入、谁贡献、谁受益”原则，依法依规维护各相关主体数据资产权益。支持合法合规对数据资产价值进行再次开发挖掘，尊重数据资产价值再创造、再分配，支持数据资产使用权利各个环节的投入有相应回报。探索建立公共数据资产治理投入和收益分配机制，通过公共数据资产运营公司对公共数据资产进行专业化运营，推动公共数据资产开发利用和价值实现。探索公共数据资产收益按授权许可约定向提供方等进行比例分成，保障公共数据资产提供方享有收益的权利。在推进有条件有偿使用过程中，不得影响用于公共治理、公益事业的公共数据有条件无偿使用，相关方要依法依规采取合理措施获取收益，避免向社会公众转嫁不合理成本。公共数据资产各权利主体依法纳税并按国家规定上缴相关收益，由国家财政依法依规纳入预算管理。

（十一）规范数据资产销毁处置。对经认定失去价值、没有保存要求的数据资产，进行安全和脱敏处理后及时有效销毁，严格记录数据资产销毁过程相关操作。委托他人代为处置数据资产的，应严格签订数据资产安全保密合同，明确双方安全保护责任。公共数据资产销毁处置要严格履行规定的内控流程和审批程序，严禁擅自处置，避免公共数据资产流失或泄露造成法律和安全风险。

（十二）强化数据资产过程监测。数据资产各权利主体均应落实数据资产安全管理责任，按照分类分级原则，在网络安全等级保护制度的基础上，落实数据安全保护制度，把安全贯彻数据资产开发、流通、使用全过程，提升数据资产安全保障能力。权利主体因合并、分立、收购等方式发生变更，新的权利主体应继续落实数据资产管理责任。数据资产各权利主体应当记录数据资产的合法来源，确保来源清晰可追溯。公共数据资产权利主体开放共享数据资产的，应当建立和完善安全管理和对外提供制度机制。鼓励开展区域性、行业性数据资产统计监测工作，提升对数据资产的宏观观测与管理能力。

（十三）加强数据资产应急管理。数据资产各权利主体应分类分级建立数据资产预警、应急和处置机制，深度分析相关领域数据资产风险环节，梳理典型应用场景，对数据资产泄露、损毁、丢失、篡改等进行与类别级别相适的预警和应急管理，制定应急处置预案。出现风险事件，及时启动应急处置措施，最大程度避免或减少资产损失。支持开展数据资产技术、服务和管理体系认证。鼓励开展数据资产安全存储与计算相关技术研发与产品创新。跟踪监测公共数据资产时，要及时识别潜在风险事件，第一时间采取应急管理措施，有效消除或控制相关风险。

（十四）完善数据资产信息披露和报告。鼓励数据资产各相关主体按有关要求及时披露、公开数据资产信息，增加数据资产供给。数据资产交易平台应对交易流通情况进行实时更新并定期进行信息披露，促进交易市场公开透明。稳步推进国有企业和行政事业单位所持有或控制的数据资产纳入本级政府国有资产报告工作，接受同级人大常委会监督。

（十五）严防数据资产价值应用风险。数据资产权利主体应建立数据资产协同管理的应用价值风险防控机制，多方联动细化操作流程及关键管控点。鼓励借助中介机构力量和专业优势，有效识别和管控数据资产化、数据资产资本化以及证券化的潜在风险。公共数据资产权利主体在相关资产交易或并购等活动中，应秉持谨慎性原则扎实开展可研论证和尽职调查，规范实施资产评估，严防虚增公共数据资产价值。加强监督检查，对涉及公共数据资产运营的重大事项开展审计，将国有企业所属数据资产纳入内部监督重点检查范围，聚焦高溢价和高减值项目，准确发现管理漏洞，动态跟踪价值变动，审慎开展价值调整，及时采取防控措施降低或消除价值应用风险。

三、实施保障

（十六）加强组织实施。切实提高政治站位，统一思想认识，把坚持和加强党的领导贯穿到数据资产管理全过程各方面，高度重视激发公共数据资产潜能，加强公共数据资产管理。加强统筹协调，建立推进数据资产管理的工作机制，促进跨地区跨部门跨层级协同联动，确保工作有序推进。强化央地联动，及时研究解决工作推进中的重大问题。探索将公共数据资产管理发展情况纳入有关考核评价指标体系。

（十七）加大政策支持。按照财政事权和支出责任相适应原则，统筹利用现有资金渠道，支持统一的数据资产标准和制度建设、数据资产相关服务、数据资产管理和运营平台等项目实施。统筹运用财政、金融、土地、科技、人才等多方面政策工具，加大对数据资产开发利用、数据资产管理运营的基础设施、试点试验区等扶持力度，鼓励产学研协作，引导金融机构和社会资本投向数据资产领域。

（十八）积极鼓励试点。坚持顶层设计与基层探索结合，形成鼓励创新、容错免责良好氛围。支持有条件的地方、行业和企业先行先试，结合已出台的文件制度，探索开展公共数据资产登记、授权运营、价值评估和流通增值等工作，因地制宜探索数据资产全过程管理有效路径。加大对优秀项目、典型案例的宣介力度，总结提炼可复制、可推广的经验和做法，以点带面推动数据资产开发利用和流通增值。鼓励地方、行业协会和相关机构促进数据资产相关标准、技术、产品和案例等的推广应用。

关于加强行政事业单位数据资产管理的通知

财资〔2024〕1号

党中央有关部门，国务院各部委、各直属机构，全国人大常委会办公厅，全国政协办公厅，最高人民法院，最高人民检察院，各民主党派中央，有关人民团体，各省、自治区、直辖市、计划单列市财政厅（局），新疆生产建设兵团财政局，有关中央管理企业：

为贯彻落实《中共中央 国务院关于构建数据基础制度更好发挥数据要素作用的意见》，加强行政事业单位数据资产管理，充分发挥数据资产价值作用，保障数据资产安全，更好地服务与保障单位履职和事业发展，根据《行政事业性国有资产管理条例》（国务院令第738号）、《财政部关于印发〈关于加强数据资产管理的指导意见〉的通知》（财资〔2023〕141号）等有关规定，现就加强行政事业单位数据资产管理工作通知如下：

一、明晰管理责任，健全管理制度

（一）明晰责任。行政事业单位数据资产是各级行政事业单位在依法履职或提供公共服务过程中持有或控制的，预期能够产生管理服务潜力或带来经济利益流入的数据资源。地方财政部门应当结合本地实际，逐步建立健全数据资产管理制度及机制，并负责组织实施和监督检查。各部门要切实加强本部门数据资产管理工作，指导、监督所属单位数据资产管理工作。各部门所属单位负责本单位数据资产的具体管理。

（二）健全制度。各部门应当根据工作需要和实际情况，建立健全行政事业单位数据资产管理办法，针对数据资产确权、配置、使用、处置、收益、安全、保密等重点管理环节，细化管理要求，明确操作规程，确保管理规范、流程清晰、责任可查。涉及处理个人信息的，应当依照相关法律法规规定的权限和程序进行。

二、规范管理行为，释放资产价值

（三）从严配置。行政事业单位主要通过自主采集、生产加工、购置等方式配置数据资产。加强数据资产源头管理，在依法履职或提供公共服务过程中，应当按照规定的范围、方法、技术标准等进行自主采集、生产加工数据形成资产。通过购置方式配置数据资产的，应当根据依法履职和事业发展需要，落实过紧日子要求，按照预算管理规定科学配置，涉及政府采购的应当执行政府采购有关规定。

（四）规范使用。依据《中华人民共和国数据安全法》等规定，做好数据资产加工处理工作，提高数据资产质量和管理水平。规范数据资产授权，经安全评估并按资产管理权限审批后，可将数据加工使用权、数据产品经营权授权运营主体进行运营。运营主体应当建立安全可信的运营环境，在授权范围内运营，并对数据的安全和合规负责。各部门及其所属单位对外授权有偿使用数据资产，应当严格按照资产管理权限履行审批程序，并按照国家规定对资产相关权益进行评估。不得利用数据资产进行担保，新增政府隐性债务。严禁借授权有偿使用数据资产的名义，变相虚增财政收入。

（五）开放共享。积极推动数据资产开放共享，在确保公共安全和保护个人隐私的前提下，加强数据资产汇聚共享和开发开放，促进数据资产使用价值充分利用。加大数据资产供给使用，推动用于公共治理、公益事业的数据资产有条件无偿使用，探索用于产业发展、行业发展的数据资产有条件有偿使用。依法依规予以保密的数据资产不予开放，开放共享进入市场的数据资产应当明确授权使用范围，并严格授权使用。

（六）审慎处置。各部门及其所属单位应当根据依法履职、事业发展需要和数据资产使用状况，经集体决策和履行审批程序，依据处置事项批复等相关文件及时处置数据资产。确需彻底删除、销毁数据资产的，应当按照保密制度的规定，利用专业技术手段彻底销毁，确保无法恢复。

（七）严格收益。建立合理的数据资产收益分配机制，依法依规维护数据资产权益。行政单位数据资产使用形成的收入，按照政府非税收入和国库集中收缴制度的有关规定管理。事业单位数据资产使用形成的收入，由本级财政部门规定具体管理办法。除国家另有规定外，行政事业单位数据资产的处置收入按照政府非税收入和国库集中收缴制度的有关规定管理。任何行政事业单位及个人不得违反国家规定，多收、少收、不收、少缴、不缴、侵占、私分、截留、占用、挪用、隐匿、坐支数据资产相关收入。

（八）夯实基础。各部门及其所属单位要结合数据资源目录对数据资产进行清查盘点，并按照《固定资产等资产基础分类与代码》（GB/T 14885—2022）等国家标准，加强数据资产登记，在预算管理一体化系统中建立并完善资产信息卡。

三、严格防控风险，确保数据安全

（九）维护安全。各部门及其所属单位要认真贯彻总体国家安全观，严格遵守《中华人民共和国网络安全法》《中华人民共和国数据安全法》《中华人民共和国个人信息保护法》等法律制度规定，落实网络安全等级保护制度，建立数据资产安全管理制度和监测预警、应急处置机制，推进数据资产分类分级管理，把安全贯穿数据资产全生命周期管理，有效防范和化解各类数据资产安全风险，切实筑牢数据资产安全保障防线。各部门及其所属单位应当按规定做好国家数据安全风险评估。

（十）加强监督。各部门及其所属单位要加强数据资产监督，坚持事前监督与事中监督、事后监督相结合，日常监督和专项检查相结合，构筑立体化监督网络；自觉接受人大监督、审计监督、财会监督等各类监督，确保数据资产安全完整。

（十一）及时报告。各部门及其所属单位应当将数据资产管理情况逐步纳入行政事业性国有资产管理情况报告。

数据资产作为经济社会数字化转型进程中的新兴资产类型，是国家重要的战略资源。各部门及其所属单位要按照国家有关规定及本通知要求，切实加强行政事业单位数据资产管理，因地制宜探索数据资产管理模式，充分实现数据要素价值，更好发挥数据资产对推动数字经济发展的支撑作用。

财 政 部

2024 年 2 月 5 日

财政部会计司有关负责人就印发《企业数据资源相关会计处理暂行规定》答记者问

为规范企业数据资源相关会计处理，强化相关会计信息披露，近日，财政部制定印发了《企业数据资源相关会计处理暂行规定》（财会〔2023〕11号，以下简称《暂行规定》），自2024年1月1日起施行。财政部会计司有关负责人就《暂行规定》有关问题回答了记者的提问。

问：制定《暂行规定》的背景是什么？

答：一是贯彻党中央、国务院决策部署，服务数字经济健康发展。习近平总书记强调，发挥数据的基础资源作用和创新引擎作用，加快形成以创新为主要引领和支撑的数字经济。党的二十大报告提出，加快建设数字中国，加快发展数字经济。制定《暂行规定》是贯彻落实党中央、国务院关于发展数字经济的决策部署的具体举措，也是以专门规定规范企业数据资源相关会计处理、发挥会计基础作用的重要一步。

二是加强企业会计准则实施，服务相关会计实务需求。目前，有关各方积极推动数据要素市场建设，对数据资源是否可以作为资产确认、作为哪类资产确认和计量、以及如何进行相关信息披露等相关会计问题较为关注。我们在专家研讨、专题调研、公开征求意见等过程中发现，部分企业对数据资源能否作为会计上的资产“入表”、作为哪种资产入表等存在疑虑，需要加强指引。制定《暂行规定》将有助于进一步推动和规范数据相关企业执行会计准则，准确反映数据相关业务和经济实质。同时，也将为持续深化相关会计问题研究积累中国经验，有助于在国际会计准则相关研究制订等工作中更好发出中国声音。

三是推进会计领域创新研究，服务数字经济治理体系建设。近年来，国际会计领域对无形资源会计处理的改进日益关注，其中也涉及数据资源会计问题，目前普遍认同加强信息披露是短期内务实的解决路径。制定《暂行规定》，进一步强化数据资源相关信息披露，将有助于为有关监管部门完善数字经济治理体系、加强宏观管理提供会计信息支撑，也为投资者等报表使用者了解企业数据资源价值、提升决策效率提供有用信息。

问：制定《暂行规定》主要遵循了哪些原则？

答：制定《暂行规定》主要遵循了以下原则：

一是依法依规、务实有效。《暂行规定》在充分论证基础上，明确企业数据资源适用于现行企业会计准则，不改变现行准则的会计确认计量要求。通过针对数据资源制定专门统一规定，解决实务中对数据资源能否作为会计上的资产确认、作为哪类资产“入表”的疑虑，并明确计量基础。

二是聚焦实务、加强指引。《暂行规定》充分采纳社会公开征求意见和专题调研当中有关各方提出的合理建议，结合当前企业数据资源特点和业务流程等，对实务中反映的成本构成、使用寿命估计等重点问题细化指引，规范和推动企业准确执行相关具体会计准则。

三是加强创新、积极稳妥。《暂行规定》创新采取“强制披露加自愿披露”方式，围绕各方的信息需求重点，一方面细化会计准则要求披露的信息，另一方面鼓励引导企业持续加强自愿披露，向利益相关方提供更多与发挥数据资源价值有关的信息。

问：《暂行规定》的主要内容是什么？

答：《暂行规定》包括以下四部分内容：

一是适用范围。明确《暂行规定》适用于符合企业会计准则规定、可确认为相关资产的数据资源，以及不满足资产确认条件而未予确认的数据资源的相关会计处理。后续随着未来数据资源相关理论和实务的发展，可及时跟进调整。

二是数据资源会计处理适用的准则。按照会计上的经济利益实现方式，根据企业使用、对外提供服务、日常持有以备出售等不同业务模式，明确相关会计处理适用的具体准则，同时，对实务反映的一些重点问题，结合数据资源业务等实际情况予以细化。

三是列示和披露要求。要求企业应当根据重要性原则并结合实际情况增设报表子项目，通过表格方式细化披露，并规定企业可根据实际情况自愿披露数据资源（含未作为无形资产或存货确认的数据资源）的应用场景或业务模式、原始数据类型来源、加工维护和安全保护情况、涉及的重大交易事项、相关权利失效和受限等相关信息，引导企业主动加强数据资源相关信息披露。

四是附则。《暂行规定》将自2024年1月1日起施行，企业应当采用未来适用法应用本规定。

问：企业在贯彻实施《暂行规定》时还需要注意哪些事项？

答：一是正确做好前后衔接。《暂行规定》是在现行企业会计准则体系下的细化规范，在会计确认计量方面与现行无形资产、存货、收入等相关准则是一致的，不属于国家统一的会计制度要求变更会计政策。同时，《暂行规定》要求采用未来适用法应用本规定，企业在本规定施行前已费用化计入当期损益的数据资源相关支出不再调整，即不应将前期已经费用化的数据资源重新资本化。

二是严格执行企业会计准则。企业应当严格按照企业会计准则关于相关资产的定义和确认条件、无形资产研究开发支出的资本化条件等规定以及《暂行规定》的有关要求，结合企业数据资源的实际情况和业务实质，综合所有相关事实和情况，合理作出职业判断并进行会计处理。

三是积极加强信息披露。随着产业数字化和数字产业化进程加快，数据资源对于企业特别是数据相关企业的价值创造等日益发挥重要作用，投资者、监管部门、社会公众等有关各方均关注数据资源的利用情况。《暂行规定》兼顾信息需求、成本效益和商业秘密保护，创新提出自愿披露方式，并围绕各方关注对披露重点作出规范和指引。企业应当充分认识提供有关信息对帮助更好理解财务报表、揭示数据资源价值的重要意义，主动按照企业会计准则和《暂行规定》的披露要求，持续加强对数据资源的应用场景或业务模式、原始数据类型来源、加工维护和安全保护情况、涉及的重大交易事项、相关权利失效和受限等相关信息的自愿披露，以全面地反映数据资源对企业财务状况、经营成果等的影响。

问：财政部门将如何做好《暂行规定》的实施指导工作？

答：《暂行规定》将自 2024 年 1 月 1 日起施行，我们将在以下方面开展工作，推动《暂行规定》有效贯彻实施：

一是组织开展对省级财政部门等的师资培训，积极引导数据相关企业准确理解执行企业会计准则和《暂行规定》要求，规范企业数据资源相关会计处理，加强相关信息披露。

二是跟踪关注数据资源实务发展和《暂行规定》执行情况，会同有关各方进一步就实务中关注的重点问题深入研究，针对具有典型性代表性的实务情形通过案例问答等方式加强实施指导，提升《暂行规定》执行效果。

三是持续加强数据资源相关会计问题研究，跟踪国际会计领域对数据资源的研究进展，以我国数字经济发展实践为基础加强会计理论前瞻性研究，促进会计理论实践与经济社会发展的有机结合，持续发挥会计在服务数据资源业务和数字经济发展方面的基础性作用。

财政部资产管理司有关负责人就印发《关于加强数据资产管理的指导意见》答记者问

为深入贯彻落实党中央决策部署，规范和加强数据资产管理，更好推动数字经济发展，近日，财政部制定印发了《关于加强数据资产管理的指导意见》（财资〔2023〕141号，以下简称《指导意见》）。财政部资产管理司有关负责人就《指导意见》有关问题回答了记者提问。

问：请简要介绍《指导意见》出台的背景？

答：中国是全球数字经济发展最快的国家之一。《数字中国发展报告（2022年）》显示，2022年我国数字经济规模已超过50万亿元，数字经济占GDP比重达到41.5%，位居世界第二。数据已成为第五大生产要素。数据资产，作为经济社会数字化转型进程中的新兴资产类型，正日益成为推动数字中国建设和加快数字经济发展的重要战略资源。党中央高度重视数字中国建设和数字经济发展，作出一系列重要决策部署。2022年，中共中央 国务院印发《关于构建数据基础制度更好发挥数据要素作用的意见》（以下简称“数据二十条”），对构建数据基础制度作了全面部署，明确提出推进数据资产合规化、标准化、增值化，有序培育数据资产评估等第三方专业服务机构，依法依规维护数据资源资产权益，探索数据资产入表新模式等要求。2023年，中共中央 国务院印发《数字中国建设整体布局规划》，进一步指出要加快建立数据产权制度，开展数据资产计价研究等。党中央、国务院的部署要求，为数据资产管理研究工作的开展指明了方向、提供了遵循。

财政部高度重视数据资产管理，认真贯彻落实党中央、国务院决策部署，积极推进数据资产管理工作，印发了《企业数据资源相关会计处理暂行规定》，出台了《数据资产评估指导意见》，数据资产作为经济社会数字化转型中的新兴资产类型，已在社会上形成广泛共识。但数据资产仍面临高质量供给明显不足、合规化使用路径不清晰、应用赋能增值不充分等难点，亟需进一步完善制度体系，通过出台指导性文件对数据资产管理进行引导规范。

为促进数据合规高效流通使用，财政部制定《指导意见》，明确了数据的资产属性，提出依法合规推动数据资产化，平等保护各类主体数据资产合法权益，鼓励公共服务机构将依法合规持有或控制的、具有资产属性的公共数据资源纳入资产管理范畴，进一步创新数据资产管理方式方法，加强数据资产全流程管理，严防数据资产应用风险等，更好促进数字经济高质量发展。可以说，制定《指导意见》既是促进数字经济发展的客观需要，也是加强数据资产管理的现实要求。

问：《指导意见》主要遵循哪些原则？

答：《指导意见》主要遵循以下原则：

一是坚持确保安全与合规利用相结合。统筹发展和安全，正确处理数据资产安全、个人信息保护与数据资产开发利用的关系。以保障数据安全为前提，对需要严格保护的数据，审慎推进数据资产化；对可开发利用的数据，支持合规推进数据资产化，进一步发挥数据资产价值。

二是坚持权利分置与赋能增值相结合。适应数据资产多用途属性，按照“权责匹配、保护严格、流转顺畅、利用充分”原则，明确数据资产管理各方权利义务，推动数据资产权利分置，完善数据资产权利体系，丰富权利类型，有效赋能增值，夯实开发利用基础。

三是坚持分类分级与平等保护相结合。加强数据分类分级管理，建立数据资产分类分级授权使用规范。鼓励按用途增加公共数据资产供给，推动用于公共治理、公益事业的公共数据资产有条件无偿使用，平等保护各类数据资产权利主体合法权益。

四是坚持有效市场与有为政府相结合。充分发挥市场配置资源的决定性作用，探索多样化有偿使用方式。支持用于产业发展、行业发展的公共数据资产有条件有偿使用。加大政府引导调节力度，探索建立公共数据资产开发利用和收益分配机制。强化政府对数据资产全过程监管，加强数据资产全过程管理。

五是坚持创新方式与试点先行相结合。强化部门协同联动，完善数据资产管理体制机制。坚持顶层设计与基层探索相结合，坚持改革于法有据，既要发挥顶层设计指导作用，又要鼓励支持各方因地制宜、大胆探索。

问：《指导意见》的主要内容是什么？

答：针对当前数据资产管理存在的问题，《指导意见》明确，要以促进全体人民共享数字经济红利、充分释放数据资产价值为目标，以推动数据资产合规高效流通使用为主线，有序推进数据资产化，加强数据资产全过程管理，更好发挥数据资产价值。《指导意见》主要包括总体要求、主要任务、实施保障等三方面十八条内容。

一是明确工作原则，即坚持确保安全与合规利用相结合、坚持权利分置与赋能增值相结合、坚持分类分级与平等保护相结合、坚持有效市场与有为政府相结合、坚持创新方式与试点先行相结合。

二是确定主要任务，包括依法合规管理数据资产、明晰数据资产权责关系、完善数据资产相关标准、加强数据资产使用管理、稳妥推动数据资产开发利用、健全数据资产价值评估体系、畅通数据资产收益分配机制、规范数据资产销毁处置、强化数据资产过程监测、加强数据资产应急管理、完善数据资产信息披露和报告、严防数据资产价值应用风险等 12 方面内容。特别对具有国有属性的公共数据资产管理作出针对性规定，更好对相关主体管好用好公共数据资产提供政策指导。

三是强化实施保障，包括加强组织实施、加大政策支持、积极鼓励试点等。

问：关于《指导意见》有哪些需要说明的事项？

答：一是关于《指导意见》的范围。《指导意见》是针对数据资产这一大类资产作出的指导性规定，不区分持有主体。当前，数据要素、数据资源、数据资产、数据产品等概念使用较为混乱，存在不规范、不统一问题。数据资产区别于普通资产，在管理模式上与数据的管理有所区别。要管好用好数据资产，首先要对数据资产进行统一界定并提出总体指导要求。无论持有数据资产的主体是企业还是行政事业单位，都应在数据安全法和个人信息保护法等基础上，需遵循财务会计管理、资产评估管理等共性要求，对其持有的数据资产进行规范管理。考虑到公共数据资产具有国有或公共属性，为避免资产流失和公共安全风险，《指导意见》在对全口径数据资产作出共性指导的基础上，有侧重地针对公共数据资产管理作出单独规范要求。

二是关于数据资产的权益保护。《民法典》明确规定数据、网络虚拟财产按规定受到保护；《数据安全法》提出国家保护个人、组织与数据有关的权益。各类主体依法依规采集加工的各类数据形成的数据资产，由于前期投入了大量成本，要保护其在依法收集、生成、存储、管理数据资产过程中的相关权益。涉及个人信息的，要依法保障个人信息安全，保护个人隐私。“数据二十条”提出，建立数据资源持有权、数据加工使用权、数据产品经营权等分置的产权运行机制。为此，《指导意见》进一步明确，保护各类主体在依法收集、生成、存储、管理数据资产过程中的相关权益。落实数据资源持有权、数据加工使用权和数据产品经营权权利分置要求，加快构建分类科学的数据资产产权体系。

三是关于加强数据资产全流程管理。创新数据资产管理方式方法，既能更好保护各方权益，也有利于进一步推动数字经济和实体经济融合发展，更好统筹发展和安全。《指导意见》基于全链条管理理念和资产管理共性要求，明确了数据资产管理内容，主要包括明晰数据资产权责关系、加强使用管理、健全价值评估、畅通收益分配、规范销毁处置以及完善披露报告等。针对数据资产可复制、非排他、边际报酬递增等特性，将数据资产开发利用、更新维护、授权运营、完善定价、过程监测、应急管理等要求，嵌入数据资产管理全流程。

四是关于公共数据资产开发利用。党中央、国务院高度重视公共数据开发利用，提出有序推动公共数据资源开发利用，开展政府数据授权运营试点，鼓励第三方深化对公共数据进行增值开发利用，提升各行业各领域运用公共数据推动经济社会发展的能力等部署要求。公共数据是数据资源的重要组成部分，关乎国民经济发展方方面面，蕴藏着巨大的经济社会价值，其开发利用以及市场化配置意义重大。2022 年以来，随着数据要素市场化配置改革、数据安全、网络安全、个人信息保护等法律法规颁布实施，公共数据开发利用由研究部署迈入落地实施阶段。按照党中央有关决策部署，《指导意见》提出，支持公共管理和服务机构为提升履职能力和公共服务水平，强化公共数据资产授权运营和使用管理。严格按照“原始数据不出域、数据可用不可见”要求和资产管理制度规定，公共管理和服务机构可授权运营主体对其持有或控制的公共数据资产进行运营。

五是关于严防数据资产管理潜在风险。统筹发展和安全，安全是发展的基础和前提。《指导意见》明确将安全贯穿数据资产管理全过程，涉及处理国家安全、商业秘密和个人隐私的，应当依照法律、行政法规规定的权限、程序进行，不得超出履行法定职责所必需的范围和限度；提出数据资产权利主体要在遵循数据安全法、个人信息保护法等基础上，严格按照“原始数据不出域、数据可用不可见”要求和资产管理制度规定，稳妥推进数据资产化以及公共数据资产开发利用。在价值应用方面，进一步提出要通过合理程序避免虚增公共数据资产价值，在推进有条件有偿使用过程中，不得影响用于公共治理、公益事业的公共数据有条件无偿使用，相关方要依法依规采取合理措施获取收益，避免向社会公众转嫁不合理成本等要求。

参考文献

[1] 北京邮电大学曾雪云教授团队．“数据要素产权治理”研究报告．

[2] 上海数据交易所．2023 年中国数据交易市场研究分析报告．

[3] 上海社科院互联网研究中心，上海赛博网络安全产业创新研究院，阿里巴巴法律研究中心，瓴羊智能科技有限公司．数字经济生产关系构建——数据要素“三权分置”理论范式及其实践路径研究．

[4] 中国信息通信研究院．全球数字经济白皮书（2023 年）．

[5] 中国信息通信研究院．数据要素交易指数研究报告（2023 年）．

[6] 中国信息通信研究院．中国数字经济发展研究报告（2023 年）．

[7] 中国银行研究院．激活数据要素潜能——理论框架和现实问题．

[8] 牛晓虎，李卫东．资产的定义：回顾与思考［J］．财会通讯（学术版），2007（7）：104－106.

[9] 成小云，任咏川．IASB/FASB 概念框架联合项目中的资产概念研究述评［J］．会计研究，2010（5）：25－29.

[10] Acquisti A, Taylor C, Wagman L. The Economics of Privacy［J］. Journal of Economic Literature, 2016, 54（2）: 442－492.

[11] 秦荣生．企业数据资产的确认、计量与报告研究［J］．会计与经济研究，2020，34（6）：3－10.

[12] 张俊瑞，危雁麟，宋晓悦．企业数据资产的会计处理及信息列报研究［J］．会计与经济研究，2020，34（3）：3－15.

[13] 刘国英，周冬华．IASB 概念框架下数据资产准则研究［J］．财会月刊，2021（21）：66－71.

[14] 夏义堃，管茜．国外政府数据资产管理的主要做法与基本经验［J］．数据资源管理学报，2022，12（6）：18－30.

[15] 宋爽，刘朋辉．全球数字货币发展的最新进展与展望［J］．国际金融，2023（4）：52－56.

[16] Fleckenstein M, Obaidi A, Tryfona N. A Review of Data Valuation Approaches and Building and Scoring a Data Valuation Model [J]. Issue 5.1, Winter 2023, null.

[17] 赵治纲. 数据资产入表的战略意义、问题与建议 [J]. 会计之友, 2024 (3): 2-6.

[18] 周德良, 李睿. 数据资产会计研究热点与前沿趋势——基于 CiteSpace 知识图谱分析 [J]. 会计之友, 2024 (2): 102-111.

[19] 曾家瑜, 赵治纲. 数据资产会计标准研究的进展与展望 [J]. 中国注册会计师, 2023 (12): 67-73.

[20] 陈衍泰, 罗海贝, 陈劲. 未来的竞争优势之源: 基于数据驱动的动态能力 [J]. 清华管理评论, 2021 (3): 6-13.

[21] 刘晓. 阿里巴巴: 数据技术驱动媒体深度融合转型 [J]. 国际品牌观察, 2021 (24): 44-49.

[22] 叶雅珍, 刘国华, 朱扬勇. 数据资产相关概念综述 [J]. 计算机科学, 2019, 46 (11): 20-24.

[23] 中国光大银行. 商业银行数据资产估值白皮书 (2021).

[24] 杭州数据交易所. 数据资产价值实现研究报告.

[25] 中国信息通信研究院, 阿里云. 基于数据资产全生命周期估值与实践报告.

[26] 上海浦东发展银行, IBM, 中国信息通信研究院. 商业银行数据资产管理体系建设实践报告 (2021).

[27] 中国信息通信研究院. 数据资产管理实践白皮书 (6.0).

[28] 上海国家会计学院, 上海数据交易所. 企业数据资产化调研报告——基于上海数据交易所的挂牌企业.

[29] 清华大学社会科学院经济学研究所. 数据要素前沿九讲 [M]. 北京: 人民出版社, 2023.

[30] 孟洁, 薛颖, 朱玲凤. 数据合规: 入门、实战与进阶 [M]. 北京: 机械工业出版社, 2022.

[31] 人民数据, 浙江大学网络空间安全学院. 中国数据产权制度蓝皮书 2022.

[32] 姚佳. 用户数据、企业数据的权属争论与解释路径 [J]. 中国审判, 2021 (15).

[33] 杭州国际数字交易联盟. 数据资产价值实现研究报告.

[34]《信息安全技术 个人信息处理中告知和同意的实施指南》.

[35] 浙江省地方标准《数据资产确认工作指南》和《上海数据交易所数据交易安全合规指引》.

[36] 祝守宇, 蔡春久, 等. 数据治理: 工业企业数字化转型之道 [M]. 北京: 电子工业出版社, 2020.

［37］张宾，郭卫红，张良，等．企业数据合规——基础实务与专题指南［M］．北京：法律出版社，2023.

［38］GB/T 34960.5－2018《信息技术服务治理——第 5 部分：数据治理规范》.

［39］TC260－PG－2－212A《网络安全标准实践指南——网络数据分类分级指引》.

［40］GB/T 40685－2021《信息技术服务 数据资产 管理要求》.

［41］GB/T 37988－2019《信息安全技术 数据安全能力成熟度模型》.

［42］GB/T 36073－2018《数据管理能力成熟度评估模型》.

［43］GB/T 38667－2020《信息技术 大数据 数据分类指南》.

［44］中国信息通信研究院．数据要素白皮书（2022 年）.

［45］CCSA TC601 大数据技术标准推进委员会．数据资产管理实践白皮书（6.0 版），2023.

［46］高磊，赵章界，等．基于《数据安全法》的数据分类分级方法研究［J］．信息安全研究，2021（10）.

［47］洪延青．国家安全视野中的数据分类分级保护［J］．中国法律评论，2021（5）.

［48］财政部．《企业数据资源相关会计处理暂行规定》，2023 年 8 月.

［49］曾雪云．创建理顺数据要素产权治理的“隐形按钮”［N］．中国会计报，2023－2－17（12）.

［50］曾雪云．企业自有数据资产估值入表的逻辑与准则考量［J］．财务与会计，2023（2）：54－56.

［51］陈俊，李永康，龚启辉．企业数据资源会计处理研究——基于财会〔2023〕11 号文件［J］．财会月刊，2023，44（21）：13－18.

［52］陈信元，何贤杰，邹汝康，等．基于大数据的企业“第四张报表”：理论分析、数据实现与研究机会［J］．管理科学学报，2023，26（5）：23－52.

［53］德勤，阿里研究院．数据资产化之路——数据资产的估值与行业实践［R］．2019.

［54］黄世忠，叶丰滢，陈朝琳．数据资产的确认、计量和报告——基于商业模式视角［J］．财会月刊，2023，44（8）.

［55］罗玫，李金璞，汤珂．企业数据资产化：会计确认与价值评估［J］．清华大学学报（哲学社会科学版），2023，38（5）：195－209＋226.

［56］彭刚，李杰，朱莉．SNA 视角下数据资产及其核算问题研究［J］．财贸经济，2022，43（5）：145－160.

［57］普华永道，上海数据交易所．数据要素视角下的数据资产化研究报告［R］．2022.

［58］普华永道．数据资产化前瞻性研究报告［R］．2021．

［59］上海浦东发展银行，IBM，中国信息通信研究院．商业银行数据资产管理体系建设实践报告［R］．2021．

［60］许宪春，张钟文，胡亚茹．数据资产统计与核算问题研究［J］．管理世界，2022，38（2）：16－30＋2．

［61］张俊瑞，危雁麟．数据资产会计：概念解析与财务报表列报［J］．财会月刊，2021（23）．

［62］浙江省财政厅．数据资产确认工作指南［Z］．2023．

［63］中共中央 国务院．《关于构建数据基础制度更好发挥数据要素作用的意见》．

［64］中国光大银行、粤港澳大湾区大数据研究院．《商业银行数据资产会计核算研究报告》．

［65］叶雅珍，朱扬勇．数据资产［M］．北京：人民邮电出版社，2022．

［66］中国光大银行．商业银行数据资产估值白皮书．

［67］中国光大银行．商业银行数据资产会计核算研究报告．

［68］中国南方电网．南方电网数据资产管理体系白皮书．

［69］中国信息通信研究院．中国数字经济发展报告［EB/OL］．www.caict.ac.cn，2022．

［70］中国信息通信研究院．大数据白皮书（2019）［R］．2019．

［71］中国信息通信研究院．云计算与大数据研究所．《数据资产管理实践白皮书》（4.0）［R］．2019．

［72］中国信息通信研究院安全研究所，等．《欧盟 GDPR 合规指引》［R］．2019．

［73］中国资产评估协会，数据资产评估指导意见［R］．2023．

［74］中国资产评估协会．资产评估专家指引第 9 号——数据资产评估［R］．2019．